中國人口轉變與養老保險長效機制研究

胡秋明○等著

總　序

改革開放30年多年以來，中國社會發生了翻天覆地的變化，其巨變集中體現在社會經濟結構的轉型上。中國社會經濟結構的轉型是多維度、多層面的，包括計劃經濟向市場經濟的轉型，農業社會向工業社會以及信息化、知識化社會的轉型，農村社會向城市社會的轉型，封閉社會向日益開放社會的轉型。伴隨中國社會經濟結構的轉型，社會保障制度建設與改革發展既是其中的重要內容，也是維繫整個改革開放事業順利進行和促進國家發展進步的基本制度保障。回顧中國社會保障改革發展歷程，與整個改革開放事業一樣，同樣波瀾壯闊，同樣非同尋常。中國社會保障制度建設與變革，以其所具有的全局性、普遍性、深刻性和複雜性，已經並還在繼續影響著中國全面深化改革的進程。

《中共中央關於制定國民經濟和社會發展第十三個五年規劃的建議》將建立更加公平更可持續的社會保障制度作為「十三五」中國社會保障改革發展的指導思想。在人口老齡化挑戰日益逼近的腳步聲中，在新型城鎮化步伐日益加快的進程中，在經濟步入新常態的發展格局下，在社會風險日趨嚴峻的現實挑戰下，中國社會保障制度建設的步伐只能加快，社會保障理論創新、制度創新、機制創新對於實現制度的可持續發展更顯得至關重要。由於社會保障制度安排的複雜性以及社會公眾的高度敏感性，需要我們對社會保障制度建構的宏觀背景、約束條件、發展經驗、制度設計及有效運行等進行深入細緻的梳理和反思，認真總結經驗教訓。我們要從歷史經驗的總結中，從國際經驗的學習借鑑中，從未來挑戰的應對策略中，對社會保障制度建設進行整體、系統、動態的分析思考，在理論創新、制度創新、管理機制創新的同步整合中，實現中國社會保障制度改革發展的歷史性跨越。

可以預見，隨著中國綜合國力的日益增強，城鄉居民社會保障需求的增長，中國社會保障制度建設必將邁出新的步伐，未來將會有越來越多的城鄉居

民直接受惠於這場意義深遠的重大民生工程，這自不待言。但由於中國社會保障制度建設的複雜性、長期性和高度敏感性，需要從戰略發展高度，從整體性、系統性、科學性的高度關注其科學發展、統籌協調發展和可持續發展問題。而這一目標的實現，則具有巨大的挑戰性，需要我們系統總結社會保障制度國際、國內發展的經驗教訓，從制度變遷的路徑依賴中，積極探索適合中國國情的社會保障制度創新之路；需要我們從歷史、現實及未來的結合中，探討社會保障發展的內在軌跡和發展規律；需要我們從思維方式轉變的高度，總結提煉制約社會保障制度可持續發展的各種顯性和隱性的因素及其相互作用的機制，從歷史研究、比較研究、系統研究框架中，實現社會保障的理論創新和制度創新；需要我們從社會保障的改革實踐中，總結和提煉中國特色社會保障的理論模式、制度模式，從而實現理論創新和制度創新的新跨越。

「老齡化與社會保障研究中心」是四川省社會科學重點研究基地，該中心的研究方向為：老齡化與養老保障、社會醫療保障管理體制機制創新、社會保障基金管理與金融市場發展。老齡化與社會保障研究中心始終堅持以引領學科發展前沿和服務經濟社會發展為根本目標，以學科建設為牽引，以學術團隊建設為抓手，以人才培養、科學研究和學術創新為主要任務，努力將中心建設成在國內具有廣泛社會影響力的社會保障理論和政策研究高地，成為四川省和國家社會保障改革決策的重要智庫。有鑒於此，老齡化與社會保障研究中心以努力構建中國特色社會保障理論體系為己任，以分析和解決中國社會保障制度建設實踐中的重大問題、緊迫問題為導向，推出社會保障前沿問題研究系列叢書。希望該系列叢書能夠切實推動中國社會保障理論創新，為推進中國社會保障制度創新和管理機制創新做出應有的貢獻。

林義

前　言

《中共中央關於構建社會主義和諧社會若干重大問題的決定》(2006年10月11日中國共產黨第十六屆中央委員會第六次全體會議通過) 明確指出，適應人口老齡化、城鎮化、就業方式多樣化，逐步建立與社會保險、社會救助、社會福利、慈善事業相銜接的覆蓋城鄉居民的社會保障體系。《中華人民共和國社會保險法》(2010年10月28日第十一屆全國人民代表大會常務委員會第十七次會議通過，2011年7月1日起施行) 首次以全國人大常委會立法的形式明確提出，「社會保險制度堅持廣覆蓋、保基本、多層次、可持續的方針，社會保險水平應當與經濟社會發展水平相適應」。胡錦濤同志在中國共產黨第十八次全國代表大會上的報告中進一步明確指出，統籌推進城鄉社會保障體系建設，「要堅持全覆蓋、保基本、多層次、可持續方針，以增強公平性、適應流動性、保證可持續性為重點，全面建成覆蓋城鄉居民的社會保障體系」。由「廣覆蓋」到「全覆蓋」，一字之差，鮮明地凸顯了全面建成覆蓋城鄉居民社會保障體系的戰略定位。《中共中央關於全面深化改革若干重大問題的決定》(2013年11月12日中國共產黨第十八屆中央委員會第三次全體會議通過) 亦明確指出，「建立更加公平可持續的社會保障制度」。

在社會保障制度建設或制度變革中，有三大要素是決定改革成敗的關鍵，分別是社會保障的目標定位、制度設計與技術方案。只有保證社會保障制度的目標定位適應國情與時代要求，只有促使社會保障制度設計盡可能地合理，只有實現社會保障制度運行方案盡可能地優化，才能真正實現社會保障制度的良性發展，並對整個國家的健康、快速、持續發展起到重要的促進作用。在這三大要素中，明確制度建設或制度變革的目標定位是首要的。只有目標明確才能保證方向明確，明確的目標定位能夠使制度發展的方向及政府與國民的預期明

晰化。①

　　本論著是國家社會科學基金青年項目「構建城鄉統籌養老保障體系的目標定位、制度優化及其長效機制研究」（項目批准號：08CJY065）的最終研究成果。項目研究總體上分成兩個階段進行：第一階段以理論構建為主，形成了階段性研究成果《可持續養老金制度改革的理論與政策研究》（胡秋明 著，北京：中國勞動社會保障出版社，2011 年 7 月出版）。總體來說，階段性研究成果《可持續養老金制度改革的理論與政策研究》力求在下面幾個方面有所發展或突破：

　　（1）初步構建可持續養老金制度改革的理論分析框架。該論著在充分把握國內外有關養老金制度及其變革的既有研究成果的基礎上，基於多學科融合、跨學科研究的視野，以經濟學的分析方法為主，綜合運用經濟學、社會學、政治學、人口學的理論和方法，通過理論的融合與創新，將一個個局部的、隔離的信息納入可持續養老金制度改革這一總體分析框架，從理論上理清各種現象之間的邏輯關係，初步構建一個可持續養老金制度改革的理論分析框架，從而從理論上明確可持續養老金制度改革的模式選擇及其運行機制設計的內在要求，亦為明確可持續養老金制度改革的目標定位及其制度優化路徑奠定堅實的理論基礎。具體來說，該成果選取內部收益率這一可計量的變量，利用兩期世代交疊模型的分析方法，通過對三種主要的繳費型養老金制度的內部收益率進行理論推演和比較分析，揭示出繳費型養老金制度運行機理的經濟學內核；並進而基於三種主要的繳費型養老金制度的運行機理，同樣利用兩期世代交疊模型的分析方法，引入養老金制度的財務赤字占經濟總產出的比重的計算公式，通過分析函數的單調性比較人口老齡化對三種主要的繳費型養老金制度長期財務平衡的影響效應及其政策含義；鑒於經濟產出及其增長是解決養老問題的關鍵，該論著依託於新古典經濟增長理論，從理論上理清養老金制度安排促進長期經濟增長的傳導機制及其約束條件，並比較不同養老金制度模式的長期經濟增長效應；由於促進長期經濟增長並非養老金制度改革的最終目標，建立健全養老金制度的根本目標是為全體老年人提供穩定的、可以明確預期的、充足的老年收入保障，所以接下來該論著從養老金制度可持續發展與為全體老年人提供穩定的、可以明確預期的、充足的老年收入保障之間的內在邏輯入手，分析擴大養老金制度覆蓋面的約束條件及其可能的政策選擇，並比較不同養老金制度的收入再分配特性及其風險特性。

---

① 鄭功成. 中國社會保障制度改革的新思考 [J]. 社會保障研究，2007（1）.

（2）豐富和發展養老金制度與長期經濟增長的經濟理論分析框架。該論著依託於以索洛的經濟增長模型為代表的新古典經濟增長理論，在對現有的研究成果進行綜合、歸納、抽象演繹的基礎上，對既有的研究思路進行擴展，從養老金制度安排與物質資本累積、養老金制度安排與人力資本累積、養老金制度安排與勞動力供給、勞動者退休決策以及勞動力市場的流動性、養老金制度安排與全要素生產率四個方面之間的關係著手，理清養老金制度安排促進長期經濟增長的傳導機制及其約束條件，並比較不同養老金制度模式的長期經濟增長效應，從而豐富和發展養老金制度與長期經濟增長的經濟理論分析框架。特別是該論著系統地分析了養老金制度對個人勞動供給決策、勞動者退休決策以及勞動力流動的影響效應及其約束條件，這將在很大程度上豐富和發展養老金制度與勞動力市場及其行為的研究內容。而且，該論著創新性地引入全要素生產率這一影響長期經濟增長的重要變量，從理論上理清養老基金提高全要素生產率的傳導機制，從而豐富和發展了養老金制度與長期經濟增長的經濟理論分析框架。

（3）明確可持續養老金制度改革的目標定位、制度約束條件以及制度優化路徑。該論著以國際養老金制度改革的具體實踐進行經驗實證檢驗，通過比較制度分析明確可持續養老金制度改革的目標定位、制度約束條件以及制度優化的基本路徑。該論著明確提出，以養老金制度的長期可持續發展為總體目標，可持續養老金制度改革的目標定位應著力於在維護社會公平和制度結構彈性的基礎上，實現公平與效率的平衡。其具體內涵體現為：實現人人老有所養，為全體老年人提供穩定的、可以明確預期的、充足的老年收入保障；有效預防和消除老年貧困，並向大多數工薪勞動者提供合理的養老金收入替代；改善養老金制度的長期財務平衡狀況，提高養老金制度自身的運行效率；以一定的傳導機制促進長期經濟增長；可持續發展的養老金制度應具備動態可調整性以及一定的制度彈性。而政治支持的力度、廣度和持久度、人口年齡結構及其發展趨勢、勞動力市場的就業結構和就業方式、政府和私人機構的執行能力以及養老金制度演進的路徑依賴等則構成可持續養老金制度改革的制度約束條件。

（4）突破城鄉養老金制度分離式發展的既有思維慣性的束縛，基於城鄉養老金制度統籌發展的研究視角，以城鄉養老金制度長期可持續發展為總體目標，明確中國可持續養老金制度改革的目標定位以及城鄉養老金制度統籌發展、動態整合的有效路徑。該論著並不是孤立地研究城鎮職工養老金制度改革，亦不是僅僅停留在建立和完善農村社會養老保險制度上，而是將二者統一

到構建城鄉統籌、長期可持續發展的養老金制度的研究框架中。作者認為，在養老金制度改革過程中，清晰而準確的目標定位是構建可持續養老金制度的起點，合理的制度設計是實現養老金制度長期可持續發展目標的必由之路。該論著基於可持續養老金制度的基本內涵和制度設計的內在要求，並立足於中國社會結構急遽轉型的時代背景以及中國養老金制度歷史演進的路徑依賴，將國際養老金制度改革的經驗啟示與中國具體國情相結合，提出了中國可持續養老金制度改革的目標定位和制度優化路徑。

項目研究的第二階段形成了本論著《人口轉變與養老保險長效機制研究》。本論著立足於中國人口轉變加速發展的背景，以實現城鄉社會養老保險制度可持續發展為總體目標，綜合運用人口經濟學、博弈論及精算科學的方法，著重於釐清人口轉變、產業結構轉型升級與城鄉社會養老保險制度可持續發展的理論邏輯，對現行城鎮企業職工基本養老保險制度的長期財務平衡進行精算測定，對城鎮企業職工基本養老保險制度優化方案進行政策模擬，並重點研究了城鄉社會養老保險制度的長效機制建設問題，包括城鎮企業職工基本養老保險繳費主體逃欠費行為及其治理、城鄉社會養老保險經辦服務模式創新以及基金管理體制和機制創新。總體上來講，本論著是該國家社科基金青年項目階段性研究成果《可持續養老金制度改革的理論與政策研究》的自然延伸和拓展，二者在理論體系和研究內容上互為補充且不可割裂。具體來說，本論著的主要內容包括①：

第一章，中國人口轉變的歷程、現狀及發展趨勢。本章首先界定了人口轉變的理論內涵，強調研究中國的人口轉變問題，應至少從人口年齡結構轉變與人口空間分佈轉變兩個層面展開。本章回顧了中國人口轉變的歷程，描繪了中國人口轉變的現狀（包括人口年齡結構轉變和人口空間分佈轉變兩個層面的現狀），並重點對中國人口年齡結構的發展趨勢進行了預測，為后續章節的精算測定和政策模擬提供了人口參數的數據基礎。

第二章，人口轉變背景下的經濟增長與產業結構轉型升級。本章首先基於改革開放以來中國經濟增長的動力因素分析，強調人口轉變也是促進中國經濟持續高速增長的重要因素之一，並進而分析了其作用機理。本章以勞動力供給、儲蓄、公共投資、勞動生產率等因素為變量，分析了人口轉變對經濟增長

---

① 鑒於國家社科基金青年項目階段性成果《可持續養老金制度改革的理論與政策研究》（胡秋明著，北京：中國勞動社會保障出版社，2011年出版）已經對項目研究主題相關的國內外文獻進行了系統梳理和評述，本論著不再將文獻評述單獨成章，而是根據研究需要在部分章節就相關主題進行分散的文獻評述。

的影響途徑及其程度。接下來本章回顧了中國產業結構演變的過程及其推動力，重點是分析人口老齡化、人口遷移對產業結構轉型升級的影響機理。本章還簡要地分析了產業結構轉型升級的經濟效應，著重強調產業結構轉型升級加劇了勞動力流動、促進人力資源素質提升和結構優化、對勞動力就業產生溢出效應和擠出效應，以及對企業盈利水平的影響。

第三章，人口轉變、產業結構轉型升級對城鄉社會養老保險制度可持續發展的影響機理。本章著重於構建人口轉變、產業結構轉型升級與城鄉社會養老保險制度可持續發展之間的理論關聯，特別是從經濟、社會、政治和文化層面，創新性地分析了人口老齡化對城鄉社會養老保險制度可持續發展的影響機理。本章以「統帳結合」的城鎮企業職工基本養老保險制度為例，建立一般均衡模型，從兩個視角對人口老齡化影響社會養老保險制度長期財務平衡的作用機理展開數理分析：一是在養老保險基金達到預期平衡的情況下，人口老齡化對養老金替代率的影響；二是在維持一定水平的養老金替代率的情況下，人口老齡化會造成的養老保險基金收支缺口。本章還從人口城鄉遷移以及人口省際遷移兩個維度分析了人口遷移對城鄉社會養老保險制度可持續發展的影響機理，從企業盈利水平、勞動力市場的就業結構和就業方式改變、勞動力人力資本含量、低人力資本型勞動力的回流等方面嘗試分析了產業結構轉型升級對城鄉社會養老保險制度可持續發展的影響機理。

第四章，城鎮企業職工基本養老保險財務收支平衡的精算測定及其制度優化的政策模擬。本章著重於建立精算模型，基於人口、經濟和養老保險制度本身的參數假定，對城鎮企業職工基本養老保險財務收支平衡狀況進行精算測定，並基於城鎮職工基本養老保險制度優化的政策選擇，對統籌帳戶基金收支和基本養老金替代率進行政策模擬。本章的精算測定表明，現行城鎮企業職工基本養老保險制度在財務上是不可持續的，通過實施基礎養老金全國統籌、調整個人帳戶的累積規模、實施漸進式延遲退休政策的制度優化綜合方案，能夠極大地改善城鎮企業職工基本養老保險統籌帳戶基金的財務狀況，並有效地提高參保人的基本養老金替代率。當然，政策模擬的結果也清晰地揭示出，個人帳戶累積基金的投資收益率是影響個人帳戶養老金替代率高低的重要因素。如何實現個人帳戶累積基金的保值增值，將直接關係到城鄉基本養老保險制度的可持續發展。

第五章，城鎮企業職工基本養老保險繳費主體逃欠費行為關係演變及其治理。企業逃欠養老保險費是城鎮企業職工基本養老保險制度運行中一個亟待解決的現實問題。本章從繳費主體行為關係演變視角研究企業逃欠養老保險費問

題，建立基於利益的非對稱演化博弈模型，分析企業與職工的演化穩定策略和動態複製系統的穩定性，探討如何促進最優穩定均衡策略的形成。本章的分析表明：動態複製系統的穩定性僅與企業的決策有關，企業在不同策略下收益的大小關係決定著演化博弈模型最終的穩定均衡策略，調整職工反哺系數、恰當確定懲罰力度可促進最優穩定均衡策略的有效形成。適當降低政策繳費率、加強徵繳機構的激勵與約束，均有利於形成企業遵從制度安排及時足額繳費和職工提高勞動生產率反哺企業的良性循環狀態。

第六章，城鄉社會養老保險經辦服務模式創新——基於德陽市旌陽區政府購買服務探索實踐的調查分析。本章立足於城鄉社會養老保險經辦服務的現狀與問題，基於公私合作視野下政府購買基本公共服務的理論支撐以及中國政府購買基本公共服務的系列支持政策，通過實地調研，收集整理相關數據，將個案訪談的感性認識提升至理性思考，系統地理清了德陽市旌陽區政府購買就業和社會保障基本公共服務的運行機制，並對其運行績效進行了初步的評估。本章的研究表明，儘管在運行機制設計上還有諸多有待優化的地方，但政府購買基本公共服務不失為城鄉社會養老保險經辦服務模式創新的一種新思路和新舉措。

第七章，城鄉社會養老保險基金管理體制和機制創新。本章首先分析了后金融危機時代全球養老基金投資營運的新挑戰和新變革，進而基於中國城鄉社會養老保險基金累積及其投資營運的現狀分析，對城鄉社會養老保險基金市場化投資營運的優勢、劣勢、機會和威脅四個方面進行了深度解析，並提出了城鄉社會養老保險基金管理模式創新、投資營運體制創新和投資營運機制創新的決策要點。本章還建立了 DCC-GARCH-CVaR 模型刻畫資產間動態相關關係和度量資產組合風險，以資產組合風險最小化為目標函數，以期望收益滿足最低保證要求為主要約束條件，構建資產結構動態優化模型，對養老基金資產結構動態調整問題展開經驗研究。本章的分析結果表明，養老基金最優資產結構具有明顯的時代特徵，最低保證收益的變化對各類資產最優權重的影響力度十分有限。

總體而言，本論著的創新性主要體現在下列幾個方面：

其一，構建了人口轉變、產業結構轉型升級與城鄉社會養老保險制度可持續發展之間的理論邏輯，初步理清了人口老齡化、人口遷移以及產業結構轉型升級對城鄉養老保險制度可持續發展的影響機理；

其二，運用精算科學的方法，構建精算模型，對城鎮企業職工基本養老保險財務收支平衡進行精算測定，並就制度優化的政策組合方案開展了政策

模擬；

其三，從演化博弈及其穩定均衡策略的角度，基於利益博弈的繳費主體行為關係演變與調適，揭示企業逃欠社會養老保險費的深層次原因，進而提出企業逃欠社會養老保險費的治理機制；

其四，基於實地調研和個人訪談，對德陽市旌陽區政府購買就業和社會保障基本公共服務的運行機制和實施績效進行了分析和評估，其研究成果對推進城鄉社會養老保險經辦服務模式創新具有一定的政策價值；

其五，基於后金融危機時代全球養老基金投資營運的新挑戰和新變革，分析了中國城鄉社會養老保險基金市場化投資營運的優勢、劣勢、機會和威脅，並就基金管理模式創新、基金投資營運體制創新以及基金投資營運機制創新提出了系統的決策思路，其研究成果對進一步完善中國城鄉社會養老保險基金管理體制和機制具有一定的政策價值。

各章撰寫分工：前言　胡秋明；第一章　胡秋明、常彩；第二章　胡秋明、景鵬；第三章　胡秋明、景鵬、常彩；第四章　胡秋明、常彩；第五章　胡秋明、景鵬；第六章　胡秋明、李振文；第七章　胡秋明、袁中美、景鵬。

當然，受研究能力所限，本論著在研究方法、研究內容和研究結論上肯定還有進一步提升的空間，作者已經意識到的不足主要包括：有關產業結構轉型升級與城鄉社會養老保險制度可持續發展之間的理論關聯特別是傳導路徑尚有待進一步拓展和加深研究；有關城鎮企業職工基本養老保險基金長期財務平衡的精算測定以及制度優化的政策模擬，在精算模型構建特別是參數假定方面還需要細細打磨，參數假定的合理性和科學性需要提供實證檢驗的支撐；儘管受數據採集的難度所限，但政府購買社會養老保險經辦服務的運行績效評估還需要提供更全面、更堅實的實證檢驗支撐，等等。上述這些不足，均有待在今後的研究中一一加以完善。此外，城鄉社會養老保險各籌資主體的責任劃分及其量化分析，亦是有待進一步研究的重要問題。

胡秋明

目　錄

1　中國人口轉變的歷程、現狀及發展趨勢 / 1

1.1　人口轉變的理論內涵 / 1

1.2　中國人口轉變的歷程 / 2

1.3　中國人口轉變的現狀 / 6

　　1.3.1　人口年齡結構轉變 / 7

　　1.3.2　人口空間分佈轉變 / 12

1.4　中國人口年齡結構的發展趨勢 / 23

　　1.4.1　人口預測模型 / 23

　　1.4.2　數據與預測方案 / 24

　　1.4.3　人口發展動態測算 / 29

2　人口轉變背景下的經濟增長與產業結構轉型升級 / 36

2.1　人口轉變背景下的中國經濟增長 / 36

　　2.1.1　中國經濟增長動力：基於人口轉變視角 / 36

　　2.1.2　人口轉變對經濟增長的影響途徑及其程度 / 39

2.2　人口轉變背景下的中國產業結構轉型升級 / 43

　　2.2.1　中國產業結構演變 / 43

　　2.2.2　人口老齡化對產業結構轉型升級的影響 / 46

2.2.3 人口遷移對產業結構轉型升級的影響 / 48

2.3 產業結構轉型升級的經濟效應 / 50

2.3.1 勞動力流動加劇 / 50

2.3.2 人力資源素質提升和結構優化 / 52

2.3.3 產業結構轉型升級的就業效應 / 52

2.3.4 影響企業盈利水平 / 53

3 人口轉變、產業結構轉型升級對城鄉社會養老保險制度可持續發展的影響機理 / 55

3.1 人口老齡化對城鄉社會養老保險制度可持續發展的影響機理 / 55

3.2 人口老齡化影響社會養老保險制度長期財務平衡的數理分析 / 64

3.2.1 一般均衡模型構建與求解 / 65

3.2.2 人口老齡化對養老保險制度長期財務平衡的影響效應 / 68

3.3 人口遷移對城鄉社會養老保險制度可持續發展的影響機理 / 71

3.3.1 人口遷移對流入地和流出地人口年齡結構的影響 / 71

3.3.2 人口城鄉遷移對城鄉養老保險制度可持續發展的影響機理 / 73

3.3.3 人口省際遷移對城鄉養老保險制度可持續發展的影響機理 / 76

3.4 產業結構轉型升級對城鄉社會養老保險制度可持續發展的影響 / 80

4 城鎮企業職工基本養老保險財務收支平衡的精算測定及其制度優化的政策模擬 / 83

4.1 城鎮企業職工基本養老保險財務收支平衡的精算測定 / 83

4.1.1 精算模型 / 85

4.1.2 參數假定 / 88

4.1.3 精算測定 / 91

4.2 城鎮企業職工基本養老保險制度優化的政策模擬 / 93

4.2.1 城鎮企業職工基本養老保險制度優化的政策選擇 ╱ 94

4.2.2 參數假定 ╱ 98

4.2.3 政策模擬的模型 ╱ 99

4.2.4 制度優化的政策模擬 ╱ 101

4.3 結論 ╱ 111

5 城鎮企業職工基本養老保險繳費主體逃欠費行為關係演變及其治理 ╱ 112

5.1 引言 ╱ 112

5.2 演化博弈模型 ╱ 114

5.2.1 博弈假設 ╱ 114

5.2.2 構建博弈模型 ╱ 116

5.3 演化穩定策略 ╱ 116

5.3.1 企業的演化穩定策略 ╱ 117

5.3.2 職工的演化穩定策略 ╱ 118

5.3.3 動態複製系統穩定性分析 ╱ 118

5.3.4 參數討論 ╱ 121

5.4 結論與政策建議 ╱ 122

6 城鄉社會養老保險經辦服務模式創新
——基於德陽市旌陽區政府購買服務探索實踐的調查分析 ╱ 125

6.1 城鄉社會養老保險經辦服務的現狀與問題 ╱ 125

6.1.1 城鄉社會養老保險經辦服務的發展現狀 ╱ 125

6.1.2 城鄉社會養老保險經辦服務體系存在的問題 ╱ 128

6.2 公私合作視野下政府購買基本公共服務的理論與政策支持 ╱ 131

6.2.1 公私合作的理論內涵、運行特徵及其合作方式 ╱ 131

  6.2.2 政府購買基本公共服務的政策支持 / 136

 6.3 德陽市旌陽區政府購買社會保障基本公共服務的運行機制和績效評估 / 137

  6.3.1 德陽市旌陽區政府購買社會保障基本公共服務的運行機制 / 137

  6.3.2 德陽市旌陽區政府購買社會保障基本公共服務的績效評估 / 144

  6.3.3 德陽市旌陽區政府購買就業和社會保障公共服務模式有待破解的難題 / 151

7 城鄉社會養老保險基金管理體制和機制創新 / 153

 7.1 后金融危機時代全球養老基金投資營運的新挑戰和新變革 / 155

  7.1.1 后金融危機時代全球養老基金投資營運的新挑戰 / 155

  7.1.2 后金融危機時代全球養老保險制度的新變革 / 157

  7.1.3 后金融危機時代全球養老基金投資營運的新變革 / 162

 7.2 中國城鄉社會養老保險基金累積及其投資營運的現狀分析 / 171

  7.2.1 中國城鄉社會養老保險基金的累積規模 / 171

  7.2.2 中國城鄉社會養老保險基金投資營運中存在的問題 / 176

 7.3 中國城鄉社會養老保險基金市場化投資營運的 SWOT 分析 / 182

  7.3.1 城鄉社會養老保險基金市場化投資營運的優勢（Strengths）/ 182

  7.3.2 城鄉社會養老保險基金市場化投資的劣勢（Weaknesses）/ 185

  7.3.3 城鄉社會養老保險基金市場化投資的機會（Opportunities）/ 187

  7.3.4 城鄉社會養老保險基金市場化投資的威脅（Threats）/ 188

 7.4 城鄉社會養老保險基金管理體制和投資營運機制創新的決策要點 / 191

  7.4.1 城鄉社會養老保險基金管理模式創新 / 191

  7.4.2 城鄉社會養老保險基金投資營運體制創新 / 199

  7.4.3 城鄉社會養老保險基金投資營運機制創新 / 201

 7.5 保證收益約束下養老基金資產結構的動態優化 / 207

7.5.1　養老基金資產配置模型構建 ／ 208

7.5.2　模型求解與結果分析 ／ 211

7.5.3　結論與啟示 ／ 216

參考文獻 ／ 218

1 中國人口轉變的歷程、現狀及發展趨勢

1.1 人口轉變的理論內涵

人口轉變理論產生於 20 世紀初的西歐國家，基於當時社會經濟加快發展與生活資料增加，而人口自然增長率反而下降的相悖現狀應運而生。[①] 人口轉變概念由湯普森（Warren Thompson）於 1929 年提出，后經過蘭德里（A. Landry）和諾特斯坦（Frank Notestein）補充完善，歷經 80 多年的發展，其內涵和外延不斷拓展，人口轉變理論已成為人口學最有影響力的理論之一。早期的人口轉變（后被稱之為「第一次人口轉變」）是指人口再生產類型的轉變，即人口從高出生率和高死亡率向低出生率和低死亡率的轉變過程。20 世紀 80 年代后期，範德卡和萊薩赫（Van de Kaa & Lesthaeghe）提出「第二次人口轉變」，以此概括二戰以后發生在西歐的一系列人口變化以及生育率現象，將人口轉變與死亡和遷移、結構變化、文化轉變和技術變化等聯繫在一起。[②] 20 世紀 90 年代，科爾曼（Coleman）把因其他民族人口的高遷入率和本民族持續的低生育率而造成歐美國家人種結構「迅速和永遠的改變」稱為「第三次人口轉變」。從三次人口轉變理論可以看出，伴隨著社會經濟發展和文化變遷，人口轉變理論內容不斷充實以解釋新的人口現象或人口新變化。

人口轉變的理論內涵有廣義與狹義之分。狹義上的人口轉變是指人口再生產模式由高水平均衡狀態向低水平均衡狀態的轉變過程。首先表現為死亡率下降和生育率在一段時間內上升，隨后生育率將出現持續而穩定地下降，則人口

[①] 陳衛，黃曉燕. 人口轉變理論評述 [J]. 中國人口科學，1999（5）：51~56.
[②] 石人炳. 人口轉變：一個可以無限拓展的概念？[J]. 人口研究，2012（3）：11-18.

增長率表現為先快速增加后降低增長速度，形成低生育率、高壽命和人口逐漸老化的人口增長模式。它描述了人口再生產類型從傳統模式向現代模式的轉變，這一過程不僅包含人口變動過程中內部因素比如出生率和死亡率的關係，同時考察了人口發展過程與社會經濟發展過程之間的關係。人口轉變的主導原因是工業化、現代化、城鎮化的推進，特別是醫療技術的進步、生活水平的提高。一方面先進的醫療技術降低了人口死亡率，另一方面較高的養育成本使孩子的家庭效益貶值，避孕技術的推廣使得少生孩子成為可能，人口出生率隨之下降，最終實現了人口從高出生率和高死亡率向低出生率和低死亡率的轉變。戴維斯（K. Davis, 1963）提出人口變化與反應理論（Theory of Demographic Change and Response），揭示死亡率下降與生育率下降之間的關係，認為死亡率下降會帶來自身壽命的延長，同時也意味著孩子存活到成年的機會增加，給家庭資源帶來了更大的壓力，人們必須重新安排他們的生活來減輕這一壓力，直接的反應即為降低生育率[①]。斯里坎坦等學者提出了臨界值假說，從經濟發展的角度分析人口轉變過程，認為在社會經濟發展達到一個確定的階段，經濟條件的改善不會對生育率產生顯著的影響。但當社會經濟發展超過某一個臨界點后，生育率就會出現明顯的下降，其人口轉變歷程是與經濟發展現狀密切相關的。

廣義上的人口轉變不僅包括人口再生產模式的轉變，還包括人口婚育行為模式轉變、生育觀念漸變與生育文化轉變、死亡模式轉變、人口遷移轉變等一系列轉變的過程。人口老齡化既是人口轉變的過程，又是人口轉變的結果，同時人口遷移也是人口轉變的一種表現形式。鑒於此，本文中的人口轉變概念取其廣義內涵，既強調人口年齡結構轉變，又包括人口空間分佈轉變。

1.2 中國人口轉變的歷程

歐洲發達國家人口轉變模式是在社會生產力發展和居民生活水平提高的前提下，由社會主體自發改變生育觀念，自主由早婚多育向晚婚少育轉變，從而使總人口增長得到控制。而中國的人口轉變是社會自覺控制的人口轉變模式，即在人們的生育觀念還沒有改變之前，國家就制定出各種政策控制人口增長。

---

① KINSLEY DAVIS. Population and Resources: Fact and Interpretation [J]. Population and Development Review, A Supplement to Volume16, 1990.

新中國成立以來中國人口總和生育率下降主要發生在 20 世紀 70 年代計劃生育政策實施之后，在此之前的生育率一直處於較高水平。1970 年之前總和生育率一直在 5.0 以上（1960 年前后總和生育率曾急遽下降並出現低點），而到 1980 年時總和生育率維持在 2.3 左右。中國在 20 世紀 90 年代中后期便基本上實現了人口再生產類型由「高出生、高死亡、高增長」向「低出生、低死亡、低增長」的轉變。從中國人口發展的歷程看，人口轉變與生育政策密切相關，大致可分為如下四個階段：

第一階段：高出生率、死亡率、高自然增長階段（1949—1954 年），這一階段是人口轉變的初始狀態。新中國成立初期，受戰亂影響，人口死亡率處於較高水平，政府著力於恢復和發展工農業的生產，難以提出一項明確的人口政策和生育政策。由於人口迅速增長給社會經濟發展帶來的制約影響具有滯后性，使得毛澤東的「世間一切事物中，人是第一寶貴的，在共產黨領導下，只要有了人，什麼人間奇跡也可以創造出來」的思想成為當時的主流思想，同時受蘇聯鼓勵人口增長、獎勵多子女政策的影響①，這一時期中國人口迅速增加，到 1953 年第一次人口普查時，中國總人口為 6.02 億人，1949—1954 年年均人口出生率均在 37‰左右，人口自然增長率一直處於上升狀態，到 1954 年達到 24.97‰（見圖 1.1）。

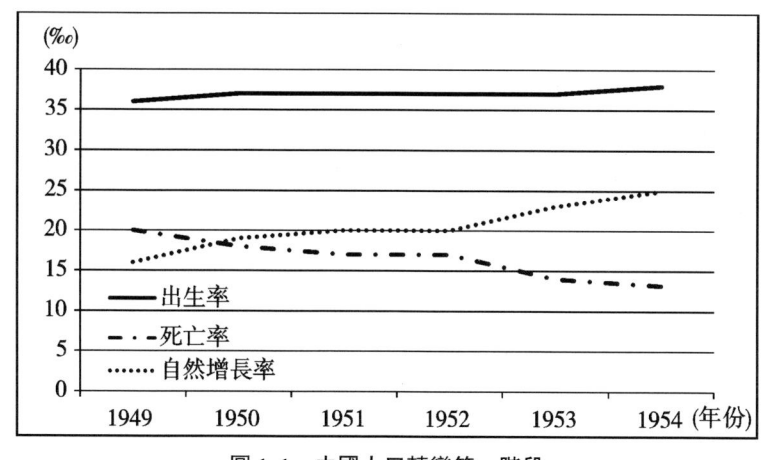

圖 1.1 中國人口轉變第一階段

第二階段：死亡率主導的人口轉變階段（1955—1970 年），這一階段是人口

---

① 湯兆雲. 從節制生育到計劃生育——新中國人口政策的演變 [J]. 共產黨人，2007 (13)：47-49.

轉變的擴口階段，死亡率比出生率率先對以制度變遷為先導的現代化作出回應。人口死亡率從12.28‰下降到7.64‰，而此時人口出生率一直維持在較高的水平，雖有下降趨勢，但幅度較小。這一時期節制生育思想開始形成，但由於「大躍進」和三年自然災害的衝擊，其收效甚微，特別是1958—1961年困難時期後出現的補償性生育，使得最高出生率達到43.6‰。1962年12月黨中央和國務院發出《關於認真提倡計劃生育的指示》，要求在城市和人口稠密的農村提倡節制生育，適當控制人口增長，由此形成了城市有規定、農村無政策，具有「二元」特徵的人口轉變時期。隨著計劃生育政策在城市的開展，城鎮婦女的總和生育率得到有效控制，三年間下降了3個百分點。1967—1970年是無生育政策下的異常變動時期，出生率保持在34‰左右。死亡率下降、生育率穩定在高水平的結果導致這一階段中國人口自然增長率從16‰上升到25‰以上，人口總量從1955年的6.15億人增長到1970年的8.30億人（見圖1.2）。

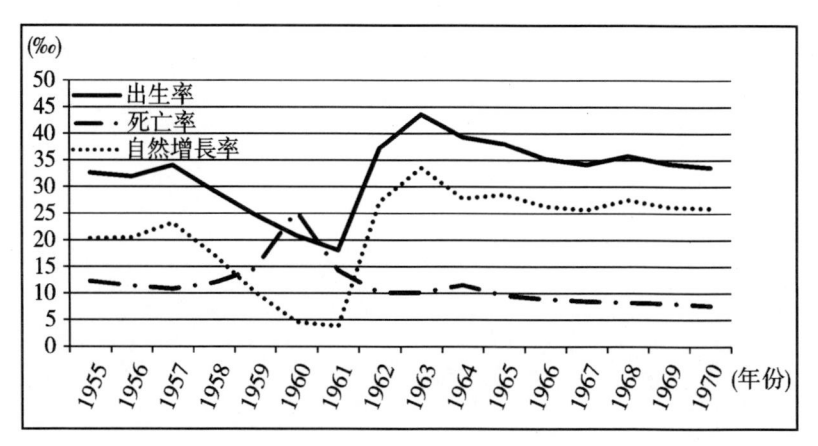

圖1.2　中國人口轉變第二階段

第三階段：出生率下降主導的人口轉變階段（1970—1990年），這一階段死亡率降至較低水平並保持相對穩定，人口轉變主要由出生率下降主導，人口自然增長率下降且趨於平穩，維持在15‰左右，人口增速減緩。1971年，國家明確提出實施計劃生育政策並制定了具體指標，要求在第四個五年計劃期內使人口自然增長率逐年降低，力爭到1975年，一般城市降到10‰左右，農村降到15‰以下。1973年，國務院成立了計劃生育領導小組，全國各省、市、自治區成立了相應的機構，計劃生育全面展開。1975年提出，按照「晚婚晚育、生育間隔、少生」的要求，把計劃生育落實到人。這一時期中國出生率急速下降，從1971年的30.74‰下降到1976年的20.01‰，6年間出生率下降

了近10‰。1978年提出，提倡一對夫婦生育子女最好是一個，最多是兩個，對三胎及其以上的要從經濟上加以控制，隨后以控制人口數量、提高人口素質，提倡「晚婚、晚育、少生、優生」為口號的計劃生育政策正式形成。1982年計劃生育政策明確為一項基本國策。隨后許多省、市、自治區相繼出抬了《計劃生育條例》及相關政策。1977—1990年間出生率圍繞在20‰上下波動，出生率遞減趨勢得到了遏制，這是20世紀60年代的嬰兒潮進入生育期所造成的。這一階段另一個顯著特點是人口增長出現了比較明顯的波動和回升現象，總和生育率維持在2.0~3.0之間，死亡率基本穩定在6.6‰的水平上，中國人口出生率和死亡率之間的缺口開始逐漸收攏（見圖1.3）。

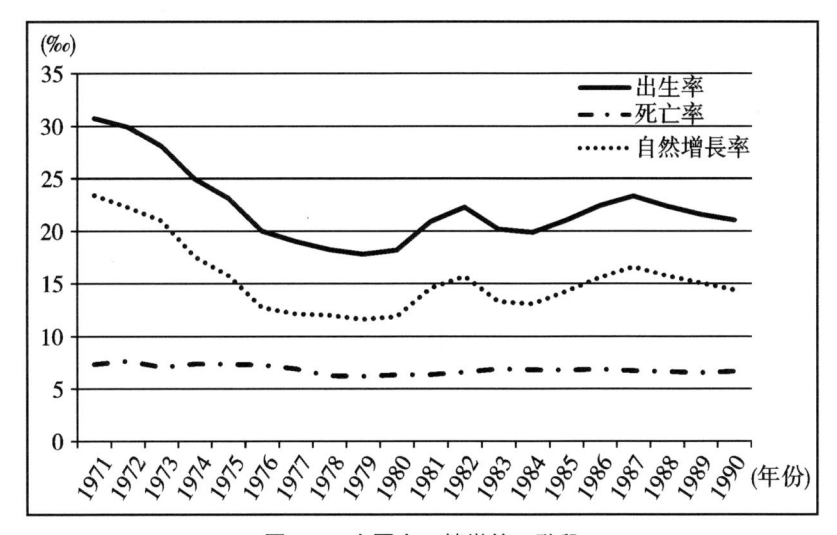

圖1.3 中國人口轉變第三階段

第四階段：低出生率、低死亡率、低人口增長率階段（1991年至今），部分學者將其稱為「后人口轉變階段」①。自20世紀90年代以來，中國人口死亡率一直維持在較低水平，到2005年以后人口死亡率出現回升，這與新中國成立初期的人口計劃生育政策有關，這一時期出生的人在21世紀初剛好處於死亡年齡，使死亡率出現了短暫的上升。人口出生率也在低生育率水平的現狀下逐漸下降，從19.68‰緩步下降，到2002年以后人口出生率維持在11‰~12‰區間。人口自然增長率也在2002年開始低於人口死亡率，此后一直維持在5‰左右。表1.1給出了20世紀90年代以后婦女總和生育率水平，可以看

---

① 於學軍. 再論「中國進入后人口轉變時期」[J]. 中國人口科學, 2001 (3): 54-59.

出婦女總和生育率完全處於更替水平（2.1）之下，中國的人口轉變在總體上已經完成（見圖1.4、表1.1）。

表1.1　　　　　20世紀90年代以后中國總和生育率水平

年份	1994	1995	1996	1997	1998	1999	2000	2001	2002	2003
總和生育率	1.6	1.46	1.55	1.49	1.49	1.47	1.22	1.39	1.38	1.4
年份	2004	2005	2006	2007	2008	2009	2010	2011	2012	2013
總和生育率	1.44	1.33	1.38	1.43	1.47	1.36	1.18	1.04	1.26	1.24

數據來源：歷年《人口統計年鑒》，表中粗體是人口普查和1%人口抽樣數據，非粗體是1‰抽樣數據。表中總和生育率按年齡組計算，育齡每5歲為一組。

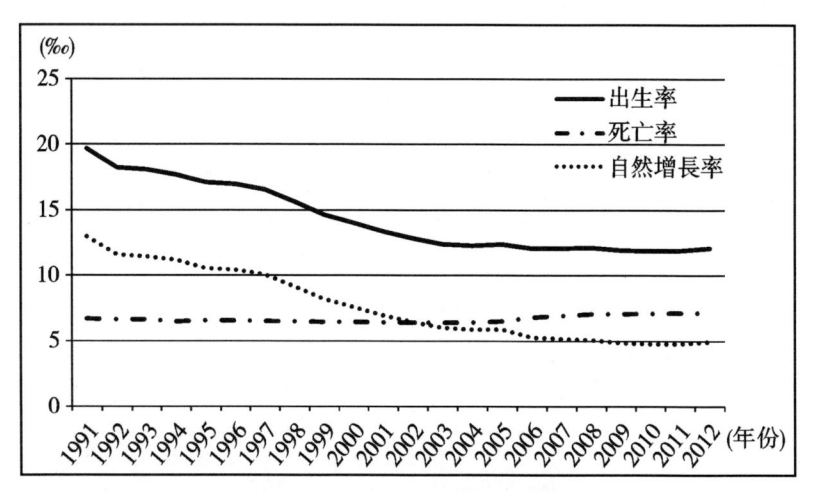

圖1.4　中國人口轉變第四階段

1.3　中國人口轉變的現狀

20世紀70年代計劃生育政策與經濟發展的不平衡性，使得中國的人口轉變與世界上其他國家有著明顯差異，除了人口年齡結構發生改變以外，與中國經濟發展道路及其階段性特徵相適應，人口空間分佈也在發生變化。一方面人口從高出生率、高死亡率、高增長率的「三高」狀態，轉移到低出生率、低死亡率、低增長率的「三低」狀態，必然會造成人口老齡化問題。較低的人口出生率意味著少兒人數減少，使得老年人口占比相對上升；較低的死亡率勢必導致人口預期壽命延長，進而提高了老年人口的比重，使得人口老齡化現象

進一步加劇。另一方面，人口轉變與社會經濟發展兩個過程之間是有內在邏輯聯繫的①，隨著經濟增長、城鎮化和工業化的加速發展，以及公民的自由遷移權、自由擇業權的持續擴張，無疑將推進城鄉統一、全國統一的勞動力市場形成，促進勞動力城鄉流動和跨區域流動。因此，研究中國人口轉變現狀，應至少從人口年齡結構轉變與人口空間分佈轉變兩個層面展開。

1.3.1 人口年齡結構轉變

人口年齡結構一般分為年輕型、成年型、老年型，根據各年齡組人口占總人口的比重，來反應人口結構特徵。在人口學中，主要以少年人口系數、老年人口系數和年齡中位數三個基本指標劃分人口年齡結構。根據聯合國提出的劃分標準，「年輕型」人口年齡結構是65歲以上人口占總人口比重不得超過4%或60歲以上占比7%以下，少兒比要在40%以上；「成年型」年齡結構則要求65歲以上人口占比為4%~7%，或60歲以上人口占比7%~10%；「老年型」為65歲以上人口占比7%以上或60歲以上人口占比10%以上（見表1.2）。

表1.2　　　　聯合國對人口年齡結構類型的劃分標準

類型	少兒比重	老年比重	年齡中位數
年輕型	40%以上	4%以下	20歲以下
成年型	30%~40%	4%~7%	20~30歲
老年型	30%以下	7%以上	30歲以上

這三個指標是相互聯繫、相互制約的，它們從不同的側面反應了人口年齡結構的類型及變化趨勢。單獨選用某一個指標，往往不能概括人口年齡結構變化的總趨勢，特別是當前隨著社會經濟的發展，生育率、死亡率的下降，以及平均預期壽命的延長，上述指標數值也應做出相應的調整。

人口轉變過程所引起的年齡結構的變化主要是因為出生率與死亡率的變動。人口轉變過程中，出生率與死亡率的下降減少了新生兒的出生，增加了老年人的預期壽命，老年人口比重上升，少兒比重下降。對封閉人口而言，出生率下降是人口年齡結構由「年輕化」向「老齡化」轉變的標誌，而死亡率下降的效應則較為複雜。在不考慮死亡率下降的情況下，出生率下降會引起少兒人口數量減少，長期效應是老年人口占比相對增加，從而導致人口老齡化，這

---

① 蔡昉．人口轉變、人口紅利與劉易斯轉折點 [J]．經濟研究，2010 (4)：4-13．

是人口自然增長率下降的「收入效應」與「替代效應」的加總效果。當某一時期出生率下降對老齡化的影響大於死亡率的影響時，這一時期的老齡化被認為是「生育率主導」的人口老齡化。由於這類老齡化並沒有增加老年人口的絕對數量，而是通過減少少兒人口的絕對數，是人口年齡結構的「相對老齡化」，表現在人口金字塔上即為底部的收縮，故又稱為「底部老齡化」。對於死亡率下降的效應則要具體分析，因為死亡率下降作用在不同年齡段上的效果是不同的，一般分為三種情況：若死亡率下降在各個年齡段間均衡佈，則死亡率下降不影響年齡結構；若死亡率下降集中於老年人口時，則預示著老人餘命延長，增加了老人的相對數，必將導致人口老齡化，即「頂部老齡化」；若死亡率下降集中於少兒人口時，則增加了少兒的存活率，提高了人口出生率，不會導致人口老齡化。經驗顯示，一個完整的人口轉變歷程中，死亡率的下降總是集中於少兒人口，而后逐漸過渡到老年人口。

新中國成立以來，中國人口年齡結構類型在「年輕型」與「成年型」之間波動，屬於增長型人口。1953—1982 年間，少兒人口比重相對較高，老年人口比重相對較低，年齡中位數穩定在 22 歲左右，人口年齡結構呈現年輕化。20 世紀 70 年代計劃生育政策實施以後，少兒人口比重逐漸下降，老年人口比重明顯上升，年齡中位數大幅度上升，到 2000 年第五次全國人口普查結果顯示，中國人口年齡結構步入「老年型」。2010 年第六次全國人口普查數據進一步揭示了中國人口老齡化的現狀（見表 1.3）。

表 1.3　　　　　六次人口普查年份的人口年齡結構指標　　　　　單位:%

	1953	1964	1982	1990	2000	2010
0~14 歲	36.28	40.69	33.59	27.69	22.89	16.6
15~64 歲	59.31	55.75	61.5	66.74	70.15	74.53
65 歲+	4.41	3.56	4.91	5.57	6.96	8.87
年齡中位數	22.7 歲	20.2 歲	22.9 歲	25.3 歲	30.8 歲	35.64 歲

數據來源：歷次全國人口普查數據。

為了直觀地顯示人口年齡結構的變動，根據 2000 年人口普查數據和 2010 年人口普查數據，做出 2000 年與 2010 年的人口年齡結構金字塔對比圖。相比 2000 年，2010 年人口年齡結構的一個顯著特點是少兒人口比重下降，老年人口比重上升，金字塔底部具有明顯的收縮，中國人口年齡結構具有明顯的底部老齡化特徵（見圖 1.5）。

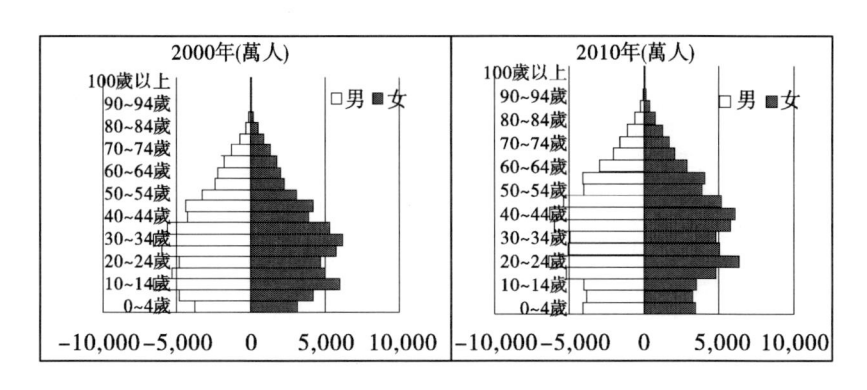

图 1.5　2000 年與 2010 年全國人口年齡結構金字塔對比圖

資料來源：根據 2000 年與 2010 年人口普查資料計算得出。

表 1.4 給出 1990 年、2000 年和 2010 年全國人口普查有關老人死亡率的數據，根據這三次人口普查的有關死亡率的數據分析，顯示這 20 年間，城市、鎮、鄉村 60 歲以上、65 歲以上人口的死亡率有著明顯的下降趨勢，特別是居住在城市的老人死亡率下降趨勢尤為突出。全國男性 60 歲以上老人死亡率由 46.77‰ 下降至 2010 年的 35.99‰，男性 65 歲以上老人死亡率由 61.84‰ 下降至 47.85‰，女性 60 歲以上老人死亡率由 37.06‰ 下降至 28.55%，女性 65 歲以上老人死亡率由 48.18‰ 下降至 38.28‰，女性老人死亡率要低於男性老人死亡率，但男性老人死亡率下降幅度要快於女性老人。

表 1.4　1990、2000、2010 年全國分城市、鎮、鄉村人口粗死亡率　單位:‰

	1990 年			2000 年			2010 年		
	全國	男	女	全國	男	女	全國	男	女
全國人口	5.90	6.32	5.46	5.92	6.45	5.35	5.58	6.30	4.82
60+	41.67	46.77	37.06	39.29	43.48	35.32	32.20	35.99	28.55
65+	54.38	61.84	48.18	51.20	57.16	45.90	42.88	47.85	38.28
城市總人口	5.34	5.80	4.86	4.21	4.72	3.67	3.47	3.95	2.97
60+	39.65	44.49	35.19	30.80	34.72	27.11	32.36	36.83	28.28
65+	52.46	59.63	46.39	41.18	46.19	36.59	24.01	27.47	20.78
鎮總人口	5.58	6.04	5.10	4.45	5.01	3.85	4.49	5.11	3.83
60+	40.70	46.41	35.71	33.95	38.12	29.96	28.85	32.34	25.43
65+	52.97	61.36	46.28	44.88	50.60	39.71	38.72	43.21	34.46

表1.4(續)

	1990年			2000年			2010年		
	全國	男	女	全國	男	女	全國	男	女
鄉村總人口	6.42	6.79	6.03	6.87	7.40	6.31	7.30	8.22	6.34
60+	43.41	48.39	38.90	43.13	47.41	39.08	37.06	41.04	33.21
65+	56.26	63.45	50.24	55.58	61.99	49.95	49.07	54.38	44.14

數據來源：1990年、2000年、2010年全國人口普查資料。

隨著老年人口死亡率的下降，人口預期壽命不斷延長，從1990年的68.55歲增加到2010年的74.83歲，20年間人口預期壽命提高了6歲多，從而增加了老年人口的相對數量，造成「頂部老齡化」（見表1.5）。

表1.5　　　　1981—2010年平均預期壽命變化　　　　單位：歲

年份	合計	男	女	男女之差
1981	67.77	66.28	69.27	-2.99
1990	68.55	66.84	70.47	-3.63
2000	71.40	69.63	73.33	-3.70
2010	74.83	72.38	77.37	-4.99

數據來源：《第六次全國人口普查公報》。

結合以上分析，發現中國的人口年齡結構已出現「底部老齡化」與「頂部老齡化」的特徵，年齡結構正朝著「中間大、兩頭小」的趨勢演變。

上文我們從出生率和死亡率兩個角度，分析了人口轉變過程中人口老齡化的形態。接下來我們將從人口年齡結構改變進一步分析中國人口老齡化程度。中國0~14歲少兒人口比重從第二次人口普查的40.69%，下降到第六次人口普查的16.6%，而65歲以上老年人口的比重則迅速增加，從3.65%上升到8.87%；15~64歲勞動力人口比重也從61.5%增加到74.53%。圖1.6給出了1953—2012年0~14歲、15~64歲、65歲及以上人口的變化趨勢，老年人口比例從1970年以後一直處於增長狀態，且增幅有遞增的趨勢，2002—2012年的10年間，老年人口比重上升了近兩個百分點，這在過去需要20年的時間才能實現。勞動人口比例從20世紀70年代以來也處於增長狀態，但增幅減緩，2002—2012年增長3.7%，而1992—2002年卻增長了4.1%。

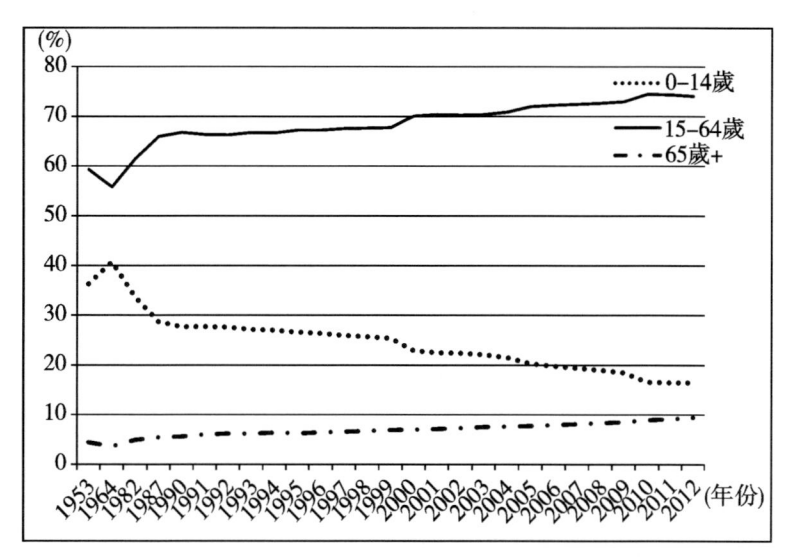

图 1.6　1953—2010 年中國人口年齡結構的變化趨勢

數據來源：《2013 年中國統計年鑒》《全國國民經濟發展公報》。

人口年齡結構改變的另一個重要含義是人口撫養比發生變化。人口撫養比指總人口中非勞動年齡人口與勞動年齡人口數之比。根據勞動年齡人口的定義，我們選取 15 歲與 64 歲分別作為少年和成年之間、成年與老年之間的年齡界限。少兒撫養比即為 0～14 歲人口與 15～64 歲人口的比值，老年撫養比即為 65 歲以上人口與 15～64 歲人口的比。1964 年以來中國 0～14 歲人口比重一直下降，15～64 歲及 65 歲以上人口比重在上升。少兒撫養比自 1964 年以來一直下降，從 1964 年的 61.24% 下降到 2012 年的 22.26%；老年撫養比從 1964 年的 6.4% 上升至 2012 年的 12.69%。少兒撫養比的下降與老年撫養比的上升，且少兒撫養比的下降程度要高於老年撫養比的增加，直觀上降低了總的負擔系數。如：2012 年少兒撫養比是 22.2%，比 1982 年的 54.6% 下降了 32.4%，老年撫養比則上升了 4.7%，而總的負擔系數處於下降階段，從 1982 年的 62.6% 到 2012 年的 34.9%，即從 1.6 個勞動力負擔 1 個非勞動力變成 2.86 個勞動力負擔 1 個非勞動力。人口的老齡化程度雖然在加深，但由於所需負擔的少兒數量減少，如果不考慮少兒撫養成本與老年贍養成本的差異，人口轉變的模式在很長的一段時期內將有利於減輕勞動力的負擔。

1.3.2 人口空間分佈轉變

1.3.2.1 中國人口遷移的發展歷程

中國人口空間分佈轉變主要體現為人口的流動。中國的人口流動有別於其他國家，經歷了從嚴格控制人口流動到限制人口流動，再到當前自由流動的過程。

改革開放之前，通過20世紀50年代對多種經濟成分的社會主義改造，形成了以城市現代化為主體的「全民所有制」和以生產力水平低下的農業部門為基礎的「集體所有制」。不同的所有制形式下勞動用工制度和收入分配格局千差萬別，全民所有制單位的勞動用工由國家計劃直接控制，任何自發流入城市的勞動力很難獲得就業機會。為了控制城市人口的增長和提供充足的后備勞動力，在人口管理制度上提出農村「農業戶口」與城鎮「非農業戶口」，城市「非農業戶口」享受由中央財政保證的同等權利，如政府安排就業、公費醫療等。而在有限的財力和資源約束等因素下，農村「農業戶口」則無權享受這些待遇，並且還要承擔國家從農業上用行政手段抽取人力、物力、財力作為發展工業的儲備倉作用。人口流動僵化的形態逐漸形成，城市與農村趨於二元結構。在高度集中的計劃經濟體制下，勞動力的調配，都由國家計劃控制，形成了一種特殊的遷移形式——「計劃遷移」。然而當時中國還沒有實施計劃生育政策，農村積存了大量的勞動力，為了改善自身生活條件，這一時期還存在另一種特殊的遷移形式——「自發遷移」，即眾多的農村剩餘人口向那些土地壓力較小的地區移動。

新中國成立之初，為了改變舊社會遺留下來的貧窮落后的經濟狀況，改變自然資源與生產力佈局的不合理狀態，開發邊疆少數民族地區，國家組織了一系列的勘探和開發以及大規模的移民。這一時期人口遷移主要是以省際遷移為主，既包括城市人口也包括農村人口，國家有組織地從東部地區的城市，抽調大量的技術職工、幹部、科技人員和隨遷家屬支援東北、華北、西北、西南等工業基地的建設。國家為了開墾荒地，擴大耕地面積，有計劃地組織人多地少的山東、河南、河北等地農民向荒地較多的東北、內蒙古、西北、雲貴等地區大量移民。

圖1.7揭示了1949—1978年間31個省份人口淨流動的分佈圖，從該圖可以看出，改革開放之前人口流出省份主要集中於江蘇、安徽、山東、河南等地，人口流入省份以黑龍江最多，江西、新疆與內蒙古次之。

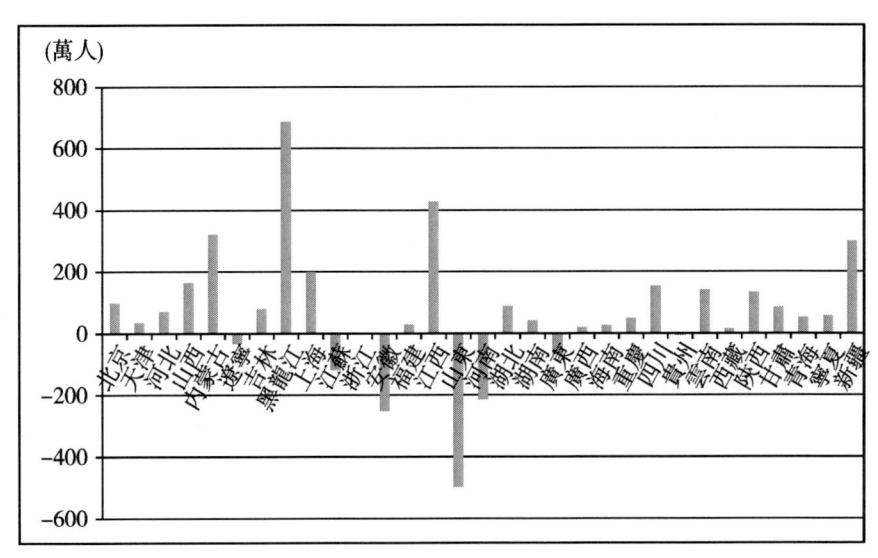

图 1.7　1949—1978 年全國 31 個省份人口淨流動總和分佈圖

數據來源：根據《新中國六十年統計資料匯編》整理計算所得。

根據 1954—1987 年 34 年間人口省際遷移情況發現，34 年間省際淨遷移人數為 3,248.9 萬人，其中淨遷入 3,696.3 萬人，淨遷出 447.4 萬人，其中淨遷入人口較多的地方是新疆、黑龍江、寧夏、青海和內蒙古地區；省際人口遷出的地方是東部沿海的上海、山東和西部人口大省四川等地。從人口流向來看，人口流入與流出的聚集地完全符合這一時期中國經濟發展的目標（見表 1.6）。

表 1.6　　　　　　1954—1987 年全國省際遷移人口情況

地區	遷入		遷出		淨遷移	
	人數（人）	‰	人數（人）	‰	人數（人）	‰
全國總計	664,106,350	23.72	631,617,303	22.56	32,489,047	1.18
北京	8,438,602	31.72	7,498,684	28.19	939,918	3.53
天津	4,696,644	20.78	4,171,689	18.46	524,955	2.32
河北	32,782,187	21.37	30,386,287	19.81	2,395,900	1.56
山西	22,238,400	31.28	20,660,084	29.06	1,578,316	2.22
內蒙古	22,285,273	44.15	19,922,412	39.47	2,362,861	4.68
遼寧	37,264,004	36.15	37,447,345	36.33	−183,341	−0.18
吉林	26,490,830	43.07	25,942,726	42.18	548,104	0.89

表1.6(續)

地區	遷入		遷出		淨遷移	
	人數（人）	‰	人數（人）	‰	人數（人）	‰
黑龍江	39,089,929	48.37	33,007,716	39.16	6,082,213	7.21
上海	7,999,399	21.68	9,212,851	24.97	-1,213,452	-3.29
江蘇	32,081,947	18.37	307,574,441	17.61	-2.8E+08	0.76
浙江	20,652,744	18.64	20,126,042	18.16	526,702	0.48
安徽	28,722,571	21	26,813,114	19.61	1,909,457	1.39
福建	15,446,334	22.22	14,614,426	21.02	831,908	1.2
江西	24,441,260	27.55	22,089,059	24.9	2,352,201	2.65
山東	38,218,011	17.59	41,031,734	19.89	-2,813,723	-1.3
河南	37,400,722	18.09	35,567,380	17.2	1,833,342	0.89
湖北	28,046,483	20.85	26,623,320	19.79	1,423,163	1.06
湖南	30,546,357	20.05	29,797,186	19.56	749,171	1.49
廣東	30,971,967	18.95	29,863,875	18.27	1,108,092	0.68
廣西	18,257,297	18.69	16,728,299	17.13	1,528,998	1.56
四川	58,396,911	20.57	58,654,953	20.66	-258,042	-0.09
貴州	18,474,713	24.35	17,408,037	22.94	1,066,676	1.41
雲南	22,102,171	25.58	20,280,075	23.47	1,822,096	2.11
西藏	441,565	15.2	447,801	15.48	-6,236	-0.22
陝西	22,060,688	27.19	20,341,086	25.07	1,719,602	2.12
甘肅	15,040,295	27.66	14,465,196	26.6	575,099	1.06
青海	4,329,210	43.31	3,693,514	36.95	635,696	6.36
寧夏	3,671,296	37.9	3,020,052	31.18	651,244	6.72
新疆	13,518,513	41.12	11,044,985	33.6	2,473,528	7.52

數據來源：沈益民，童乘珠. 中國人口遷移[M]. 北京：中國統計出版社，1992.

從人口遷移情況看，人口遷入地集中於黑龍江、內蒙古、新疆等地，人口遷出地則集中於山東、上海、安徽、河南等地，人口遷移狀態屬於東出西進，農民從沿海地區向內陸地區遷移。

黨的十一屆三中全會以後，中國實行經濟改革、對外開放、對內搞活經

濟，提出了發展社會主義市場經濟和社會主義初級階段的理論，相繼制定和實施了一系列新的政策。在農村率先實行家庭聯產承保責任制，在城市實行經濟體制改革。政府允許農民進城務工經商、自理口糧進鎮落戶，封閉的人口遷移模式逐漸打破。與此同時，東部沿海地區利用地理優勢和對外開放的歷史機遇，吸引大量的外商來大陸投資，建立了勞動密集型產業，為農村剩餘勞動力提供了大量的就業機會，個體經濟、私營經濟和外資經濟充分激發了中國城市的活力，導致大量的農業剩餘勞動力湧入珠三角、長三角等沿海地區，形成了壯觀的「民工潮」現象。1982年第三次全國人口普查時，中國內地實際居住地與戶口所在地不一致的人口比例為1.13%，1990年第四次全國人口普查時為2.61%，2000年第五次全國人口普查時已上升至11.4%，2010年第六次全國人口普查時則達到19.5%。隨著人口遷移流動規模越來越大，人口遷移模式日益呈現出家庭式遷移和組團遷移的特點，人口遷移流動方向以「鄉城」流動和「西出東進」為主，人口空間區域分佈發生了較大的變化。為了清楚地反應中國流動人口基本情況和變化趨勢，本研究主要利用2000第五次全國人口普查、2010年第六次全國人口普查中有關流動人口數據進行分析。

1.3.2.2 中國人口遷移的現狀

中國自實施家庭聯產承保責任制以來，農村隱性過剩勞動力從土地中解放出來，成為農村遷移人口的潛在資源。但受到當時政策環境和人們傳統意識影響，並未帶動人口遷移同步增長，人口遷移整體趨勢呈平穩態勢發展。隨著改革開放程度的加深及城市經濟的發展，以及政府逐步放寬了農民遷移進鎮的標準，農村勞動力遷移流動逐漸增加，特別是東部沿海地區城市開發及經濟建設高潮興起，外企外資的大舉遷入，創造了豐富的就業機會，同時戶籍制度新一輪改革的進行，在城鄉之間顯著的經濟收入差異及就業機會的推動下，農村人口向城市遷移規模急遽膨脹。此間流動人口的主體主要是農村人口。2010年農村流動人口占中國流動人口總量的比重為62.98%，城鎮流動人口占流動人口總量的比重為37.02%。農村人口是中國流動人口的主體，以下的研究將著重於討論農村人口流動狀況（見表1.7）。

表1.7　　　　　　　　2010年流動人口來源情況表

來源	鄉村			城鎮		
	鄉	鎮的村委會	合計	街道	鎮的居委會	合計
比重（%）	22.51	40.47	62.98	25.79	11.22	37.02

數據來源：第六次全國人口普查資料。

(1)「鄉城遷移」路徑凸顯

城鎮人口增加的最明顯的標誌,即是城鎮化率的快速增加,從圖1.8可以看出,在1978年以後城鎮人口不斷增加,且增速不斷加快。2010年,中國總人口中居住在城鎮的人口為6.65億人,占總人口的49.68%,與2000年第五次人口普查相比,城鎮人口總量增加2.09億人,城鎮人口比重上升了13.46個百分點,2000—2010年間中國城鎮化率年平均提高1.35%(見圖1.8)。

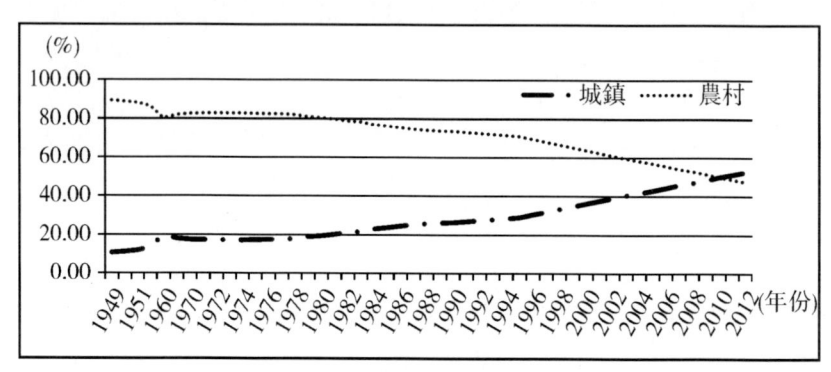

圖1.8 中國歷年城鎮化水平

2010年從農村流向城鎮的人口占全部流動人口的52.72%,從城鎮流向城鎮的占34.42%,從農村流向農村的人口比例為10.26%,由城鎮流向農村的為2.6%。其中,從農村流向城鎮占省內流動人口的比重為45.8%,流向鄉村的比重為39.71%。由省外農村流向城鎮的比重為67.03%,比重最高。從整體上來看,農村流向城鎮是中國人口流動的主要部分(見表1.8)。

表1.8　　　　　　2010年省內、省外人口流動情況　　　　　　單位:%

流入＼流出	省內						省外					
	鄉村			鎮			鄉村			城鎮		
	鄉	鎮的村委會	合計	街道	鎮的居委會	合計	鄉	鎮的村委會	合計	街道	鎮的居委會	合計
城鎮	15.8	30	45.8	31.5	11.34	55.38	25.66	41.38	67.03	9.6	7.4	17
鄉村	8.18	31.63	39.71	1.77	1.39	3.16	4.7	9.8	14.5	1	1	2

(2)流動人口以省內遷移為主,省際遷移以農村人口為主

2010年數據顯示,省內遷移流動人口占總流動人口的比重為67.44%,省際遷移流動比重為32.56%,省內遷移是流動人口的主要方式。其中跨省流動人口中農村人口占比為81.69%,進城務工人員已成為中國新型城鎮化建設的

特有現象。

截至2014年年底,全國外出農民工共計27,395萬人。同時隨著農民工內部出現的代際更替,1980年之後出生的外出農民工通常被稱為「新生代農民工」,其逐漸成為外出農民工的主體並發揮著越來越大的影響。從2008年以來,農民進城務工人員從22,542萬人增長到2014年的27,395萬人,增長率為21.52%。其中舉家外出的務工人員從2008年的2,859萬人增長到了2014年的3,578萬人,增長率達到25.15%(見表1.9)。

表1.9　　　　　2008—2014年農民工規模變動　　　　單位:萬人

指標\年份	2008	2009	2010	2011	2012	2013	2014
農民工總量	22,542	22,978	24,223	25,278	26,261	26,894	27,395
1. 外出農民工	14,041	14,533	15,335	15,863	16,336	16,610	16,821
住戶中外出農民工	11,182	11,567	12,264	12,584	12,961	13,085	13,243
舉家外出農民工	2,859	2,966	3,071	3,279	3,375	3,525	3,578
2. 本地農民工	8,501	8,445	8,888	9,415	9,925	10,284	10,574

數據來源:《2014年農民工監測調查報告》。

(3) 中西部地區為主要人口流出地,東部地區為人口流入地

根據各省份人口流入狀態圖,發現無論是省內流動還是跨省流動,東部地區都是人口輸入的目的地。2010年,東部十一省份流入人口占比57.28%,跨省流動人口為82.41%,省內流動為45.14%。流動人口主要集中於廣東、浙江、上海、北京、福建、江蘇六個省份,共吸收全國流動人口的39.97%,僅廣東省就有14.87%的人口流入。在跨省流動人口中,廣東省是人口流入最多的省份,其次是浙江、上海、北京、江蘇,共吸納跨省流動人口的68.6%,僅廣東省占比就達26.31%。在中西部與東北地區,人口流動主要以省內流動為主,如河南、湖北、四川等地都是省內人口流動的大省。可見跨省流動的目的地主要集中於東部。

另外,第六次全國人口普查數據揭示,東部地區輸入的跨省流動農村人口比重較高,為84.74%,僅廣東省輸入跨省流動人口占比達28.05%,其次是浙江、上海、江蘇等地,主要是因為這些地方加工製造業等勞動密集型產業較多,提供了大量的工作機會,對農村勞動力更有吸引力(見圖1.9、表1.10、圖1.10)。

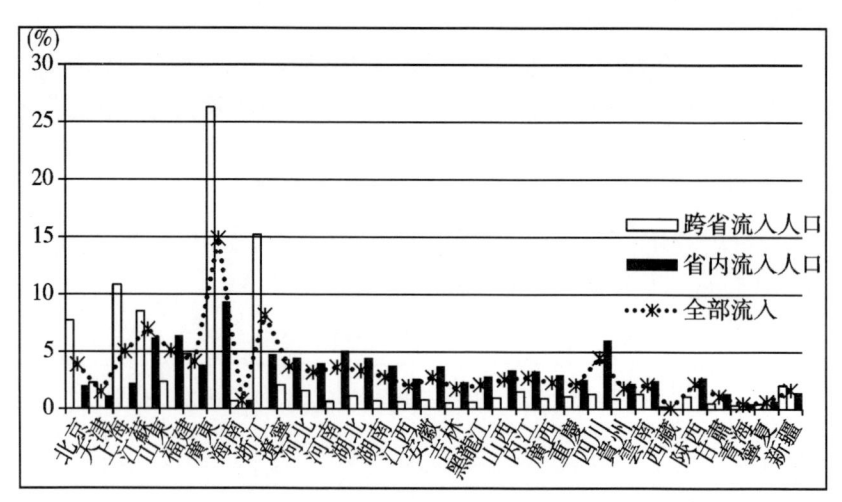

圖 1.9　2010年各省人口流入狀況

表 1.10　　　　　　　　2010年各省份人口流動情況　　　　　　　單位:%

	跨省流入人口	跨省流入農村人口	省內流入人口	省內流入農村人口	全部流入人口
北京	7.72	6.52	2.02	0.606	3.88
天津	2.29	2.20	1.13	0.312	1.50
上海	10.84	10.87	2.23	0.643	5.03
江蘇	8.53	9.11	6.20	6.134	6.96
山東	2.37	1.95	6.40	6.255	5.09
福建	4.79	5.28	3.82	4.881	4.14
廣東	26.31	28.05	9.35	10.213	14.87
海南	0.66	0.52	0.72	0.750	0.70
浙江	15.21	17.20	4.76	5.547	8.16
河北	1.60	1.27	4.01	4.199	3.22
河南	0.64	0.53	5.11	5.646	3.66
湖北	1.11	0.93	4.45	4.099	3.36
湖南	0.70	0.56	3.82	4.106	2.81
江西	0.62	0.50	2.66	2.857	1.99
安徽	0.79	0.65	3.75	3.863	2.78
山西	0.97	0.93	3.40	3.657	2.61
內蒙古	1.51	1.43	3.34	3.702	2.74

表1.10(續)

	跨省流入人口	跨省流入農村人口	省內流入人口	省內流入農村人口	全部流入人口
廣西	0.90	0.74	3.01	3.553	2.32
重慶	1.08	0.89	2.58	2.550	2.09
四川	1.31	0.94	6.01	6.734	4.48
貴州	0.89	0.82	2.26	2.851	1.81
雲南	1.29	1.21	2.50	3.162	2.10
西藏	0.19	0.17	0.05	0.070	0.10
陝西	1.11	0.87	2.74	2.952	2.21
甘肅	0.50	0.37	1.36	1.474	1.08
青海	0.34	0.32	0.47	0.487	0.43
寧夏	0.44	0.43	0.68	0.774	0.60
新疆	2.08	2.15	1.44	1.252	1.65
遼寧	2.11	1.78	4.49	2.762	3.71
吉林	0.55	0.39	2.37	1.499	1.77
黑龍江	0.58	0.44	2.87	2.411	2.13

數據來源：根據2010年全國人口普查數據，全國按現住地、戶口登記地類型劃分，戶口登記地在外鄉鎮街道人口長表數據計算所得。

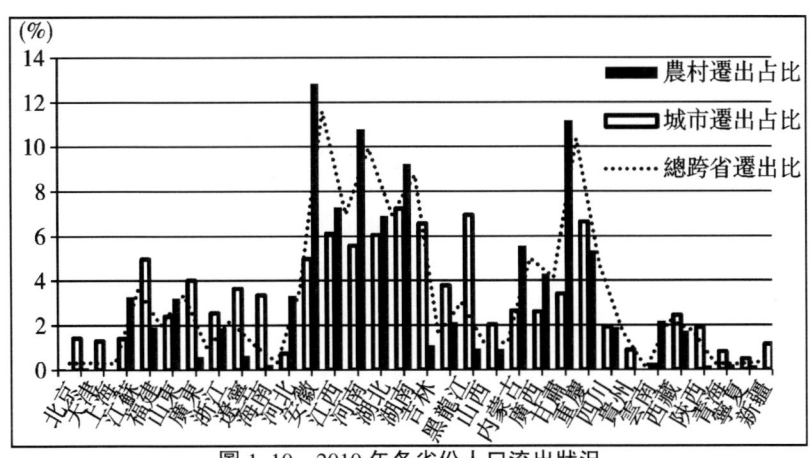

圖1.10 2010年各省份人口流出狀況

根據2010年各省人口流出狀況來看，人口流出地主要集中於中西部地區，其中中部8省地區跨省人口流出人口占總流出人口的比重為49.88%，安徽、河南、湖南都是人口流出的大省，其中安徽省位居全國之首達11.59%。另中部地

區也是農村人口輸出的主要地區，達51.15%，安徽省同樣也是農村人口輸出的大省，占比12.82%；西部地區人口跨省流出人口占比為32.01%，主要集中四川、貴州、廣西地區，其中四川省是西部農村人口輸出最多的省份。從人口輸出省份的地理分佈來看，人口輸出地主要集中於長江中遊和河南等平原地區，人口輸出地大部分都是農業大省，屬於非農業經濟發展相對滯后的地區。

對於中西部省份來說，流動人口以省內流動人口為主，跨省流入人口的比重較小，如四川、安徽、湖南等省份，跨省輸入的人口比重明顯小於省內流入比重。勞務輸出是解決中西部地區農村剩余勞動力就業問題、增加農民收入的主要手段。

（4）人口流動空間格局已形成，人口空間集聚現象明顯

根據對省際人口流動數據的分析，我們發現東部沿海地區是人口流入的主要地區，最集中的區域是長三角、珠三角和京津冀地區，空間集聚現象非常明顯。2010年第六次人口普查公布的數據顯示，2005—2010年的省際遷移人口為5,499.39萬人，比1995—2000年省際遷移人口3,228.21萬人增加了2,271.18萬人。流入人口的省份主要是廣東、浙江、上海、江蘇、北京，五省市流入人口占總省際流動人口的比重高達65.21%。長三角、珠三角、京津冀構成了當今中國最強有力的人口流動的輻合場所。人口流出省份主要集中於安徽、河南、四川、湖南、湖北、江西和廣西，七省流出人口占總流動人口的比重為55.72%，中部地區構成了主要人口流動輻散場所（見圖1.11、圖1.12）。

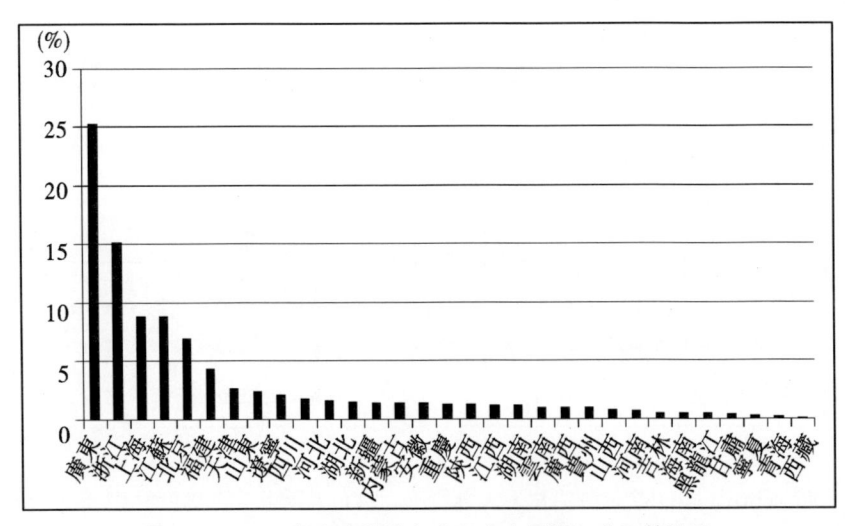

圖1.11 2010年各省份流入人口占全國流入人口的比重

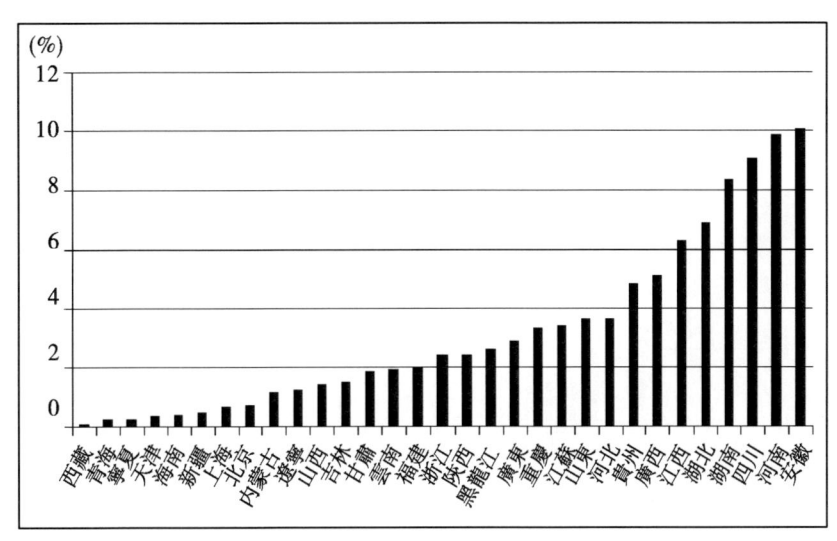

圖 1.12　2010 年各省份流出人口占全國流出人口的比重

中國東部人作為流動人口聚集地，遷入人口占本省市常住人口的比重上升幅度較明顯。全國跨省流動人口占常住人口的比重由 2000 年的 2.7% 上升至 2010 年度的 4.5%，除山東、河北和海南省以外，其他省份均在全國水平以上，且以浙江、上海、天津和北京增長最為明顯，其中浙江省增加了 10 個百分點（見圖 1.13、圖 1.14）；中、西部地區作為人口主要的輸出區域，各省遷出人口占本省常住人口的比重均出現了上升，特別是以安徽省和貴州省增長幅度最為明顯，分別上漲了 6 個百分點和 5 個百分點，其次是河南、湖北、湖南、廣西、重慶等地，而四川、江西兩省十年間均處於較高水平。新疆省雖然仍然是西部地區遷入率最高的省份，但相對於十年前明顯下降，說明新疆地區人口吸引力呈現減弱趨勢。

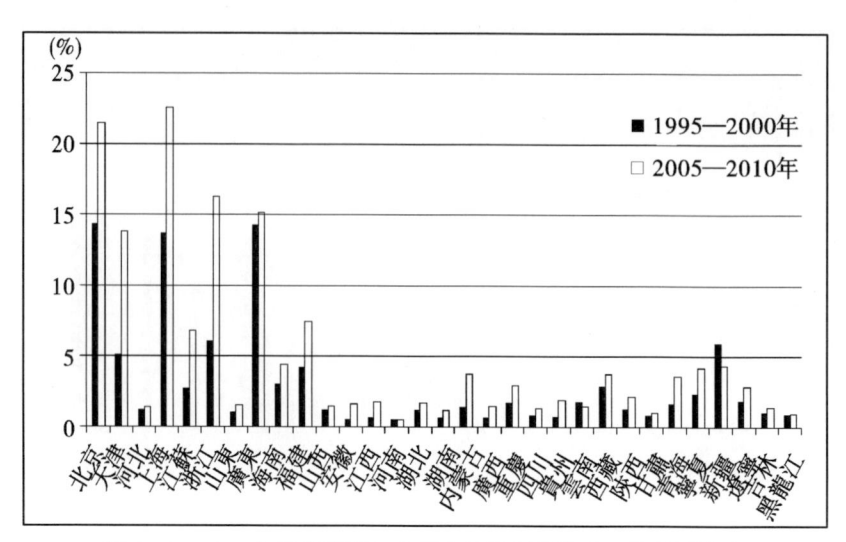

图 1.13 2010 年各省份流入人口占該地區常住人口總的百分比

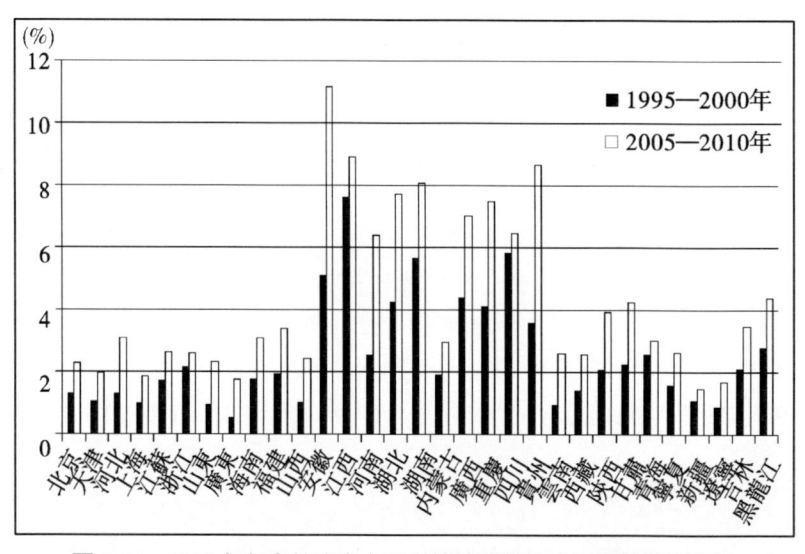

圖 1.14 2010 年各省份流出人口占該地區常住人口總數的百分比

簡言之，中國的人口流動分佈與經濟發展有著密切的關係，經濟發達地區是人口流入的主要選擇，而中、西部經濟不發達或相對落后的地區則主要是人口流出的地區。無論是經典的人口遷移定律還是人口遷移的新古典理論都指出，人口遷移流動是存在區域差異的結果。中國流動人口湧入東部地區，是與中國經濟發展地區性差異相適應的，表現為由中西部經濟不發達地區向東部發達地區流動。

1.4 中國人口年齡結構的發展趨勢

自 1999 年中國步入老齡化社會以來，人口老齡化進程不斷加快，人口年齡結構正在發生重大轉折。第六次全國人口普查數據顯示，2010 年中國總人口為 13.33 億，勞動力人口占比增速減緩，人口紅利逐漸消失，龐大的人口規模逐漸演變為人口負擔。實施 40 多年的計劃生育政策，有效控制了總人口的增長，降低了人口生育率，長久以來總和生育率均處於更替水平 2.1 之下。在當下生育政策發生改變的情況下，有效的人口年齡結構預測對政策實施具有警示意義，同時也為本研究后續的基本養老保險基金測算提供了基礎人口數據。

1.4.1 人口預測模型

人口預測是在對未來做出一系列假設的前提下進行的估算，因此預測時間不宜過長，否則結果偏離實際發展水平。本書將預測 2015—2050 年人口年齡結構，預測期為 35 年，屬於長期預測，需要更為精細的精算預測模型。目前人口推算的方法可分為人口總數的簡易推算模型（包括算數級數推算法、幾何級數推算法、指數增長方程推算法以及邏輯斯蒂曲線推算法）、年齡移算法模型、Keyfitz 矩陣方程以及 Leslie 矩陣方程。人口總數的簡易推算模型方法是對人口總數變化的規模與發展趨勢的推算，依據基期人口總數，按照一定的年增長量或者增長率推算未來某年的人口總數，不能體現每一年的人口年齡結構情況；年齡移算法雖然對各個年齡組的實際人口數進行了推算，但沒有考慮新生人口；Keyfitz 矩陣方程和 Leslie 矩陣方程均是在年齡移算法的基礎上演化的新方法，相對於前面兩種方法，具有更高的數理含量，參數定義更加規範，由生存變量、生育變量、基數變量等構成預測模型，且多用於人口年齡結構的長期預測，其中 Keyfitz 矩陣方程的生育變量需要 15~49 歲婦女生育率修勻值，Leslie 矩陣方程使用的是總和生育率。

考慮到數據的可獲得性，本研究將使用 Leslie 人口預測模型，該模型從宏觀人口角度將引起人口變動的因素歸為：出生、死亡和遷移（本研究預測的是全國人口狀況，亦不考慮人口的跨國遷移），從而未來人口數由現存人口和新增人口兩部分組成，數學公式描述為：$P_{t+1} = A \cdot P_t$，其中 P_{t+1} 為預測年人口數，A 為人口存活率。

$$\begin{bmatrix} P_{0,t+1} \\ P_{1,t+1} \\ P_{2,t+1} \\ P_{3,t+1} \\ \cdots \\ P_{\omega-1,t+1} \end{bmatrix} = \begin{bmatrix} B_0 & B_1 & B_2 & \cdots & \cdots & B_{\omega-1} & B_{\omega-2} \\ S_0 & 0 & 0 & \cdots & \cdots & 0 & 0 \\ 0 & S_1 & 0 & \cdots & \cdots & 0 & 0 \\ & & & \cdots & & & \\ 0 & 0 & 0 & \cdots & \cdots & S_{\omega-1} & 0 \end{bmatrix} \cdot \begin{bmatrix} P_{0,t} \\ P_{1,t} \\ P_{2,t} \\ \cdots \\ P_{\omega-1,t} \end{bmatrix}$$

上式中：$B_x = s_0 \cdot P_{x,w} \cdot f_x$，$x = 15$，16，17……45，其中 s_0 為嬰兒存活率，f_x 為實際年齡別生育率，$P_{x,w}$ 為 x 歲的婦女數。

1.4.2 數據與預測方案

本研究所使用的人口數據來源於第六次全國人口普查資料（以下簡稱「六普」，見表1.11），以總人口與分年齡的人口結構為基礎。由於「六普」的標準時間是 2010 年 11 月 1 日，預測中各年數字都是指每年 11 月 1 日的預測數。

表1.11　　　　　　　2010 年第六次全國人口普查數據

年齡	合計	男	女	年齡	合計	男	女
0	13,786,434	7,461,199	6,325,235	51	12,838,832	6,624,865	6,213,967
1	15,657,955	8,574,973	7,082,982	52	16,617,709	8,570,000	8,047,709
2	15,617,375	8,507,697	7,109,678	53	18,351,980	9,422,827	8,929,153
3	15,250,805	8,272,491	6,978,314	54	16,847,642	8,540,366	8,307,276
4	15,220,041	8,246,206	6,973,835	55	17,610,528	8,973,192	8,637,336
5	14,732,137	7,988,151	6,743,986	56	17,738,127	8,981,235	8,756,892
6	14,804,470	8,034,452	6,770,018	57	16,093,888	8,099,033	7,994,855
7	13,429,161	7,292,300	6,136,861	58	16,167,933	8,153,588	8,014,345
8	13,666,956	7,423,559	6,243,397	59	13,701,998	6,875,890	6,826,108
9	14,248,825	7,726,203	6,522,622	60	13,618,204	6,917,026	6,701,178
10	14,454,357	7,830,808	6,623,549	61	13,029,125	6,690,003	6,339,122
11	13,935,714	7,522,558	6,413,156	62	11,276,853	5,719,180	5,557,673
12	15,399,559	8,288,987	7,110,572	63	10,791,633	5,492,805	5,298,828
13	15,225,032	8,161,000	7,064,032	64	9,951,467	5,015,412	4,936,055

表1.11(續)

年齡	合計	男	女	年齡	合計	男	女
14	15,893,800	8,463,924	7,429,876	65	9,073,411	4,564,266	4,509,145
15	18,024,484	9,524,898	8,499,586	66	8,640,965	4,391,409	4,249,556
16	18,790,521	9,795,181	8,995,340	67	7,942,141	4,003,493	3,938,648
17	20,775,369	10,760,828	10,014,541	68	7,740,868	3,904,424	3,836,444
18	20,755,274	10,744,556	10,010,718	69	7,715,897	3,884,879	3,831,018
19	21,543,466	11,079,367	10,464,099	70	7,389,412	3,724,605	3,664,807
20	28,026,954	14,201,091	13,825,863	71	6,265,718	3,116,177	3,149,541
21	26,556,649	13,357,755	13,198,894	72	6,893,225	3,449,237	3,443,988
22	24,474,192	12,281,148	12,193,044	73	6,343,869	3,149,307	3,194,562
23	25,695,955	12,876,542	12,819,413	74	6,080,173	2,964,127	3,116,046
24	22,658,768	11,292,037	11,366,731	75	5,632,477	2,690,547	2,941,930
25	19,933,683	9,969,984	9,963,699	76	5,175,500	2,454,168	2,721,332
26	19,709,177	9,879,292	9,829,885	77	5,082,383	2,420,196	2,662,187
27	19,480,836	9,801,611	9,679,225	78	4,254,858	1,983,724	2,271,134
28	22,322,147	11,271,599	11,050,548	79	3,706,915	1,730,224	1,976,691
29	19,568,009	9,914,552	9,653,457	80	3,737,259	1,716,514	2,020,745
30	18,928,369	9,604,727	9,323,642	81	2,816,693	1,257,795	1,558,898
31	19,866,458	10,141,582	9,724,876	82	2,757,918	1,212,683	1,545,235
32	19,474,874	9,909,833	9,565,041	83	2,237,138	964,710	1,272,428
33	18,179,478	9,289,224	8,890,254	84	1,824,190	765,800	1,058,390
34	20,689,024	10,576,456	10,112,568	85	1,648,160	672,819	975,341
35	21,186,516	10,817,432	10,369,084	86	1,344,215	530,641	813,574
36	22,906,980	11,690,644	11,216,336	87	1,065,276	408,984	656,292
37	23,990,208	12,283,353	11,706,855	88	858,879	324,282	534,597
38	24,730,460	12,662,559	12,067,901	89	715,398	263,084	452,314
39	25,211,795	12,937,116	12,274,679	90	553,805	193,982	359,823
40	27,397,219	13,993,123	13,404,096	91	371,079	126,484	244,595

表1.11(續)

年齡	合計	男	女	年齡	合計	男	女
41	24,956,297	12,723,691	12,232,606	92	287,676	94,157	193,519
42	27,032,542	13,782,610	13,249,932	93	209,291	66,717	142,574
43	21,355,748	10,856,214	10,499,534	94	156,456	49,532	106,924
44	24,012,158	12,253,040	11,759,118	95	117,522	36,268	81,254
45	23,962,574	12,252,515	11,710,059	96	90,889	28,664	62,225
46	23,355,778	11,867,147	11,488,631	97	68,648	22,045	46,603
47	26,972,157	13,803,796	13,168,361	98	54,689	18,355	36,334
48	20,075,084	10,224,798	9,850,286	99	38,231	12,384	25,847
49	11,228,960	5,628,162	5,600,798	100歲及以上	35,934	8,852	27,082
50	14,097,008	7,205,176	6,891,832				

1.4.2.1 年齡別生育率

從20世紀70年代實施計劃生育政策以來，中國人口增長得到了有效控制，人口總和生育率一直處於下降狀態，從80年代初的2.5下降到90年代的1.5左右，一直到2008年以後仍出現下降傾向（見圖1.15）。

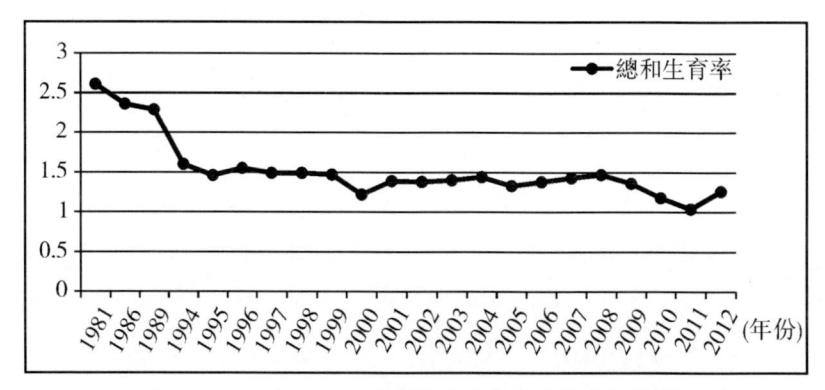

圖1.15 1981—2012年全國人口總和生育率趨勢圖

從圖1.16可看出，中國「六普」年齡別生育率要普遍低於「五普」，特別是在生育旺盛的21~30歲人口之間。

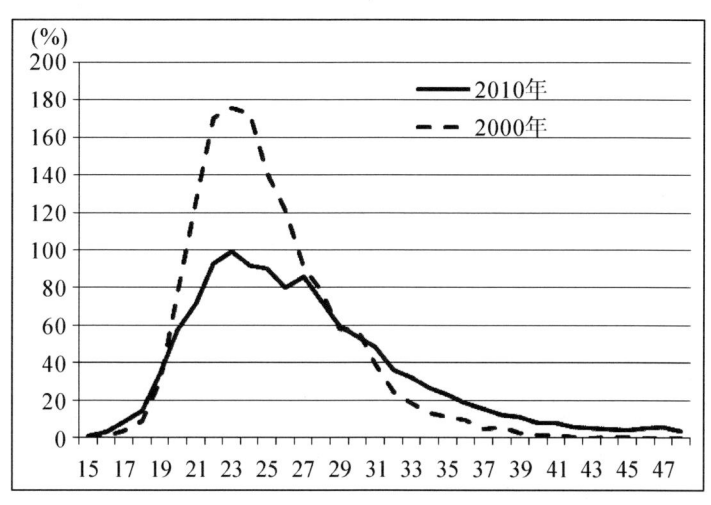

图 1.16　第五次、第六次全国人口普查年龄别生育率图

儘管生育政策逐漸放寬，但在人們生育意識普遍發生改變前，寬鬆的生育政策對中國總和生育率的影響具有不確定性，因此本研究假定 2015—2050 年間計劃生育政策將出現低、中、高三種情況：低方案是生育率維持在現有的水平；中方案是在開放「單獨二胎」政策以後，生育率稍有提高；高方案是寬鬆的計劃生育政策，提高總和生育率。

（1）低方案。假設在 2050 年之前中國繼續維持當前的計劃生育政策不變，假定 2014—2050 年區間內生育率 2009 年、2010 年、2011 年、2012 年、2013 年五年的生育率均值 1.215。該方案下，測算的人口結構可能是人口老齡化最嚴重的，對現行生育政策起警示作用（見表 1.12）。

表 1.12　　　　低方案育齡婦女組別生育率及總和生育率　　　　單位:‰

年齡組	15~19	20~24	25~29	30~34	35~39	40~44	45~49	總和
生育率	6.1	71.53	86.57	47.2	19.26	7.7	4.82	1,215

（2）中方案。假定在未來中國將會對計劃生育政策進行適度調整，如「單獨二胎」政策，設置一個合理的生育率，並預測中國未來的人口結構。目前已出抬了第二胎生育政策的細則，2016 年全國將出抬「二胎」政策，在一定程度上鼓勵了人們的生育意願，將提高總和生育率，由 2013 年的 1.24 增加到 2020 年更替水平 2.1，並在 2020 年以後維持在更替水平（見表 1.13）。

表 1.13　　　　中方案育齡婦女組別生育率及總和生育率　　　單位:‰

年齡組 年份	15~19	20~24	25~29	30~34	35~39	40~44	44~49	總和
2010	5.93	69.47	84.08	45.84	18.71	7.51	4.68	1,180
2013	7.84	69.53	93.97	50.84	18.68	4.64	1.76	1,240
2015	8.03	86.27	110.33	58.95	21.54	6.6	2.9	1,470
2020	11.46	122.97	157.27	84.01	30.7	9.4	4.13	2,100

（3）高方案。假定未來中國實行更為寬鬆的計劃生育政策，總和生育率在 2020 年以前線性增長到 2.3，2020—2030 年線性增長到 2.5，2030 年以後維持在 2.5 水平上（見表 1.14）。

表 1.14　　　　高方案育齡婦女組別生育率及總和生育率　　　單位:‰

年齡組 年份	15~19	20~24	25~29	30~34	35~39	40~44	44~49	總和
2010	5.93	69.47	84.08	45.84	18.71	7.51	4.68	1,180
2013	7.84	69.53	93.97	50.84	18.68	4.64	1.76	1,240
2020	12.56	134.68	172.25	92.04	33.62	10.30	4.5	2,300
2030	13.64	146.39	187.22	100.05	36.55	11.20	4.92	2,500

1.4.2.2　出生性別比

出生性別比（Sex Ratio of Birth，簡稱 SRB），指在某一時期內男嬰總數與女嬰總數的比值，通常用每出生 100 個女嬰對應的男嬰數來表示，國際社會公認的 SRB 正常範圍為 103~107。受傳統「重男輕女」思想以及生育政策的影響，中國自 20 世紀 80 年代以來總體出生性別比不斷攀升，統計數據顯示，2008 年中國的人口出生性別比高達 120.56。但隨著現代化進程的發展，國民的生育和性別偏好觀念也在潛移默化地發生改變，出生性別比呈現緩慢下降的趨勢，2009—2012 年的人口出生性別比分別為 119.45、118.08、118.5 和 117.7，但仍舊還是高於正常範圍。因此在本文的人口預測過程中，將利用動態的人口出生性別比數據，同時考慮生育政策調整的影響，假設低方案的出生性別比由 2010 年的 118.08 線性降至 2050 年的 114.66（每年下降 0.1 個百分點）；中方案和高方案的出生性別比線性降至 107 左右。

1.4.2.3　死亡率

目前主流且發展較為成熟的死亡率預測模型是隨機死亡率預測模型，包括

APC 模型、Cairns-Blak-Dowd 模型、Lee-Carter 模型及其擴展模型，本文將利用 Lee-Carter 模型對死亡率進行預測。Lee-Carter 模型的主要思路是將死亡率的變化分解為時間 t 和年齡 x，模型一般結構為：

$$\ln(m_{x,t}) = \alpha_x + \beta_x k_t + \varepsilon_{x,t}$$

上式中，$m_{x,t}$ 表示在第 t 年 x 歲人群的中心死亡率；α_x 為年齡因子，反應分年齡人口死亡率自然對數的平均水平；k_t 為時間因子，反應人口死亡率隨時間變化的速度；β_x 為年齡效應，表示年齡因子對 k_t 的敏感度；$\varepsilon_{x,t}$ 是均值為 0、方差為 σ^2 的誤差項。通過使用 1995—2010 年中國人口分年齡、分性別死亡率數據①擬合 Lee-Carter 模型，估計參數 α_x、β_x 和 k_t，從而預估中國 2010—2050 年分年齡段的死亡率變化趨勢。

1.4.3 人口發展動態測算

1.4.3.1 人口總量測算

將上述低、中、高三個方案的生育率與死亡率數據輸入 Leslie 運算矩陣，利用 matlab 軟件進行測算得到 2010—2050 年中國人口總量（見表 1.15、圖 1.17）：

表 1.15　　　　2010—2050 年中國人口總量發展趨勢　　　　單位：人

方案 年份	低方案	中方案	高方案
2010	1,332,810,869	1,332,810,869	1,332,810,869
2011	1,338,174,915	1,338,174,915	1,338,174,915
2012	1,341,929,513	1,341,929,513	1,341,929,513
2013	1,347,975,938	1,347,975,938	1,347,975,938
2014	1,353,549,840	1,353,549,840	1,353,549,840
2015	1,357,942,198	1,360,395,473	1,360,709,959
2016	1,362,068,392	1,368,286,532	1,369,219,861
2017	1,365,878,368	1,377,124,803	1,378,968,986
2018	1,369,268,025	1,386,721,460	1,389,750,613
2019	1,372,169,209	1,396,915,554	1,401,383,689

---

①　其中 1995 年和 2005 年人口數據來自全國 1%人口抽樣調查資料，2000 年與 2010 年為人口普查數據，其餘數據來源於《中國人口統計年鑒》。

表 1.15(續)

年份\方案	低方案	中方案	高方案
2020	1,374,535,875	1,407,528,794	1,413,661,344
2021	1,376,322,608	1,418,415,313	1,426,415,004
2022	1,377,588,970	1,428,432,209	1,438,408,241
2023	1,378,277,530	1,437,517,631	1,449,562,663
2024	1,378,403,251	1,445,716,432	1,459,916,592
2025	1,378,039,733	1,453,133,887	1,469,571,114
2026	1,377,271,955	1,459,828,439	1,478,583,152
2027	1,376,133,852	1,465,959,694	1,487,119,656
2028	1,374,590,899	1,471,517,668	1,495,174,150
2029	1,372,646,150	1,476,536,538	1,502,785,412
2030	1,370,428,472	1,481,175,230	1,510,118,494
2031	1,367,862,251	1,485,369,901	1,517,109,985
2032	1,365,066,658	1,489,244,547	1,523,743,016
2033	1,361,938,978	1,492,700,422	1,529,920,928
2034	1,358,431,071	1,495,696,256	1,535,605,257
2035	1,354,676,252	1,498,391,580	1,540,966,961
2036	1,350,624,088	1,500,784,042	1,546,023,344
2037	1,346,318,777	1,502,997,344	1,550,931,633
2038	1,341,677,909	1,505,034,548	1,555,734,208
2039	1,336,599,678	1,506,887,679	1,560,467,138
2040	1,331,226,592	1,508,793,024	1,565,414,080
2041	1,325,395,803	1,510,658,469	1,570,520,682
2042	1,319,191,822	1,512,683,495	1,576,024,530
2043	1,312,628,919	1,514,870,593	1,581,947,395
2044	1,305,640,802	1,517,150,746	1,588,226,784
2045	1,298,226,159	1,519,497,207	1,594,837,097
2046	1,290,408,365	1,521,861,763	1,601,712,624

表1.15(續)

方案 年份	低方案	中方案	高方案
2047	1,282,216,993	1,524,205,010	1,608,795,512
2048	1,273,548,662	1,526,348,196	1,615,885,331
2049	1,264,452,758	1,528,259,204	1,622,924,621
2050	1,254,928,777	1,529,871,873	1,629,827,525

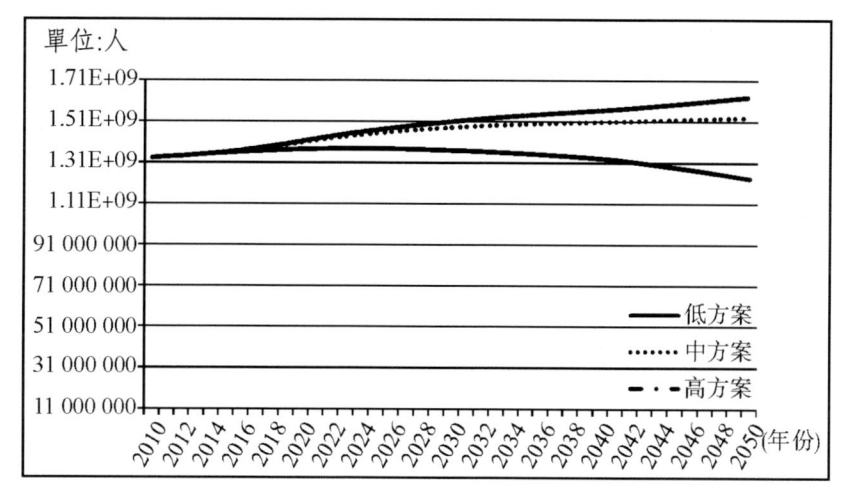

圖1.17 2010—2050年中國人口總量變化趨勢圖

三種生育率方案測算數據顯示：在保持現行生育狀況條件下，中國人口總量將在2024年達到高峰13.78億，之後開始下降，到2050年減至12.54億；在生育率維持在更替水平時，人口處於平緩上升的狀況，在2030年之前未出現峰值，2034年人口突破15億。而在非常寬鬆的生育政策下，人口增長迅猛，2028年突破15億，2046年突破16億，人口出現明顯的激增。

1.4.3.2 人口年齡結構測算

生育率低、中、高三種方案對少兒人口、老齡人口的影響較為明顯。在低方案中，0~14歲少兒人口占比呈下降趨勢，從2032年起將低於10%；在中、高方案中，少兒人口占比下降趨勢得到有效控制，且隨著生育率的變動，少兒人口比基本維持在15%~20%之間（見圖1.18）。

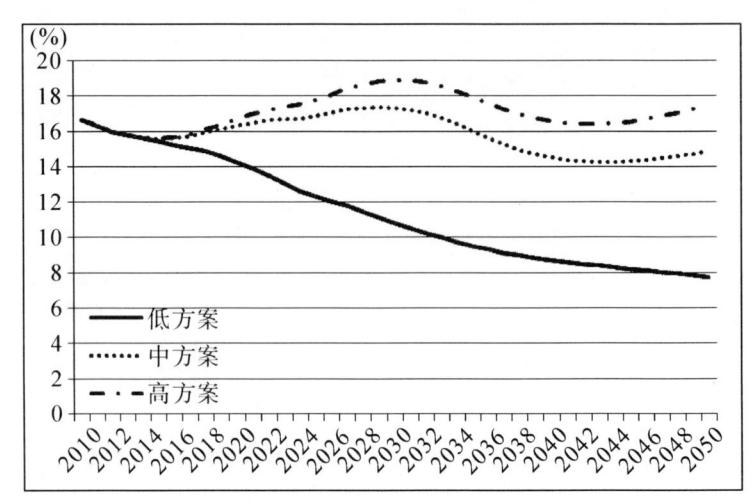

圖 1.18　低、中、高方案下 0~14 歲人口占比的變化趨勢

通過對三種生育率方案下人口年齡結構測算結果的比較，發現中國人口老齡化的發展趨勢仍沒有得到有效緩解，老齡人口占總人口的比重一直呈現上升趨勢，特別是在低生育率預測的方案下，65 歲以上人口所占比重一直處於上升狀態。而中、高生育率預測方案下，65 歲以上人口的比重增長趨勢相對有所放緩（見圖 1.19、圖 1.20、表 1.16）。

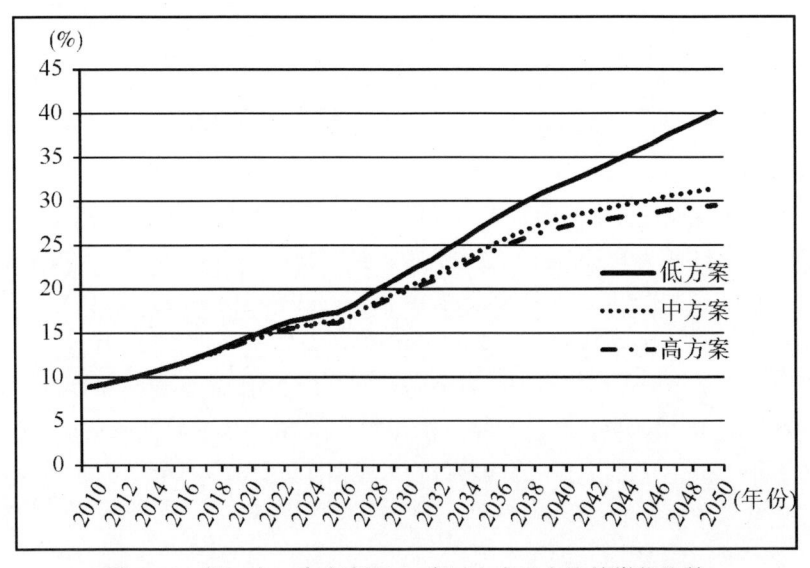

圖 1.19　低、中、高方案下 65 歲以上人口占比的變化趨勢

表 1.16　　　　低、中、高三種方案中 65 歲以上人口的占比　　　　單位：%

	2030 年		2050 年	
	65 歲以上人口比重	總人口	65 歲以上人口比重	總人口
低方案	21.47	1.37E+09	40.07	1.25E+09
中方案	19.87	1.48E+09	31.41	1.53E+09
高方案	19.49	1.51E+09	29.48	1.63E+09

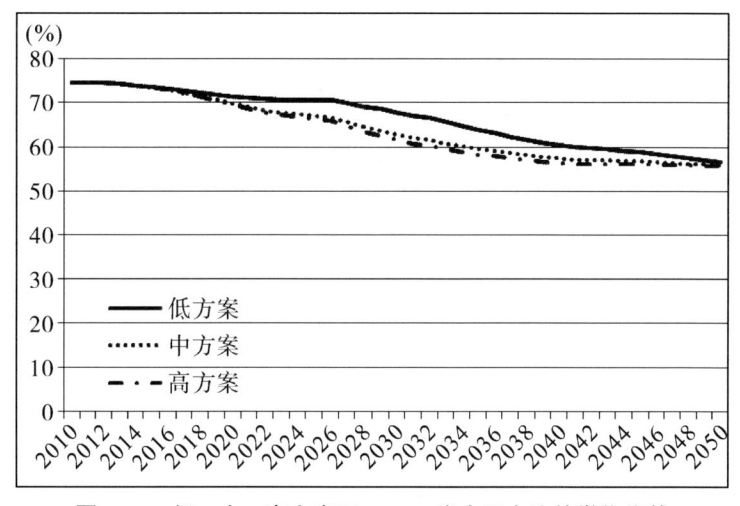

圖 1.20　低、中、高方案下 15~64 歲人口占比的變化趨勢

在三種生育率方案下，15~64 歲人口占比一直處於下降狀態，以高生育率方案為甚，這是因為放寬的生育政策有效刺激了新生人口增加，主要增加的是 0~14 歲人口比重，而對 15~64 歲人口比重的影響具有滯后性，15~64 歲人口比重仍舊下降，但隨著時間的延長，這種下降將得到遏制。圖 1.20 顯示，中、高方案下的勞動力人口占比在 2040 年以後的下降速度在減緩，而低方案下的下降速度相對增加，到 2050 年高方案中的勞動力人口比重與中方案持平。

1.4.3.3　人口金字塔預測

分析 2010 年人口金字塔圖形可以發現，中國人口結構呈現「中」字形態，即「中間大，兩頭小」，說明中國人口日趨老齡化，也預示著中國第一次人口紅利即將消失。在低生育率方案下，通過觀察 2030 年與 2050 年人口年齡結構金字塔發現，隨著新生人口數量的減少，人口老齡化趨勢更加明顯（見圖 1.21~圖 1.23）。

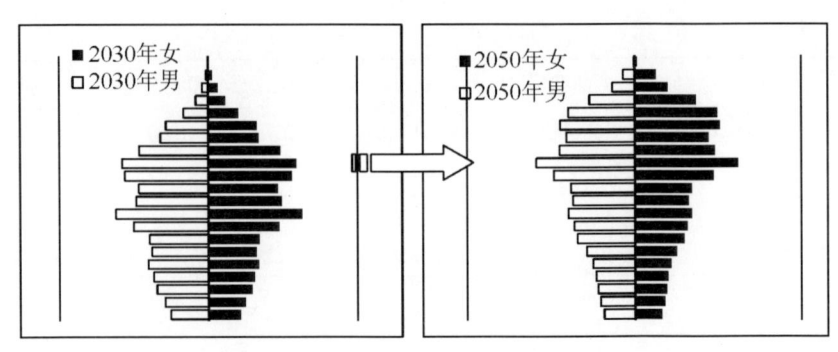

圖 1.21　低生育率方案下 2030 年、2050 年人口金字塔圖

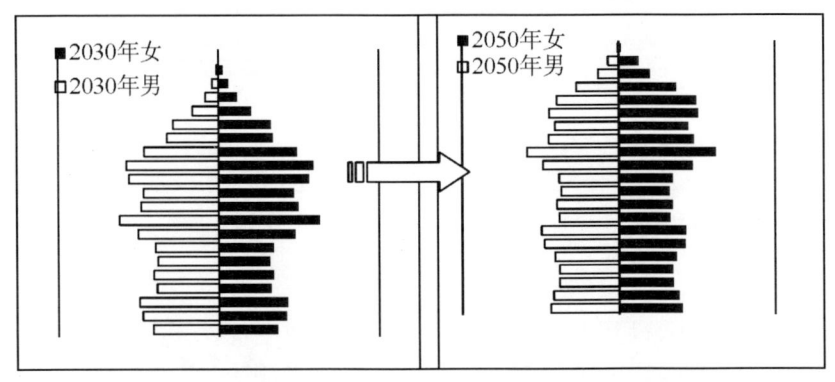

圖 1.22　中生育率方案下 2030 年、2050 年人口金字塔圖

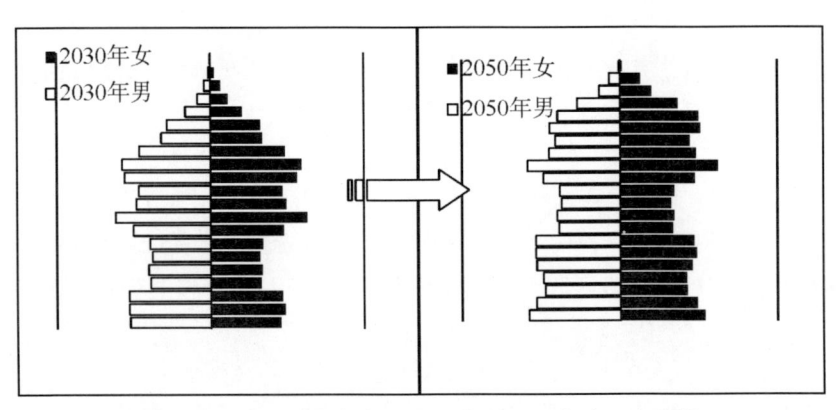

圖 1.23　高生育率方案下 2030 年、2050 年人口金字塔

在中生育率方案下，中國人口「中間大，兩頭小」的特點消失，相對於低生育率方案，0~14 歲、15~64 歲年齡段的人口均衡發展，人口結構顯得年輕，將減緩中國人口結構老齡化趨勢。

在高生育率方案下，隨著生育率的快速增高，0~14歲新增人口快速上升，出現了「中間低，兩頭高」的人口年齡形態。高生育率不僅改變了中國原有人口年齡結構特徵，同時將導致中國人口年齡結構過度年輕化，預示著人口總量將會進入另一個快速增長時期。

1.4.3.4 小結

根據人口轉變與經濟發展適應性需求，基於中國現行計劃生育政策，本研究設定了未來低、中、高三種不同的生育率方案，在隨機死亡率情況下，利用2010年第六次全國人口普查數據，採用Leslie人口預測模型，通過構建狀態轉移矩陣測算了2011—2050年人口年齡結構變化走勢。根據不同生育率模式下中國人口金字塔的變化情況，得出如下結論：

（1）關於生育政策。①若維持現行計劃生育政策不變，即實施較低生育率方案，中國2011—2050年新增人口越來越少，特別是隨著0~14歲人口比例的直線下降，人口老齡化情況將愈發嚴重。②中方案下的生育政策，在2020年以後將總和生育率調整到更替水平，中國人口結構老齡化的趨勢將得到明顯改善。③在實行較高生育方案下，人口結構將趨於年輕化，老齡化趨勢得到有效控制，但同時也伴隨著總人口迅速膨脹的問題。而且就目前來看，過高的生育率並不適合中國人口與經濟的發展。總體而言，若維持現行計劃生育政策不變，總和生育率一直處於較低水平，將使人口老齡化愈發嚴重，因此對現行計劃生育政策進行調整是非常有必要的。但在逐步放寬生育政策時，必須適度而不能過寬，否則即便改變了人口老齡化趨勢，也會帶來人口總量的迅猛增長。

（2）關於人口紅利。通過測算，我們發現勞動力人口的比重不斷下降，特別是在低生育方案下，勞動力人口比重下降迅速，打破了傳統的「中國人口基數大，勞動力數量多，農村剩餘勞動力取之不盡、用之不竭」的觀念。在勞動力總量下降的情況下，農村剩餘勞動力已將轉移殆盡，劉易斯轉折點已經出現。新中國成立以來，勞動力人口比重經歷了迅速增長到迅速下降的過程，形成倒U形曲線的變化軌跡。當人口年齡結構處於最富有生產性的階段時，充足的勞動力供給和高儲蓄率為經濟增長提供了額外的源泉，即為人口紅利，當人口轉變超過這一階段，人口年齡結構的老化，人口紅利也隨之消失。這一過程可以由總和生育率反應，當生育率降至人口機會窗口消失的水平之下以後，人口紅利消失。中國總和生育率在20世紀90年代以後一直處於1~1.5之間，當前人口紅利縮小已成共識，勞動力供給不足的現狀成為當前經濟發展的主要問題。亟須充分挖掘當前人口紅利的潛力，創造新的人口紅利，通過轉變經濟增長方式來解決「未富先老」的困局。

2 人口轉變背景下的經濟增長與產業結構轉型升級

2.1 人口轉變背景下的中國經濟增長

2.1.1 中國經濟增長動力：基於人口轉變視角

自20世紀70年代末以來，中國實行了漸進式的經濟改革和對外開放戰略，參與經濟全球化和市場配置資源的程度逐步加深，國民經濟蓬勃發展，經濟總量連續躍上新臺階。1979—2012年，中國經濟平均增長速度達9.8%，遠超同期2.8%的世界經濟增長速度。2010年，中國經濟總量超過日本，成為世界第二大經濟體，按照世界銀行的劃分標準①，中國人均GDP以4,300美元而躋身中等偏上收入水平國家行列。這樣的高速發展態勢在人類經濟史上不曾有過，尤其是對於中國這樣一個經濟發展起點低、人口基數龐大的國家，能夠取得如此巨大的成就實屬不易，創造了舉世矚目的「中國奇跡」。

改革開放30多年來中國經濟保持高速增長是多種因素綜合作用的結果。首先，實行對內改革、對外開放政策創造了良好的制度環境，是推動中國經濟持續高速增長的根本動力。在計劃經濟時期，統購統銷、人民公社和戶籍政策等制度安排阻礙了勞動力在城鄉之間和工農業之間自由流動，微觀激勵機制上的嚴重缺陷和資源配置上的無效率嚴重束縛了社會生產力發展，致使經濟增長較為遲緩。生產關係、管理方式、思維方式等一系列對內改革政策解放了社會生產力，使長期被計劃經濟體制統「死」的生產要素「活」了起來，資源配

---

① 2010年世界銀行對不同國家收入水平制定了分組劃分標準：按人均GDP計算，1,005美元以下是低收入國家；1,006~3,975美元是中等偏下水平；3,976~12,275美元是中等偏上水平；12,276美元以上為富裕國家。

置效率極大提升；對外開放政策引進了大量國外資金和先進技術，滿足了經濟發展對資金和技術的需求，而且中國在勞動力、自然資源等初始要素上的比較優勢確立了勞動密集型產品在國際市場佔有重要的競爭地位。其次，推進以經濟建設為中心的發展戰略為中國經濟持續高速增長提供了科學指引。改革開放以來，中國改變以往一切以「政治掛帥」的主張，把政府工作重點轉移到經濟發展上來，實行以經濟建設為中心的戰略方針，建立了社會主義市場經濟體制，強調統籌城鄉發展、統籌區域發展、統籌經濟社會發展、統籌人與自然和諧發展、統籌國內發展和對外開放，從而為中國經濟健康持續增長注入了不竭的動力。

除了社會經濟制度變革、體制機制調整更加適應經濟發展外，人口轉變也是促進中國經濟持續高速增長的重要因素之一。得益於勞動年齡人口不斷增長、人口撫養比持續降低的人口結構，以及人口流動限制的逐步解除，大規模剩餘勞動力從農業向非農業、從農村向城市、從中西部向東部沿海地區轉移就業，為工業化和城鎮化建設提供了源源不斷的勞動力供給，使中國經濟高速增長獲得了堅實的人口支撐。具體而言，人口轉變推動中國經濟持續高速增長的作用機理主要表現在如下幾個方面：

（1）龐大的人口規模形成了不斷擴張的消費需求市場，促進了中國經濟發展方式轉變。中國是世界上人口最多的國家，1978年人口規模就達9.63億人，儘管與改革開放同步實施的計劃生育政策控制了人口快速增長，但2012年中國人口仍增長到13.54億。與此同時，隨著國民經濟的快速健康發展，人民生活水平明顯提高，消費能力逐漸增強，由過去單純追逐物質層次的需求向物質需求與精神文化需求兼具轉變，居民消費結構不斷優化。規模大、消費能力強、需求層次多的中國人口形成了巨大的消費需求市場，吸引了多方面的投資，有力地推動了中國經濟高速增長，也促進了經濟發展方式由出口導向型向內需拉動型轉變。另外，龐大的人口規模要求加快基礎設施建設以滿足日益增長的公共服務需求，通過基礎設施建設作用於經濟增長。

（2）年輕的人口年齡結構不僅提供了充足的勞動力資源，而且提高了儲蓄率和投資水平，為經濟增長創造了豐厚的「人口紅利」。鐘水映和李魁（2010）、尹銀和周俊山（2012）基於中國省級面板數據都證實了人口紅利是推動中國經濟增長的重要因素[①]。中國15~64歲勞動年齡人口比重在1982年

---

① 鐘水映，李魁. 人口紅利、空間外溢與省域經濟增長 [J]. 管理世界，2010（4）：14-23；尹銀，周俊山. 人口紅利在中國經濟增長中的作用——基於省級面板數據的研究 [J]. 南開經濟研究，2012（2）：120-130.

就為61.5%，2010年達到峰值74.5%，每年約1,000萬的新增勞動力供給滿足了勞動密集型產業對勞動力的巨大需求。豐富的勞動力資源和低廉的勞動力成本吸引了大量外商投資，也增強了中國產品在國際市場上的競爭力，成為推動中國經濟持續高速增長的重要動力。與此同時，計劃生育政策對人口生育的嚴格控制使生育率急遽下降，少兒撫養比迅速減少，而這一期間內的人口老齡化問題並不嚴重，老年撫養比緩慢增加，由此導致總撫養比呈現出較快的下降趨勢，由1982年的62.6%下降到2010年的34.2%。王德文等（2004）實證分析表明，中國總撫養比每下降1個百分點將使經濟增長速度提高0.115個百分點；1982—2000年間總撫養比下降對人均GDP的增長貢獻約為27%①。充足的勞動適齡人口、出口導向的發展戰略、高度集中的資源配置方式以及中國居民與生俱來的儲蓄偏好，造成社會儲蓄率長期保持在30%以上，資本供應較為充裕，投資率也大幅提升，支撐著中國經濟的高速增長。此外，勞動年齡人口占比持續增加和人口撫養比持續下降形成的「人口紅利」，在一定程度上打破了新古典增長理論資本報酬遞減的假設，延緩了資本報酬遞減過程，從而為經濟增長提供了額外源泉。

（3）活躍的人口遷移促進了生產要素合理流動和優化配置，通過集聚效應的發揮實現經濟增長質量提高。改革開放初期確立的非均衡經濟發展戰略使得各類生產要素向東部地區和城市集聚，造成中國地區間和城鄉間存在著較大的經濟發展差距，催生了中西部及農村勞動力自發向東部及城市流動。同時，東部地區和城市經濟發展也需要大量勞動力，隨著戶籍管理制度的逐漸鬆動，在推拉作用的影響下引致勞動力大規模、跨區域、長距離的遷移與流動。人口遷移推動了勞動力與人力資本在特定區域的集聚，優化了生產要素的空間配置，有力地促進了區域經濟快速增長，形成了經濟發展與人口遷移的互促局面。一方面經濟增長促進人口遷移，導致人口遷移數量、空間分佈以及整體勞動生產效率不斷提高；另一方面人口遷移重新優化生產要素在地區、城鄉和產業上的配置結構，對經濟增長產生正向促進作用②。蔡昉和王德文（1999）研究表明，1978—1998年間中國GDP增長率中有21%來自勞動力從農業向非農產業轉移的貢獻③。王桂新等（2004）驗證了人口遷移對經濟增長具有積極的推動作用，發現1982—2000年間

---

① 王德文，蔡昉，張學輝. 人口轉變的儲蓄效應和增長效應——論中國增長可持續性的人口因素 [J]. 人口研究，2004（5）：2-11.
② 逯進，郭志儀. 中國省域人口遷移與經濟增長耦合關係的演進 [J]. 人口研究，2014（6）：40-56.
③ 蔡昉，王德文. 中國經濟增長可持續性與勞動貢獻 [J]. 經濟研究，1999（10）：62-68.

中國省際人口遷移規模每增加1萬人，GDP和人均GDP將分別增加100億元和8元[①]。此外，人口遷移還有助於消除地區之間要素稟賦差異，從而縮小地區間的經濟差距，促進城鄉一元化和區域經濟協調均衡發展。

綜上，改革開放30多年來中國經濟高速增長總是伴隨著迅速的人口轉變，龐大的人口規模、年輕的人口年齡結構、活躍的人口遷移是助推中國經濟持續高速增長的重要因素。然而進入21世紀後，中國經濟增長所倚重的人口紅利開始步入衰減期，近年來的「民工荒」以及農民工工資上漲現象，使得低端加工製造企業越來越難以低廉工資雇傭到足夠的勞動力。人口轉變呈現出的新特徵預示著中國經濟發展將會發生根本性變化。從長期勞動力供求關係看，2004年首次出現勞動力短缺現象，勞動力絕對數量在2010年達到峰值1,365萬人後逐漸下降。根據中國社會科學院預測，2020年之前中國勞動年齡人口減幅相對放緩，年均減少155萬人，之后減幅將不斷加快，2020—2030年將年均減少790萬人，2030—2050年將年均減少835萬人[②]。以城鎮常住人口為統計口徑的城鎮化率由1980年的19.39%上升到了2011年的51.27%，城鎮人口首次超過農村人口，隨著新型城鎮化建設的深層次發展，農村剩餘勞動力將有大幅減少。這兩種因素的疊加使得中國勞動力資源不再具有無限供給特徵，中國的人口紅利自2010年起逐漸消失，正式進入了劉易斯轉折點，長期勞動力供求關係會日趨緊張，勞動力成本上漲以及招工困難將成為常態。由此可見，在經過了劉易斯轉折點並開始喪失人口紅利的背景下，中國經濟面臨著傳統增長源泉的消失，如何挖掘和培育新的增長點是新常態下中國經濟保持平穩較快發展必須直面的重要問題。

2.1.2 人口轉變對經濟增長的影響途徑及其程度

人口轉變對經濟增長具有顯著的促進作用已被許多文獻證實。一般而言，人口轉變主要通過勞動力供給、儲蓄、公共投資、勞動生產率等因素對經濟增長施加直接或間接影響。

（1）勞動力供給因素。有效勞動人口增加和社會供養人口減少使得人口生產性顯著增強，年輕的人口年齡結構更容易推動技術進步，有利於促進經濟增長。從中國實踐看，自1980年以來總撫養比持續下降，勞動年齡人口比重不斷提高，加之二元經濟體制下農村存在大量剩餘勞動力，使得改革開放時期

---

① 王桂新，沈建法，魏星. 中國省際人口遷移與經濟發展互動關係研究［J］. 中國勞動經濟學，2004（1）：125-149.

② 李揚. 2015年中國經濟形勢分析與預測（經濟藍皮書）［M］. 北京：社會科學文獻出版社，2014.

擁有充沛的勞動力資源。大量勞動力由農業向非農業、農村向城市、中西部向東部沿海地區轉移就業，導致勞動力供給彈性變大，普通勞動力工資上漲緩慢。這種現象非常契合劉易斯二元經濟理論中描述的勞動力無限供給的狀態，打破了新古典經濟增長理論中資本報酬遞減規律，進而實現了經濟持續高速發展。

（2）儲蓄因素。根據生命週期理論，從個人角度看，個人一生儲蓄呈倒U形特徵，工作階段人們的儲蓄意願和能力更強；從社會角度看，勞動年齡人口占比大時，人口生產性較強且社會儲蓄率較高，進而可以維持較高的投資率以促進經濟高速增長。中國自改革開放以來之所以能始終保持著較高的儲蓄率和投資率，勞動人口占比大且人口撫養負擔較輕就是其中一個重要原因。

（3）公共投資因素。在勞動年齡人口占比較大的社會中，公共服務需求較低，醫療、教育、養老領域的矛盾並不突出，政府可以將更多資源用於生產性投資，從而促進經濟增長。中國經濟增長模式是政府主導的增長模式，公共投資在其中占重要地位，政府支出多年來呈現「重投資、輕服務」的結構特徵。這種情況下社會服務領域的矛盾仍在可控範圍內，相當程度上得益於中國人口結構處在總撫養率較低的階段。

（4）勞動生產率因素。發展經濟學認為勞動力從第一產業向第二、三產業轉移過程中，勞動生產率會得到較大提升，生產要素配置結構將進一步優化。中國改革開放始終處於人口大規模從農村向城鎮轉移的過程中，城市常住人口比重持續增長，這種人口城鄉流動帶來的勞動生產率提升有助於促進經濟增長。由此可見，人口轉變既通過提供勞動力供給的方式直接促進經濟增長，又通過影響儲蓄、投資和勞動生產率等間接途徑影響經濟增長。

20世紀90年代以來，關於人口轉變與經濟增長關係的研究取得了一個明顯突破，此前的研究主要分析人口規模或人口增長率與經濟增長之間的關係，得出的結論並不明確，也沒有揭示人口轉變內在結構變化對經濟增長的貢獻。當研究重心轉移到分析人口年齡結構變化與經濟增長關係後，學者們發現勞動年齡人口持續增長且比重不斷提高的生產性人口結構，可以通過充足勞動力供給和儲蓄率提高為經濟增長提供額外源泉，即人口紅利有助於促進經濟增長。

為考察人口紅利對中國經濟增長的貢獻程度，本研究將資本和勞動力作為撫養比的函數①，建立一個包括撫養比的CD型生產函數：

---

① 事實上，如果以人口撫養比作為人口紅利的代理變量，可以將其對經濟增長的貢獻看成是純粹意義上的人口紅利。

$$Y = AK^{\alpha}(LH)^{1-\alpha} \tag{2-1}$$

式（2-1）中，Y 為產出，A 為全要素生產率（技術進步率），K 為物質資本存量，L 為就業人數，H 為勞動力平均受教育年數，α 為物質資本產出彈性。我們將 L 表示為撫養比的函數，即 $L = POP \times EP/(1 + DR)$，其中 POP 為人口數量，EP 為就業率乘以勞動參與率，DR 為撫養比。則式（2-1）變為：

$$Y = AK^{\alpha}(POP \times H)^{1-\alpha}\left(\frac{1}{1+DR}\right)^{1-\alpha} EP^{1-\alpha} \tag{2-2}$$

勞均資本存量 $k = \dfrac{K}{L} = \dfrac{K \times (1 + DR)}{POP \times EP}$，將 k 帶入式（2-2）得到：

$$Y = Ak^{\alpha}\left(\frac{1}{1+DR}\right)^{\alpha} H^{1-\alpha}\left(\frac{1}{1+DR}\right)^{1-\alpha} \times POP \times EP \tag{2-3}$$

上式中，$\left(\dfrac{1}{1+DR}\right)^{\alpha}$ 表示人口轉變通過物質資本要素對產出的影響，$\left(\dfrac{1}{1+DR}\right)^{1-\alpha}$ 表示人口轉變通過勞動要素對產出的影響。通過式（2-3）估計各要素對經濟產出貢獻的前提是計算各要素對產出的彈性。在規模報酬不變假設下，我們將式（2-2）轉化為：

$$\frac{Y}{LH} = A\left[\frac{K(1+DR)}{POP \times H \times EP}\right]^{\alpha} \tag{2-4}$$

由此，通過式（2-4）就可以估計出物質資本存量 K、勞動力 L 和教育 H 的產出彈性。在具體測算中，需要用到 GDP、物質資本存量、就業、人口、勞動力平均受教育年數等多個變量數據，這些數據的選取依據和來源作如下簡要說明：

本研究以 1982—2010 年中國 31 個省、市、區的面板數據為研究樣本。之所以選擇這一時間範圍，主要基於兩點考慮：一是《中國人口統計年鑒》和《中國勞動統計年鑒》於 1982 年起開始提供從業人員按受教育程度分組構成數據；二是中國勞動力絕對數量在 2010 年達到峰值後逐漸下降，中國的人口紅利從 2010 年起逐漸消失，正式進入了劉易斯轉折點。產出變量以各省、市、區 1952 年不變價 GDP 表示；勞動變量選取全社會就業人數，由各省、市、區就業人數加總而得；勞動力平均受教育年數按照就業人員受教育程度構成計算得到；物質資本變量參考張軍等（2004）[①] 的具體做法，採用永續盤存法進行測算；撫養比數據來自歷年《中國統計年鑒》和《中國人口統計年鑒》；勞動

[①] 張軍，吳桂英，張吉鵬. 中國省際物質資本存量估算：1952—2000 [J]. 經濟研究，2004（10）：35-44.

參與率和就業率根據人口數量、就業數量和撫養比計算得到。表2.1列示出了代表性年份的各變量全國層面數據。

表2.1　　　　　　　　各變量指標的全國數據①

要素 年份	產出 （億元）	資本 （億元）	人口 （萬人）	勞動力 （萬人）	教育 （年）	勞動參與 和就業率(%)	撫養比 （%）
1982	4,262	8,059	101,654	43,886	6.29	70	62.63
1990	9,017	16,468	114,333	56,736	7.10	75	50.86
1995	16,076	29,095	121,121	62,903	7.40	77	48.81
2000	24,323	53,354	126,743	62,979	8.00	71	42.56
2005	38,740	95,623	130,756	68,027	8.30	72	38.81
2010	65,898	186,098	134,091	76,834	9.10	77	34.17

根據所得數據，對式（2-4）取自然對數形式，估計得到物質資本存量 K 的產出彈性 $\alpha = 0.638$，則勞動 L 和教育 H 的產出彈性為 0.362。然後，通過不同生產要素的產出彈性乘以其相應的增長率，即可得到不同生產要素對 GDP 增長的相對貢獻，結果如表2.2所示。

表2.2　　　　　　　　經濟增長的要素貢獻　　　　　　　　單位：%

| 要素
年份 | A | H | K | K：其中
$(1+DR)_K$ | L | L：其中 | | | 人口
紅利 |
						POP	$(1+DR)_L$	EP	
1982—1990	21.7	5.6	60.7	6.1	12.0	5.5	3.4	3.0	9.5
1991—1996	23.4	2.4	69.9	1.4	4.3	3.2	0.8	0.3	2.2
1997—2003	3.3	7.0	88.4	5.6	1.3	3.1	3.2	-5.0	8.9
2004—2010	10.1	1.6	80.4	4.7	7.9	1.7	2.7	3.6	7.3
1982—2010	15.0	4.2	73.7	4.3	7.1	3.5	2.4	1.1	6.7

註：$(1+DR)_K$、$(1+DR)_L$ 分別表示人口轉變通過物質資本要素和勞動要素對 GDP 的貢獻，人口紅利 = $(1+DR)_K + (1+DR)_L$。

觀察表2.2發現，1982—2010年間，資本、勞動力、教育和技術進步（全要素生產率）對經濟增長的貢獻分別為 73.7%、7.1%、4.2%和15%。將

---

① 蔡昉. 中國人口與勞動問題報告 No.13：人口轉變與中國經濟再平衡 [M]. 北京：社會科學文獻出版社，2012：88-89.

勞動的貢獻分解后，人口增加對經濟增長的貢獻為 3.5%，就業率和勞動參與率提高的貢獻為 1.1%。撫養比所代表的人口紅利對經濟增長的貢獻為 6.7%，其中通過資本要素的貢獻為 4.3%，通過勞動要素的貢獻為 2.4%。由此可看出，人口紅利的確有助於促進經濟增長，改革開放以來中國經濟增長得到了有利的人口結構的保障。從分時段來看，人口紅利對 1982—1990 年經濟增長的貢獻接近 10%；1991—1996 年間，由於二元經濟結構阻礙生產要素流動，20 世紀 90 年代開始利用完畢城市人口紅利，表現為勞動、教育、撫養比對經濟增長的貢獻小於 1982—1990 時期。90 年代中期后，隨著大規模農民工進城，人口紅利效應再次得以發揮，這是由於人口城鄉遷移將農村人口紅利帶入城市，給城市經濟增長注入新的動力。1997—2003 年撫養比對經濟增長的貢獻達到 8.9%，與同期國有企業改革帶來的下崗潮疊加，使得就業率和勞動參與率的貢獻變為負數。隨著農村剩余勞動力轉移完畢，2004—2010 年間勞動力市場逐步穩定，撫養比對經濟增長的貢獻率減少，而就業率、勞動參與率和技術進步率對經濟增長的貢獻增加。總之，隨著人口轉變過程的不斷演進，勞動力和人口紅利對經濟增長的貢獻趨於減弱。

2.2　人口轉變背景下的中國產業結構轉型升級

2.2.1　中國產業結構演變

從理論上講，產業結構轉型升級是資本、勞動力、土地和技術等生產要素從低附加值、低效率和高消耗的生產部門或產業鏈環節退出，繼而導入到高附加值、高效率、低消耗的生產部門或產業鏈環節的過程。產業結構轉型升級既包括產業間的升級（由第一產業占優勢比重逐級向第二、第三產業占優勢比重演進），也包括產業內的升級（產業內部的加工和再加工程度逐步向縱深化發展，不斷提高生產效率）[①]。一般而言，產業結構轉型升級主要表現為三個方面：①產業結構順著第一、二、三產業占優勢地位遞進的方向演進；②產業結構沿著勞動密集型產業、資本密集型產業、技術（知識）密集型產業分別占優勢地位遞進的方向演進；③產業結構順著低附加值產業向高附加值產業的方向演進。

改革開放以來，伴隨著中國經濟持續高速增長以及國家對經濟結構調整和

---

① 冀震. 產業結構如何轉型升級 [N]. 人民日報，2011-03-18.

轉變發展方式重要性的認識不斷深化，產業結構不斷優化。三次產業在調整中均得到長足發展，農業基礎地位不斷強化，工業實現持續快速發展，服務業迅速發展壯大。1979—2012 年，第一、二、三產業增加值年均實際分別增長 4.6%、11.3%和 10.8%，三次產業增加值占 GDP 比重由 1978 年的 28.2：47.9：23.9 調整為 2012 年的 10.1：45.3：44.6，如圖 2.1 所示。從增加值構成來看，1978—2012 年裡，第一產業占比不斷下降，在三次產業中逐漸從第二位下降為第三位；第二產業占比先降后升，始終保持主導地位；第三產業占比不斷上升，日益成為經濟增長的新引擎，並於 2013 年超過第二產業。由此可見，中國產業結構由「二一三」型轉變為「二三一」型，再轉變為最新的「三二一」型。

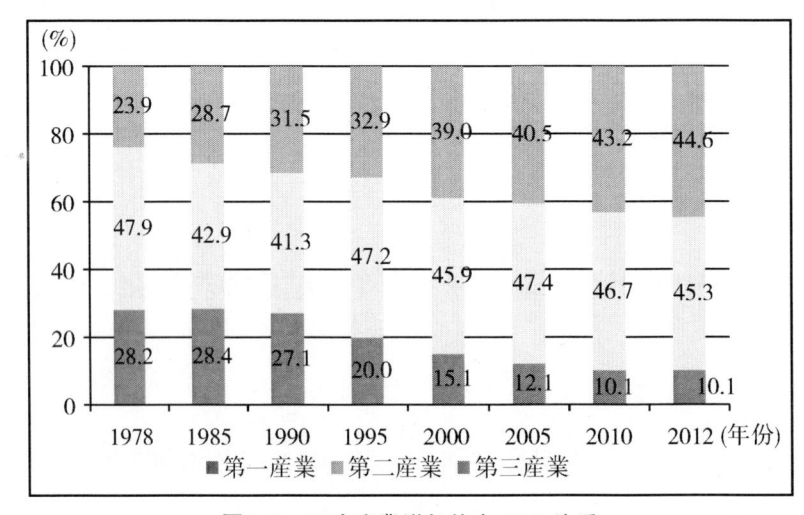

圖 2.1　三次產業增加值占 GDP 比重

在產業間結構優化調整的同時，產業內部結構也在不斷升級。農業仍保持在第一產業中的主導地位，但其比重卻呈不斷下降趨勢，而第一產業中的林業、畜牧業和漁業的比重卻逐年上升，畜牧業、漁業比重快速上升，林業基本保持穩定。改革開放前，重工業在工業中所占比例遠大於輕工業；改革開放的頭 20 年，這一局面有所改觀，輕、重工業基本呈現平分秋色的局面，甚至有些年份輕工業還超過了重工業，但從 1999 年起，這種局面開始發生轉變，重工業增長速度明顯超過輕工業。改革開放時期中國工業結構是先輕、重工業平分秋色，后重工業獨占鰲頭。第三產業內部結構方面，在交通運輸倉儲和郵政業、批發和零售業等傳統行業持續增長的同時，金融、房地產、計算機服務和軟件業等新興服務業也在迅速發展壯大。近年來，信息、物流、電子商務等現

代服務業保持良好發展勢頭，對經濟社會發展的支撐和帶動作用日益增強。

總體而言，城鎮化、信息化和技術進步是促進中國產業結構轉型升級的重要動力。

2.2.1.1　城鎮化主要通過要素集聚和服務需求對產業結構轉型升級產生作用

一方面，城鎮化帶來了要素集聚和知識傳播擴散，為產業結構轉型升級提供要素支撐。城鎮化建設是勞動、資本、技術等生產要素集聚的過程，初期表現為勞動力集聚、土地擴張和資本投入增加，推動產業結構由農業為主向工業為主轉變。隨著城鎮化水平的提高，知識、技術、信息等高端要素逐漸向城鎮集聚，知識外溢效果增強，誘發企業創新並促進技術引進與吸收，驅動傳統產業升級和新興產業發展。另一方面，城鎮化過程中的人口集聚、生活方式變革和生活水平提高會擴大生活性服務需求，生產要素優化配置、三次產業聯動和社會分工細化會擴大生產性服務需求，提高了第三產業在產業結構中的占比，有效促進了產業結構轉型升級。

2.2.1.2　信息化通過信息產業化和產業信息化兩條路徑作用於產業結構轉型升級

一是信息技術的廣泛應用帶動了信息產業迅速崛起，微電子與計算機產業、軟件業等新興產業群不斷發展壯大，使產業結構呈現出高技術密集型特徵。信息技術在三次產業中的普遍應用促使傳統產業在生產方式和經營管理方面發生質的變化，提高了生產效率和決策效率，驅動傳統產業轉型。二是信息化使生產要素智能化，加速知識累積和技術進步，優化生產要素組合和提高資源利用率，促進產業生產方式由注重勞動和資源密集投入的粗放型向注重知識和信息密集投入的集約型轉變。

2.2.1.3　技術進步是產業結構轉型升級的內在動力

技術進步推動產業結構轉型升級的路徑具體表現為：其一，技術進步驅動傳統產業升級，新的工藝和設備提高了資源利用率和生產效率，使那些沿用舊技術的企業衰落或被取代，推動傳統產業技術更新換代。其二，技術進步帶動新興產業發展，科技成果的廣泛應用使生產方式更加現代化、生產過程更加合理化，進而催生出新的高級化的產業形態。其三，技術進步提高勞動生產率，降低勞動密集型產業對勞動力的過度依賴，加快勞動力向服務業轉移，進而推動服務業發展，使產業結構得到進一步優化。

儘管改革開放30多年的經濟發展模式使中國成為世界工業生產大國，但這樣的「世界工廠」是建立在資源過度消耗和廉價勞動力成本優勢之上的，

資本密集型和技術密集型產業發展仍較為滯后。這種產業結構既不利於形成合理的產業分工格局，也不利於經濟持續穩定較快發展。一方面，由於中國經濟發展的對外貿易依存度較高，在全球金融危機和歐債危機的巨大衝擊下，國內宏觀經濟環境發生急遽變化，中國勞動密集型產業屢受衝擊。另一方面，伴隨著人口年齡結構變化加快，中國勞動力供給面臨劉易斯轉折點，依託廉價勞動力發展勞動密集型產業來帶動經濟發展的時代將不復存在。自 2012 年起中國經濟增長速度低於 8% 的客觀事實說明，中國經濟已經由高速增長進入到中高速增長階段。從經濟發展規律和各國實踐經驗來看，發展中經濟體在經歷了一個較長時期的高速增長階段轉入中速增長階段后，都會遇到產業結構優化升級的歷史性難題。能否順利實現產業結構優化升級，打造出新的持續增長動力和比較競爭優勢，決定其能否最終跨越中等收入陷阱、成功邁向高收入社會。

林毅夫（2011）從新結構經濟學視角提出了一種分析產業結構變遷的新思路，指出一國產業結構的邏輯起點取決於不同要素稟賦的相對稀缺程度和相對價格水平①。發展中國家的要素稟賦結構呈現勞動力、自然資源相對豐富而資本相對稀缺的態勢，因而其產業結構以勞動和資源密集型為主。相反地，要素稟賦優勢是資本而不是勞動力，發達國家多已完成工業化，十分注重技術創新，因而其產業結構以資本和技術密集型為主。一個經濟體不同階段的要素稟賦總量、結構和相對價格決定其產業結構，構成了產業結構變遷的基礎。人口轉變對產業結構的影響正是由人口稟賦變化所引起的要素稟賦結構及相對價格變動而產生。

2.2.2　人口老齡化對產業結構轉型升級的影響

儘管人口老齡化對中國經濟增長產生了一些負面影響，但對轉變經濟發展方式和調整經濟結構形成了一種倒逼機制，尤其給產業結構優化升級提供了有利條件。人口老齡化對產業結構轉型升級的影響主要表現在勞動力的數量和質量、消費需求等層面。在勞動力數量和質量層面，人口老齡化導致勞動力供給減少並為提高勞動力素質創造了更為有利的條件，推動勞動密集型產業向技術密集型產業轉變；在消費需求層面，人口老齡化導致國內消費需求結構變化，帶動第三產業發展。總之，人口老齡化對中國現有的以勞動密集型為主的產業結構形成了強烈的衝擊和並放大了現有產業結構的負面效應，但是其產生的倒逼機制對於向技術密集型產業轉型卻又創造了一個良好的契機。

---

① 林毅夫. 新結構經濟學——重構發展經濟學的框架 [J]. 經濟學季刊, 2011 (1): 1-32.

2.2.2.1 人口老齡化改變了勞動力數量和質量，促進產業內部結構升級

一直以來，中國經濟增長主要倚重於大量消耗物質資源和廉價勞動力，雖然產生了諸如人口紅利等較為明顯的經濟效應，但也帶來了效率低下、資源環境破壞、可持續發展受阻等問題。隨著人口老齡化進程加快，適齡勞動人口比重將進一步降低，造成勞動力數量減少和勞動力成本上升，將直接導致人口紅利消失，使得以勞動密集型產業為主的產業結構將面臨巨大困境，不轉型則難以為繼。面對廉價勞動力優勢的消失，產業結構內部應進行優化，發展重點從勞動密集型轉向資本和技術密集型，從生產率低、消耗高的傳統產業轉向生產率高、消耗低的現代產業。然而，中國的人口老齡化是「未富先老」的超前老齡化，這就決定了中國要直接從勞動密集型產業轉向資本密集型產業不太現實，最可行的路徑是由勞動密集型轉為技術密集型，通過依靠技術進步、勞動者素質提高和管理創新等產生可持續的經濟效應。雖然年齡偏大的勞動力在勞動密集型產業中的生產率不高，但他們工作經驗豐富、責任心強、技術素質過硬，有足夠的管理經驗，在技術密集型產業中正好可以充分發揮他們的優勢。毫無疑問，人口老齡化將促使要素稟賦結構向倚重科技進步、勞動者素質提高和管理創新等方面調整，為產業內部結構升級提供了一個契機。

2.2.2.2 人口老齡化改變了中國消費需求結構，促進產業間結構升級

中國人口老齡化進程不斷加快，於 2010 年進入深度老齡化社會。《國務院關於加快發展養老服務業的若干意見》明確指出當前中國已進入人口老齡化快速發展階段，預計到 2020 年老年人口將達到 2.43 億，2025 年將突破 3 億。隨著中國經濟不斷發展，居民生活水平越來越高，人們的需求逐漸從溫飽問題轉向非必需商品和個性化服務，消費重點從低層次向高層次轉移，老年人的需求也將更加多元化和層次化。除了日常吃、穿、用等層面的需求與消費，醫療保健、家庭服務、心理諮詢、休閒旅遊等服務消費需求，以及部分生活不能自理的老年人迫切需要的護理康復、生活照料、精神慰藉和臨終關懷等一系列服務增長將更為迅速。由於老年人口比重不斷增加，這將在很大程度上改變居民的消費需求結構，為中國現代服務業的發展和完善提供了一個新的歷史機遇。

人口老齡化引起的社會消費需求結構變化將會對產業結構產生劇烈衝擊，迫使舊有的產業結構做出調整，推動產業結構優化升級。相對於老年群體的巨大消費需求，中國老年市場供給嚴重不足，養老服務業、老年用品市場、老年休閒文化領域等發展較為緩慢。隨著老齡化進程加深，滿足具有老年人特色的衣、食、住、行、樂、醫等各方面的物質和文化需要，將形成一個新的龐大的消費市場。據預測，2020 年中國老年消費市場規模將達到 3.3 萬億元，2030

年將達到 8.6 萬億元①，老齡產業面臨著前所未有的發展機遇。此外，巨大的市場缺口也創造出了新的就業方式與機會，老齡產業具有很高的勞動力容納能力，可以為較多的成年及青年勞動力提供就業崗位，尤其是農村剩余勞動人口向第三產業轉移。可見，人口老齡化為調整產業結構創造了良好的契機，能夠促進農村剩余勞動力向第三產業轉移，進而帶動第三產業發展。

2.2.3 人口遷移對產業結構轉型升級的影響

2.2.3.1 人口鄉城遷移對產業結構轉型升級的影響

以進城務工農民為主體的城鄉人口流動和遷移是中國社會經濟發展過程中的必然現象。農村轉移就業人口在滿足城市經濟快速發展對勞動力需求的同時，卻在一定程度上制約了城市產業結構轉型升級。農村轉移就業人口產生的資本替代效應削弱了企業創新動力，農村轉移就業人口知識、技術、技能累積不足制約了企業技術進步，農村轉移就業人口消費能力偏低維持了城市低端產業的生存空間，三方面的共同作用抑制了城市產業結構的升級。

（1）農村轉移就業人口產生的資本替代效應削弱了企業創新動力。大量農村流動人口湧入的直接後果就是導致流入地城市勞動力市場供給大幅增加。按照勞動力市場的供求理論，勞動力供給的短期大量增加必然會導致勞動力價格下降，誘使企業雇傭更多低廉勞動力替代對設備、技術等生產要素的投入，從而降低了資本有機構成。短期內，企業會因勞動力成本的降低而獲得超額利潤，但從長期來看，過低的資本有機構成會制約企業勞動生產率的提高，特別是會削弱企業開發產品、改善工藝、引進技術、更新設備、增強管理等創新動力，將使企業發展失去后勁。進一步，由於企業創新動力的下降，使企業滿足於維持低水平的生產，失去用高新技術改造傳統產業的動力，增加發展高新技術產業的難度，從而抑制了產業結構的優化和升級。

（2）農村轉移就業人口知識、技術、技能累積不足制約了企業技術進步。增強企業自主創新能力是促進技術進步、提高資源利用率，進而優化產業結構的根本途徑。農村流動人口大部分都是文化程度較低、技能不突出的傳統務農人員，缺少進行創新的知識、技術、技能、經驗等方面的累積。一方面，大部分流動人口進入企業後只能從事簡單的體力勞動，對企業產品、技術、工藝、管理等方面的創新活動難以提供有效的智力支持，降低了企業平均創新能力；

---

① 數據來源：2020 年中國老年消費將達 3.3 萬億元［EB/O］人民網，http：//politics.people.com.cn/n/2013/1224/c1026-23934305.html，2013-12-24.

另一方面，流動人口對創新成果的理解、掌握、應用比較困難，企業實施創新成果需要的時間更長、需要的經費更多，增加了企業創新成果的應用成本，降低了企業創新成果的利用效率。兩方面的共同作用制約了企業創新水平的提高，影響了產業的技術進步，抑制了產業結構的優化和升級。

（3）農村轉移就業人口消費能力偏低維持了城市低端產業的生存空間。消費結構是決定產業結構的另一個重要因素，消費者的消費偏好或傾向通過市場需求表現出來，引導商品生產和資源配置方向，從而影響和決定產業結構的形成和發展。農村流動人口的收入水平一般都較低，社會保障也不足，他們的消費能力和消費水平都明顯低於城市居民。流動人口提高了低檔產品的需求比例，明顯改變了城市消費結構。同時，大批流動人口進城又拉低了城市勞動力平均工資水平，削弱了城市勞動人口的平均消費能力。市場需求水平的降低維持了城市低端產業的生存空間，阻礙了城市落後產業的淘汰，從而抑制了產業結構轉型升級。

2.2.3.2 人口省際遷移對產業結構轉型升級的影響

改革開放初期，中國東部地區尤其是東南沿海地區，依靠地方政府的廉價土地政策和優惠的稅收政策招商引資，大力發展勞動密集型的傳統製造業。這些企業的產品之所以會在國際市場上具有一定的競爭力，主要是由於其成本優勢，包括資金成本、勞動力成本和其他資源成本。大量中西部農業剩餘勞動力轉移到東南沿海地區，因工資水平較低，使得這些企業的用工成本始終處於較低水平。隨著中國改革開放的不斷深入，東部沿海地區勞動密集型企業的成本優勢正在逐漸被削弱。作為這些企業總成本一部分的勞動力成本，也在逐漸增加。這主要因為市場經濟的建立，勞動力的自由流動，使得勞動力價格很大程度上取決於其供求狀況。而信息技術產業的高速發展，勞動力市場上的價格信息也越來越容易被農民工搜集到。而且，隨著生活水平的提高也迫使進城務工人員提高了其工資水平的預期。所有這些變化也將促使企業在一定程度上提高進城務工人員工資。由於中西部地區大量的農業剩餘勞動力轉移到東南沿海地區，造成了當地勞動力市場上供大於求的局面，企業在勞動力工資方面仍然掌握著主動權，同時由於企業其他方面的成本在增加，也擠占了勞動力工資的上漲空間。

隨著剩餘勞動力轉移的外部條件的改變，剩餘勞動力轉移的趨勢發生了變化，即剩餘勞動力轉移傾向於就地轉移，這對中國的產業佈局的改變產生了一定的影響。對東部地區來說，傳統加工行業已不具備優勢，發展具有科技含量高、附加值高的高新技術產業和現代服務業在國際市場上才有立足之地，東部

地區可以集中人才、資本和技術等優勢資源，向產業鏈的研發和品牌行銷兩頭延伸，形成現代工業和服務業基地。對中西部地區來說，在東部地區得到充分培訓的農業剩餘勞動力的回流，不僅給中西部地區帶來了勞動力資源，還帶來了一定的技術累積和資本累積，這為中西部地區發展工業創造了良好的前提。隨著工業化的深入，與之相配套的服務業也將逐步發展起來。同時，中西部地區發揮其資源優勢，發展特色產業和傳統製造業，在一定程度上導致了東部地區部分傳統的勞動密集型製造業向擁有資源優勢的中西部地區轉移。這些勞動密集型產業不僅可以充分發揮當地的資源優勢，同時有助於繁榮市場、吸納就業和增加農民收入，促進當地的工業發展和產業結構調整。這樣從總體格局來看，東部發展高技術產業和現代服務業，而中西部則發揮其資源優勢，發展特色產業和傳統製造業，從而形成優勢互補、共贏合作的產業格局。可以說，農村剩餘勞動力轉移方式的改變也將使得東南沿海地區與中西部地區的產業結構佈局更加合理。

2.3 產業結構轉型升級的經濟效應

2.3.1 勞動力流動加劇

產業結構轉型升級使得勞動力在區域間、城鄉間、產業間的分佈格局發生變化。圖2.2顯示，自2004年起東部地區出現「用工荒」后，勞動力數量開始呈現明顯的下降趨勢，而中西部勞動數量呈緩慢上升趨勢，表現出勞動力由東部向中西部轉移。圖2.3顯示勞動力明顯地由農村向城市轉移，圖2.4顯示第一產業勞動力在不斷減少，第二產業和第三產業勞動力逐漸增加，呈現出勞動力由第一產業向第二、第三產業轉移的趨勢。從圖2.2—圖2.4可以看出，在產業轉型升級背景下中國勞動力流動不斷加劇，其具體表現為：

（1）勞動密集型產業由東部向中西部轉移促進了低人力資本型勞動力回流。30多年來東部沿海地區勞動密集型產業的快速發展主要得益於中西部地區廉價勞動力的持續流入，但隨著「用工荒」和城市綜合徵現象的出現，以及勞動力價格的持續上升，東部地區勞動密集型產業的競爭優勢越來越弱，必須向擁有多余勞動力資源的中西部轉移。由於勞動密集型產業具有較強的勞動力吸納能力，其向中西部轉移必然會導致大量轉入的低人力資本型勞動力回流，從而改變現有勞動力分佈格局。

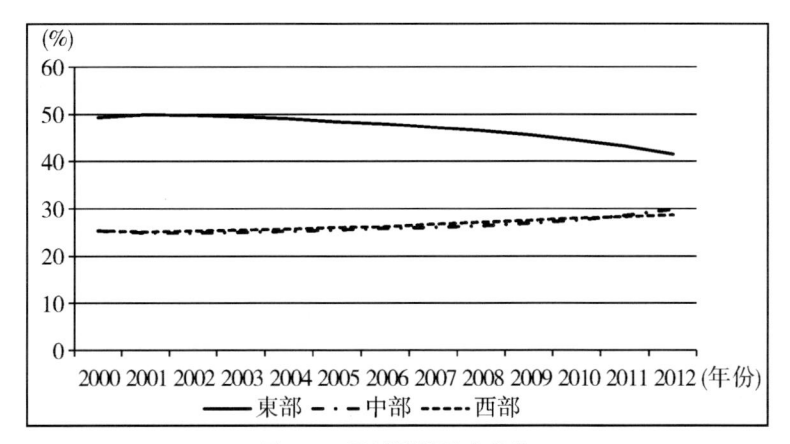

圖2.2　區域間勞動力分佈

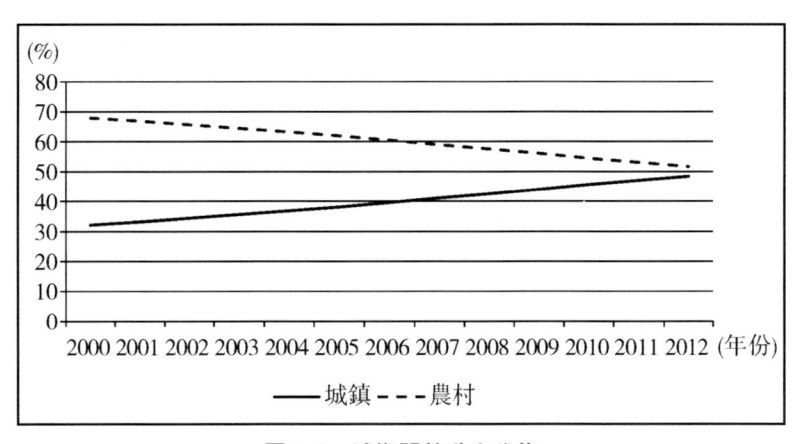

圖2.3　城鄉間勞動力分佈

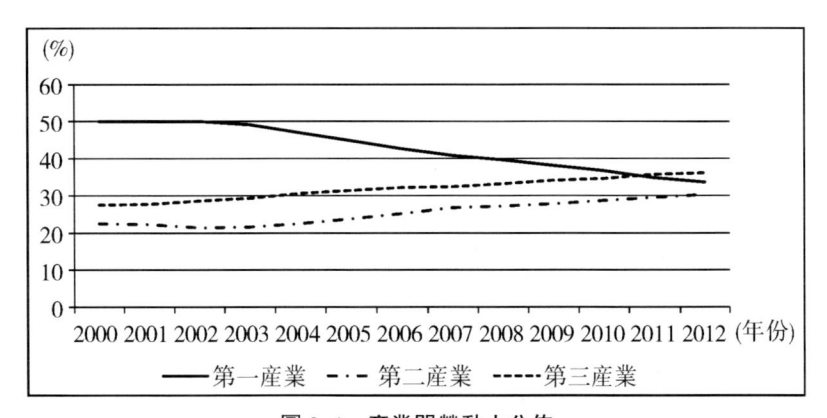

圖2.4　產業間勞動力分佈

（2）服務業和中西部勞動密集型產業發展加快了農村勞動力向城市轉移。人口老齡化和城鎮化增大了居民對生活性和生產性服務的需求，帶動了現代服務業的快速發展，造成服務業存在大量就業缺口，為農村剩余勞動力向城市轉移提供了巨大空間。同時，中西部地區大力發展勞動密集型產業需要大量的勞動力資源，通過吸引農村勞動力可以彌補城市勞動力供給的不足。

（3）農業現代化和新型工業化對勞動力需求減少，勞動力向製造業和服務業流動，不同人力資本含量的勞動力也在產業間轉移。農業現代化提高了農業生產效率，釋放出大量農村勞動力，降低了勞動力在第一產業中的比例；新型工業化強調通過技術改造和創新來提升生產效率，使用先進設備代替傳統手工作業，從而減少了對勞動力的需求，但製造業和服務業的發展需要大量勞動力投入。同時，產業結構轉型升級對勞動力的知識和技能提出了更高的要求，不同人力資本含量的勞動力在產業間的流動加快，中高級技術人員、高級管理人員等人力資本含量較高的勞動力逐漸向知識、技術密集型產業轉移。

2.3.2　人力資源素質提升和結構優化

一個地區的產業結構決定了該地區生產力水平的高低，進而決定了該地區人力資源素質的高低，產業結構轉型升級會導致人力資源的素質和能力得到提高。①產業結構轉型升級對人力資源開發優化的需求機制引導。產業結構轉型升級會對人力資源的數量和質量提出更高的要求，當產業結構從勞動密集型向知識和技術密集型轉變時，需要大量的中高級技術工人、高素質的管理人才以及具有創新能力的研發人員，促進低人力資本勞動力向高人力資本勞動力轉變。②產業結構轉型升級對人力資源開發優化的收入分配引導。在產業結構轉型升級過程中，部分產業因市場需求或政府扶持等原因先發展起來，同時產業會根據自身發展需要選擇不同性質的勞動力，兩者相結合導致勞動力需求產生結構性差異，並最終反應為收入分配的差距。技術水平高和勞動技能強的勞動者會獲得更高的收入，這樣會引導和激勵全體勞動力自發地選擇通過延長受教育年限或參加技能培訓等多種方式來提高自身的勞動能力，從而實現整體人力資源水平上升以及內部結構優化。

2.3.3　產業結構轉型升級的就業效應

產業結構轉型升級對勞動力就業的影響既有溢出效應又有擠出效應。一方面，產業結構轉型升級促進了服務業的發展，由於服務業具有較強的吸納勞動力能力，因而能帶動就業增長；產業轉移中，資源、勞動密集型產業向中西部

轉移也為承接地創造出更多的就業機會。另一方面，傳統製造業的轉型和技術密集型產業的發展對勞動力的工藝技能和教育程度提出了較高的要求，使用先進設備代替傳統手工作業，從而減少對勞動力的需求。但從總體上看，溢出效應大於擠出效應，產業結構轉型升級促進了就業增長（蔡昉，2009；田洪川，2013）。① 在中國產業結構轉型升級過程中，全國就業總量保持了良好的增長勢頭，2002—2012年平均淨增就業量約為350萬人，2004—2012年平均新增就業量保持在1,130萬人左右。② 同時，產業結構轉型升級使得勞動力的就業形式日益多樣化，靈活就業勞動者、非正規就業勞動者以及自雇職業相對增多。

產業結構轉型升級的就業效應要分產業、分行業、分區域考慮，具體表現為：①產業間就業結構發生變化。產業轉型使產業結構由「二三一」轉變為「三二一」，第二產業從業人員減少，第三產業成為吸納就業的主體。②第二、三產業內部就業結構發生變化。在第二產業內部，除建築業外，其他行業的就業比例都有所下降；在第三產業內部，房地產業、金融業、軟件業等服務性行業的就業比重有所提升。③產業轉移帶來區域間就業結構發生變化。隨著資源、勞動密集型產業向中西部轉移，東部沿海地區低端製造業的減少導致低人力資本型勞動者失業增加，但卻帶動了中西部整體就業，在一定程度上緩解了中西部勞動力就業難的矛盾，並呈現出東部就業減少而中西部就業增加的格局。④產業結構轉型升級也產生了摩擦性失業。產業結構轉型升級使得區域就業結構發生變動，在就業調整過程中勢必會造成部分勞動者失業，如一些低端製造業因成本考慮而減少對勞動力的需求。

2.3.4 影響企業盈利水平

目前中國大部分產業和行業處於全球價值鏈分工低端，企業自主研發能力不強，依靠廉價勞動力和豐富的資源優勢，通過代工方式賺取微薄利潤。但隨著低勞動力成本優勢弱化、結構性缺工問題顯現以及要素成本上升，傳統製造型企業的盈利空間正在不斷縮小。通過產業結構轉型升級，促進企業價值鏈向高端化攀升，進而使企業擺脫傳統生產要素的制約並提高盈利水平。一方面，傳統製造業的技術改造升級將使製造企業不斷提升綜合製造能力和製造環節的價值含量，拉平「微笑曲線」，用先進適用技術和現代管理模式增加產品技術

---

① 蔡昉. 堅持在結構調整中擴大就業 [J]. 求是，2009（5）：27-29；田洪川. 中國產業升級對勞動力就業的影響研究 [D]. 北京交通大學，2013.

② 莫容，周宵，孟續鐸. 就業趨勢分析：產業轉型與就業 [J]. 中國勞動，2014（1）：4-8.

含量和產品附加值，拓寬企業盈利空間；另一方面，現代服務業和新興產業的快速發展將引導企業向「微笑曲線」的研發和行銷兩端攀升，獲取高額利潤。當然，在產業結構轉型升級過程中，也存在一些企業因無法適應新形勢而繼續沿用舊技術和舊經營管理方式，使企業盈利空間銳減或破產倒閉而退出行業。

3 人口轉變、產業結構轉型升級對城鄉社會養老保險制度可持續發展的影響機理

　　國內外養老保險制度演進的歷史和經驗已經清楚地表明,任何一個國家的養老保險制度均植根於該國特定時期特定的社會、政治、經濟、文化、人口條件等制度土壤之上,當養老保險制度賴以存在的制度基礎發生改變時,客觀上也就要求養老保險制度作出適應性的調整。一般而言,影響養老保險制度可持續發展的社會方面的因素主要包括社會風險狀況、社會結構分化程度以及社會流動發展趨勢、社會政策目標取向、社會公益組織發育程度等;政治的方面因素主要包括政治體制、政黨制度、選舉制度、社會協商機制、執政黨的核心價值理念、政府的社會控制能力以及政府機構的執行能力等;經濟方面的因素主要包括經濟發展水平、經濟增長模式、國民收入分配結構及其狀況、公共財政支付能力、勞動力市場供求狀況與就業方式、市場化程度及市場私人機構成熟度、全球化衝擊等;歷史文化傳統方面的因素主要包括傳統的養老保障方式及其在現代社會中的持久生命力、家庭結構以及家庭養老文化的歷史傳承與嬗變、社會公眾的價值取向等;人口方面的因素主要包括人口年齡結構及其發展趨勢、人口素質(體現為勞動力的人力資本稟賦)、人口遷移與人口的地理空間分佈等因素。

3.1 人口老齡化對城鄉社會養老保險制度可持續發展的影響機理

　　國內外日益豐富的理論和實證研究成果已經揭示出:人口老齡化進程將遵循一定的傳導機制和路徑深刻地重塑一國的社會、經濟、政治乃至文化形態,

進而產生一系列影響深重的社會、經濟、政治和文化后果,從而對城鄉社會養老保險制度的可持續發展產生深刻影響。

人口老齡化進程將通過一定的途徑影響中國經濟增長的速度和方式,進而對養老保險制度的可持續發展提出新的挑戰

事實上,養老保險制度可持續發展的一個關鍵要素是經濟產出及其增長,一個可持續發展的養老保險制度要能夠以一定的傳導機制與長期經濟增長之間形成良性互動(World Bank, 1994; Nicholas Barr, 2000; 胡秋明, 2011)。[①]因此,人口老齡化進程通過一定的途徑影響長期經濟增長的速度和方式,進而將對養老保險制度的可持續發展產生深刻影響。從理論上講,人口老齡化進程將主要通過勞動力供給、儲蓄和技術進步三個路徑對長期經濟增長施加直接或間接影響(蔡昉,2007)。[②]

(1)我們來看人口老齡化將如何影響勞動力供給並進而影響經濟的總產出。從人口統計數據中可以發現這樣一個現象:勞動年齡人口增長與總人口增長在不同的人口年齡結構轉變階段存在著一定差異。在人口經濟負擔上升階段(即「高出生率、高死亡率、低人口自然增長率」與「低出生率、低死亡率、低人口自然增長率」這兩個人口發展階段),勞動年齡人口增長率一般小於總人口增長的增長率;在人口經濟負擔處於下降階段(即「高出生率、低死亡率、高人口自然增長率」這一人口發展階段),勞動年齡人口增長率一般大於總人口增長率。因此,人口年齡結構轉變帶來了總人口中勞動力數量的相對改變。如果生產過程不存在規模效應,按照新古典增長理論,生產要素之間相互替代,勞動力供給數量變化對長期經濟增長則沒有影響。但是,由於勞動分工能夠帶來規模效應,勞動力供給數量下降將減弱分工效應,總產出和人均國民收入水平也隨之下降。即使假定勞動力生產率保持不變,勞動力供給數量相對減少也意味著總產出的同比下降。很顯然,人口老齡化加速發展的進程,也就是勞動力供給數量相對減少的過程,經濟的總產出和人均國民收入水平將面臨下降的威脅。

(2)我們來分析人口老齡化進程將如何改變國民收入中消費和儲蓄的分

---

① World Bank, Averting the Old-Age Crisis: Policies to Protect the Old and Promote Growth, New York: Oxford University Press, 1994. Nicholas Barr, 2000,「Reforming Pensions: Myths, Truths, and Policy Choices」, IMF Working Paper, WP/00/139; 胡秋明. 可持續養老金制度改革的理論與政策研究[M]. 北京:中國勞動社會保障出版社, 2011.

② 蔡昉. 中國人口與可持續發展[M]. 北京:科學出版社, 2007. 本部分有關人口老齡化進程通過勞動力供給、儲蓄和技術進步三個路徑影響長期經濟增長的分析邏輯和核心觀點,均得益於蔡昉(2007)研究成果的啟發。

配比例，並進而影響到經濟的總產出。人口老齡化的進程也就意味著老年人口占總人口的比重不斷上升的過程，同時也意味著人口預期壽命不斷延長的過程。一方面，在人口經濟負擔比較輕的階段，勞動年齡人口占比較大，個人和家庭的自願性儲蓄率較高，從而有助於提高國民儲蓄率。較高的國民儲蓄率，依託於有效的投融資體制和機制，將有助於經濟總產出的增加。但伴隨人口老齡化進程的加快，老年人口占總人口的比重日益增大，個人和家庭的自願性儲蓄率都會下降，如果沒有諸如企業年金基金和政府主導下的基本養老基金累積作為「替代」（替代效應），國民儲蓄率將下降，在一定的約束條件下經濟總產出和人均國民收入增長速度亦將隨之下降。另一方面，人口老齡化進程同時必將伴隨著人口預期壽命不斷延長的過程，如果退休年齡不隨之提高，根據生命週期理論，基於個人生命週期內消費和儲蓄的合理規劃，個人和家庭儲蓄率將經歷一個先上升後下降的變化趨勢，上升的階段正是所謂的「引致退休」效應。此外，從公共投資角度看，如果人口老齡化進程加快，國民收入中用於非生產性消費的支出如養老、老人護理、醫療等不得不大幅度上升，在國民收入一定的前提下，將減少用於生產性投資的公共投資比例。私人儲蓄和公共投資減少，將導致總產出和人均國民收入增長速度隨之下降。

（3）人口老齡化對技術進步的影響及其長期經濟增長效應存在很大的爭論。一種觀點認為，老年人口在總人口中占比增大，將降低整個社會吸收新知識和新觀念的速度，整個社會的技術創新能力也將隨之下降，進而削弱了技術進步對長期經濟增長的貢獻作用。而截然相反的觀點認為，伴隨著人口老齡化進程的加速發展，勞動力市場的供求狀況將發生改變，勞動力市場將從無限供給向相對短缺轉變，勞動力供給短缺將有助於促進技術創新以提升要素的使用效率，從而加速技術進步。從人力資本投資的角度看，人口老齡化將誘發從重視物質資本投資向重視人力資本投資的轉變，從而潛在地促進了生產率提高。

事實上，二戰結束以後，在相當長的時期內，東亞經濟增長奇跡，包括日本、韓國、新加坡、中國香港和臺灣等東亞國家和地區的高速經濟增長，已經為上述理論推演提供了很有力的經驗佐證。東亞經濟起飛都發生在人口從高出生率、高死亡率和高自然增長率向低出生率、低死亡率和低自然增長率迅速轉變的階段並非偶然。人口轉變所產生的結構變化不僅帶來豐裕的勞動力資源供給，而且也提高了儲蓄率，增加了國內資本供給。因此，人口轉變為經濟增長提供了一個獲得人口紅利的機會窗口。

理論和實證檢驗的研究也同樣表明，改革開放 30 多年來中國經濟的高速

增長在很大程度上亦受益於人口紅利為經濟增長提供了額外的源泉（蔡昉，2007）。① 改革開放以來，勞動年齡人口的數量持續增加，比重不斷上升，因而人口撫養比相應下降。這種人口結構特徵，一方面保證了經濟增長過程中勞動力的充分供給，另一方面提高了資本累積率。由此形成的這種人口紅利，通過資源配置機制的改革得以釋放，並且通過中國參與經濟全球化的過程而作為比較優勢得以實現，從而延緩了資本報酬遞減的過程，為經濟增長提供了額外的源泉。計量表明，如果用人口撫養比作為人口結構所具有生產性的代理指標的話，改革期間總撫養比的下降對中國儲蓄率的貢獻率大約為 7.5%，對人均 GDP 增長的貢獻為 27%。② 但是，隨著中國人口老齡化進程的加快，人口轉變對經濟增長的貢獻將由人口紅利階段轉為人口負債階段，中國經濟發展將步入劉易斯轉折點，從而呈現出一些顯著的階段性特徵。大多數的理論和實證測算研究均認為，2015 年前後是中國人口紅利階段的轉折點（王德文等，2004）。劉易斯轉折點后中國經濟發展新階段的顯著性特徵主要包括：

①根源於人口老齡化的加速發展，勞動年齡（15～59 歲）人口占總人口的比重將持續下降，勞動力無限供給的特徵將消失，城鄉勞動力供給都將出現普遍短缺。勞動年齡人口的持續下降，將導致城鄉勞動力供給出現普遍短缺，進而使得普通勞動者工資上漲，從而提高了勞動力成本。事實上，2004 年開始出現的以「民工荒」為表現形式的勞動力短缺現象，已經從沿海地區蔓延到中部地區甚至勞動力輸出省份。

②伴隨著人口老齡化進程，老年撫養比以及社會撫養比都將不斷提高，長期以來推動中國經濟增長的高儲蓄率將趨於降低。隨著人口老齡化發展，勞動年齡人口比重下降，老年撫養比和社會撫養比均呈持續上升態勢，給社會經濟發展帶來沉重的壓力。改革開放以來中國儲蓄率持續居高的原因主要有三個：一是由於人口負擔輕從而經濟剩餘比例大導致的高儲蓄率；二是由於普通勞動者家庭收入增長緩慢，從而內需不足導致的居民高儲蓄傾向；三是社會保障不充分和預期不穩定誘導居民通過儲蓄來實現自我保險（蔡昉，2008）。③ 而隨著人口撫養比不斷提高，普通勞動者工資上漲將改變整體的消費傾向和儲蓄傾向，以及社會保障體系的逐步完善，上述因素都將發生方向相反的變化，從而

---

① 蔡昉. 中國經濟面臨的轉折及其對發展和改革的挑戰［J］. 中國社會科學，2007（3）：4-12.

② 王德文，蔡昉，張學輝. 人口轉變的儲蓄效應和增長效應——論中國增長可持續性的人口因素［J］. 人口研究，2004（5）：2-11.

③ 蔡昉. 劉易斯轉折點——中國經濟發展新階段［M］. 北京：社會科學文獻出版社，2008.

不可避免地抑制儲蓄率持續居高的趨勢。

③中國經濟發展步入劉易斯轉折點后，國民收入分配結構和狀況將呈現出一些新的變化。其中，最明顯的變化是「強資本、弱勞工」的狀況將得到根本改變。伴隨勞動力從無限供給向相對短缺轉變，資本的相對稀缺程度下降，勞動力成本必將上揚，普通勞動者的收入狀況亦將得到改善，社會收入的不平等程度將進一步降低。當然，「強資本、弱勞工」的狀況要得到根本上的改變，還有賴於制定並實施一系列積極有效的就業和社會保障政策，包括實施積極的就業促進政策，建立和發展更加公平、可持續性的社會保障體系，以及積極的人口城鎮化政策等。

④中國經濟發展步入劉易斯轉折點后，傳統經濟增長方式將難以為繼，客觀上要求加快轉變經濟增長方式的步伐，以獲得新的經濟增長源泉。新古典增長理論預期在勞動力供給有限，並且存在資本報酬遞減現象的條件下，保持經濟可持續增長必然要求技術進步引起的全要素生產率的提高，最終實現經濟增長方式從主要依靠資本和勞動投入到依靠全要素生產率提高的轉變。提高全要素生產率主要體現在勞動生產率和資本產出率提高兩個方面。而提高勞動生產率的關鍵是加快人力資本累積的力度，包括全民教育素質和健康素質的提高，也包括建立健全城鄉一體化的勞動力市場，提高勞動力資源的配置效率等。理論和實證研究的結果同樣揭示出，養老保險體系的制度安排模式與人力資本累積、勞動力市場的流動性（包括勞動力在城鄉、區域、產業之間的流動）之間具有內在關聯性。

綜上所述，伴隨人口老齡化進程加快，中國經濟發展將步入劉易斯轉折點的新階段，這個過程將改變勞動力供給總量、國民收入分配結構和狀況、個人和家庭的儲蓄率以及人力資本累積等，客觀上要求建立一個與長期經濟增長形成良性互動的可持續養老保險制度，從而構成了中國養老保險制度改革的經濟約束條件。

人口老齡化進程將進一步累積、放大中國老年群體的社會風險，並通過一定的途徑推進中國社會轉型的進程，重塑中國社會階層結構和社會流動機制，客觀上要求轉變政府的角色定位和政府職能，從而將改變城鄉社會養老保險制度的建制理念和模式選擇

社會風險狀況、社會階層結構以及社會流動的發展趨勢、社會政策的目標取向、社會公益組織的發育程度等社會因素均能夠對城鄉社會養老保險制度的可持續發展產生影響。人口老齡化進程最直接的后果將是不斷累積、放大中國老年群體的社會風險，特別是老年群體的貧困風險。利用2000年城鄉老年人

口狀況一次性抽樣調查資料，王德文、張愷悌（2005）對中國老年貧困狀況進行了推算：全國老年貧困人口數量為921萬~1,168萬人，其中城鎮老年貧困人口數量為185萬~246萬人，農村老年貧困人口數量為736萬~922萬人；全國老年貧困發生率為7.1%~9.0%，其中城鎮老年貧困發生率為4.2%~5.5%，農村老年貧困發生率8.6%~10.8%。① 調查結果同樣揭示出，是否享有正式的社會保障、家庭保障的可及性和可靠性、自我保障（比如儲蓄、購買商業保險）的充足性是決定老年群體是否陷入貧困境地的三大因素。因此，可以看出，如果沒有一個覆蓋全體城鄉居民的可持續養老保險制度，人口老齡化進程無疑將進一步累積、放大老年群體的貧困風險，甚至會孕育新的社會風險。

社會階層結構及其變化是影響城鄉社會養老保險制度可持續發展的重要社會因素。改革開放以來，社會資源在社會成員中的配置方式發生了深刻變化，導致了中國的社會階層結構出現了規模巨大的分化和重組，這必然會對中國正在改革中的養老保險制度產生或支持或抗拒或疏離等各種不同反應，從而對城鄉養老保險制度的發展形成壓迫。一方面，由於社會各個階層之間對養老資源的佔有以及獲取養老資源的能力不同，導致了社會各個階層對養老保險制度的需求也就不盡相同，且隨著社會階層結構分化和重組的深入，這種需求也必將趨於多元化；另一方面，社會階層結構的分化和重組反應到社會成員身上，就表現為社會成員一生中所屬的社會階層和社會地位會因為社會流動機制的作用而不斷發生變化，這也就導致了社會成員在其整個生命週期中對養老保險制度的需求會因其所處人生階段的不同而發生變化。社會成員的養老需求是養老保險制度建立與發展的基礎和原始推動力，社會成員養老需求的不同和變化，將從根本上制約中國城鄉養老保險制度的可持續發展。

人口老齡化進程首先將改變人口的年齡結構，勞動年齡人口的絕對總量和佔總人口的相對比重都將下降，城鄉勞動力的供給將從無限轉向普遍短缺，從而將改變中國未來勞動力市場的就業結構和就業方式、改變勞動力的流動狀況、改變中國國民的收入分配結構和狀況、改變現階段強資本弱勞工的國民分配格局，而這些改變最終都將影響到中國社會的階層結構和社會流動機制。此外，同樣根源於人口老齡化進程的影響，城鄉勞動力市場的一體化以及勞動力的遷移勢必將影響到中國工業化、城鎮化進程，進一步提升中國工業化、城鎮

---

① 王德文，張愷悌. 中國老年人口的生活狀況與貧困發生率估計［J］. 中國人口科學，2005（1）：58-66.

化的水平和質量，促進中國社會從農業社會向工業社會的轉型、從農村社會向城鎮社會的轉型、從傳統社會向現代社會的轉型。中國社會轉型向縱深發展客觀上要求轉變政府角色定位和政府職能，加快建設服務型政府的步伐。中國社會經濟發展進入新的階段，強化社會管理和公共服務職能將是老齡化社會下中國政府的理性選擇，「關注民生、保障民生」將是中國政府和執政黨的職責所系，秉持「公平、正義、共享」核心發展理念自然亦將成為中國社會政策的基本目標。鑒於此，適應人口老齡化進程的需要，中國城鄉社會養老保險制度的基本建制理念和制度模式選擇亦必須作出相應的適應性調整，建設和發展多元化、多層次的養老保險體系，合理界定政府、市場、社會組織、企業、個人和家庭在養老保險體系中的責任定位，這是城鄉養老保險制度得以可持續發展的內在要求。

人口老齡化進程將改變中國社會協商機制中各利益群體的相對談判地位，勞工階層的利益訴求將在更大程度上得到保證，從而為城鄉社會養老保險制度改革奠定了政治支持的力度、廣度和持久度

正如保羅・皮爾遜（Paul Pierson）所言，重大的政策改革是一個政治過程，它有賴於對政治資源進行充足的動員，以戰勝有組織的反對者及其他變革障礙。邁克爾・希爾（Michael Hill）也指出，社會政策的制定還必須被視為一個政治過程。我們已經強調了不能孤立地分析社會政策而不考慮國家的其他行為。我們必須認識到政策是政治的產物，因此必須關注政治家、公務員、壓力群體以及選民在政策形成方面所起的作用。進而言之，社會經濟政策在某種程度上都是政治的產物，分析社會經濟政策的形成必須關注政治家、利益群體以及選民在政策形成中所起到的作用。在民主的政治結構下，各利益群體的相互競爭與相互妥協將在很大程度上決定社會經濟政策的目標和形式。各利益群體之間的競爭與妥協是建立在一定的政黨制度、選舉制度和社會協商機制的基礎之上的。毫無疑問，養老保險制度改革的政策取向是各利益群體之間相互競爭和相互妥協的結果。智利養老保險制度改革的成功經驗也揭示出，「在制度轉軌的過程中，鑒於改革的重要性及其政治意義，政府恰當的激勵及將改革付諸實施的堅定決心是至關重要的。改革涉及對既定權力和利益集團的調整，對成本與收益的權衡，會產生物質等方面的問題和人們對改革的疑慮」[①]。由此可見，一國政治體制中的結構性要素是決定一國養老保險制度改革政策取向的

---

① 胡安・阿里斯蒂亞. AFP：三個字的革命——智利社會保障制度改革 [M]. 北京：中央編譯出版社，2001：21.

重要因素之一，而獲得充分、廣泛、持久的政治支持是順利推進養老保險制度改革進程的首要前提條件。具體來說，養老保險制度改革的政治支持主要包括三個要素：政治支持的力度、政治支持的廣度和政治支持的持久度（胡秋明，2011）①。政治支持的力度主要體現為政治家乃至於整個執政當局將改革進程進行到底的、足夠堅定的政治意志；政治支持的廣度強調政治家、各利益群體以及選民對改革的政策取向和實施進程達成普遍共識；而養老保險制度改革是一個漫長的過程，其收效需要較長時期方能體現出來，這就要求政府、各利益群體和公眾對改革的持續參與和支持，由此方能推進改革進程順利進行，實現改革的既定目標。

許多國家的經驗和教訓都表明，社會經濟政策和政府參與其中的制度安排，對於社會各階層之間的利益分配結果有直接的影響②，而影響利益分配格局的政策和制度安排又是特定發展階段的產物。人口老齡化進程將改變勞動力市場的長期供求關係，強資本弱勞工的分配格局將發生改變，不同群體對政策影響力的方式亦將從少數人占主導的「數量悖論」轉變為多數人發揮作用的「供求法則」，從而一系列利益格局的均衡也發生變化。這種變化的內容涉及不同社會階層影響政府政策和制度安排的相對談判地位，以及由此引起的城鄉之間資源流動關係、不同收入群體之間的分配關係、勞動力市場上雇傭勞動者與雇主之間的關係等諸多方面。事實上，2010年年初以來，中國東部沿海城市相繼爆發的「民工荒」「漲薪潮」等事件已經很好地詮釋了上述變化。勞工階層實現自身利益訴求的相對談判能力增強，無疑將極大地推進中國城鄉養老保險體系改革的步伐，並強化了「公平、正義、共享」的城鄉養老保險制度建制理念。

人口老齡化進程將改變家庭內部代際分配關係，凸顯家庭內部代際資源分配矛盾和衝突，傳統的家庭養老保險及其賴以存在的倫理文化基礎將受到不同程度的衝擊並因此而發生一些新的變化

城鄉社會養老保險制度的嵌入性制度約束條件對其自身的可持續發展具有關鍵的制約作用。社會養老保險作為19世紀末的一種制度創新，直接產生於國家對早期社會保護形式的干預和控制的進程中。國家對社會政策領域的滲透，可追溯到國家通過傳統社會救助方式解決社會問題的早期歷史過程。而到了近代，直接發展為以政府干預的社會保險為核心的社會保險形式，受制於政

---

① 胡秋明. 可持續養老金制度改革的理論與政策研究［M］. 北京：中國勞動社會保障出版社，2011：180.

② Paul Krugman, 2006,「Wages, Wealth and Politics」, New York Times, August 18.

治、經濟、觀念文化傳統等諸多因素的制約，並深深植根於特定的社會結構條件之中[1]。縱觀世界各國養老保險制度改革的歷史，我們可以清楚地發現，某些國家養老保險制度的改革因符合制度客觀發展規律並且能與本國國情相適應，改革通常能夠順利推行並能達到預期的目標，實現制度自身的可持續發展；相反，某些國家的養老保險制度改革因不符合制度客觀發展規律或者不能與本國國情相適應，改革往往舉步維艱，不僅不能實現預期目標和制度的可持續發展，而且還會加重制度運行的負擔。養老保險制度的改革與發展需要嵌入特定的社會結構、歷史傳統和觀念文化體系之中，並與社會關係、文化傳統及資源環境約束保持內在關聯和有機協調，才能從根本上保證制度的可持續性。

制度變遷的路徑依賴和文化傳統是影響中國城鄉養老保險制度可持續發展的重要因素。養老保險制度的改革不是在白紙上寫字，更不是用一個嶄新的制度去替代原有制度。如同其他的任何社會制度一樣，養老保險制度的改革與發展無論採取何種形式，無論是學習和借鑑哪個國家的成功經驗，隱藏在養老保險技術框架背后的制度內核，唯有嵌入特定的社會制度環境中，經過相當時間的發展和呈現出有明顯路徑依賴的制度變遷軌跡之後，養老保險制度可持續發展的內在制度性特徵才會逐步呈現出來。顯然，強調制度變遷的路徑依賴和文化傳統的約束作用，其意義在於尋求正式制度安排與非正式制度安排實現某種內在協調，如沒有實現二者的內在協調或內在協調的績效太差，那麼，養老保險制度的可持續發展就很難實現。在中國社會中，家庭保障、鄰里互助、親友相幫等傳統保障機制一直是實現老年經濟保障、精神保障和生活照料的非正式制度安排，特別是以倫理觀念為內核的家庭文化觀經過長時間的積澱，已經成為影響中國養老保險制度可持續發展的重要隱性因素。事實上，養老保險制度不可能脫離一國的傳統文化在空谷中運行，技術外殼必須嵌入若干人文內涵，缺少了文化認同，制度的可持續性將受到很大的制約。

人口老齡化進程必將同步發生人口出生率的下降、老年人口撫養比上升、戶均人口數下降等過程，從而對傳統的家庭養老保險模式及其賴以存在的倫理文化基礎形成衝擊，家庭養老保險在多元化、多層次養老保險體系中的定位亦將重新進行調整。就中國的具體國情而言，在實行計劃生育政策之前，中國家庭一般生育子女的數目都較多，家庭模式也往往是幾世同堂的「擴展型家庭」，每個家庭規模都較大，接受保障的人員在整個家庭中所占比例不大，因而保障效果也較好。但是，自 20 世紀 70 年代以來，中國政府一直堅持嚴格的

---

[1] 林義. 西方國家養老保險的制度基礎 [J]. 財經科學，1999 (5).

人口控制政策，家庭生育子女數量迅速減少，家庭模式也隨著經濟發展開始由「擴展型家庭」向「核心型家庭」轉化，導致家庭規模日漸縮小。從歷次人口普查的數據可以看出，如表 3.1 所示，中國的家庭已經從 20 世紀五六十年代的「擴展型家庭」向今天的「核心型家庭」轉變，並且這個趨勢從 80 年代以後加速。到 2012 年時，中國的城鄉家庭規模已經由 1982 年的平均 4.41 人下降到 3.02 人。與子女數量減少相伴隨的老年人口比重的迅速增加意味著勞動人口面臨的養老負擔加重，這種負擔對於城市的年輕人來說正在變得越來越難以承擔。

表 3.1　　　　　　1953 年—2012 年中國平均家庭戶規模

年份	1953	1964	1982	1990	2000	2010	2012
戶均人數	4.33	4.43	4.41	3.96	3.44	3.10	3.02

資料來源：《2013 年中國人口和就業統計年鑒》。

因此，人口老齡化進程下中國家庭結構的改變，必將改變家庭內部代際資源分配關係，凸顯家庭內部代際資源分配矛盾和衝突，從而對傳統的家庭養老保險及其賴以存在的倫理文化基礎形成衝擊。

3.2　人口老齡化影響社會養老保險制度長期財務平衡的數理分析

可持續養老保險制度的有效運行必須確保其財務可持續性，如果養老保險制度缺乏長期財務可持續性，將很難為老年人提供穩定的、可以明確預期的、充足的老年收入保障①。直觀地來看，人口老齡化進程也同時是勞動年齡人口占總人口的比重持續下降、老年人口的撫養比持續上升、老年人預期壽命不斷延長的過程，也就是養老保險制度的繳費人口持續減少、領取養老金的退休人口持續增加以及領取養老金的時間不斷延長的過程。因此，不難理解，人口老齡化進程將直接危及養老保險制度的財務收支平衡，從而危及城鄉社會養老保險制度的可持續發展。關於人口老齡化對養老保險制度財務收支平衡的影響，本部分以統帳結合的城鎮企業職工基本養老保險制度（以下簡稱城企基保）

---

① 胡秋明．可持續養老金制度改革的理論與政策研究 [M]．北京：中國勞動社會保障出版社，2011．

為例，建立一般均衡模型，從兩個視角展開數理分析：一是在養老保險基金達到預期平衡的情況下，人口老齡化對養老金替代率的影響；二是在維持一定水平的養老金替代率的情況下，人口老齡化會造成的養老保險基金收支缺口。

3.2.1 一般均衡模型構建與求解

本書構建的一般均衡模型以標準的兩期 OLG 模型為基礎，借鑑 d'Autume（2003）[①] 和法尼提（Fanti，2013）等[②]的模型設定形式，並結合中國城鎮企業職工基本養老保險制度的實際情況進行具體設定。假定在一個封閉且無限存續的競爭經濟中存在眾多同質的個人、生產性企業和一個政府，個人的決策目標是實現一生效用最大化，企業的決策目標是追求利潤最大化，政府的決策目標是維持養老保險基金收支平衡。

3.2.1.1 個人決策：一生效用最大化

個人生命具有有限性且只生存兩期（t 期和 $t+1$ 期），每期長度為 1，t 期出生的個人在 $t+1$ 期的平均預期生存時間為 T（$T<1$），所有個人從工作期到退休期的生存概率為 1，且不會出現提前退休。每期同時存在兩代人且同代人是同質的，t 期年輕人和老年人的數量分別為 N_t^t 和 N_t^{t-1}，令 b 為外生給定的每代人之間的人口增長率，則有 $N_t^t = (1 + b) N_t^{t-1}$。t 期出生的個人在 t 期就參加工作，無彈性的供給 1 單位勞動並獲得工資收入 w_t。為揭示人口老齡化和延遲退休對養老保險繳費率的影響，我們將 t+1 期分為兩段：工作時段和退休時段，即 t 期出生的個人在 t+1 期仍要工作一段時間 Z（0<Z<T），獲得工資收入 Zw_t，然后再退休享受閒暇。那麼，t 期出生的代表性個人一生效用就由一生的消費和退休期的閒暇構成，用對數效用函數表示為：

$$U_t = ln(c_t^t) + \beta T [ln(\frac{c_{t+1}^t}{T}) + \varphi ln(\frac{T - Z}{T})] \quad (3-1)$$

上式中，U_t 為個人一生效用，c_t^t 和 c_{t+1}^t 分別為個人在第 t 期和第 $t+1$ 期的消費，β 為主觀效用貼現率，φ 為個人對閒暇的偏好。

在「統帳結合」的城鎮企業職工基本養老保險制度下，參加工作的個人需要繳納養老保險費，那麼，t 期出生的個人在 t 期繳納（$\theta+\tau$）w_t 的養老保險

[①] d'Autume A. Ageing and retirement age: What can we learn from the overlapping generations model? [R]. University Paris I Pantheon-Sorbonne Working Paper, 2003, No. halshs-00452561.

[②] Fanti L, Gori L, Sodini M. Complex dynamics in an OLG model of neoclassical growth with endogenous retirement age and public pensions [J]. Nonlinear Analysis: Real World Applications, 2013, 14 (1): 829-841.

費，其中，θw_t由企業繳納進入統籌帳戶，τw_t由個人繳納進入個人帳戶累積，θ和τ分別為統籌帳戶和個人帳戶的繳費率。t期個人獲得的工資收入除了繳納養老保險費和消費外，剩餘部分進行儲蓄S_t。由於在$t+1$期個人仍工作一段時間，因此仍需繼續繳納養老保險費，為簡化計算，假定在此階段只繳納社會統籌養老保險費，個人帳戶無須繳納，也不再進行儲蓄，則$t+1$期繳納的養老保險費為$\theta Z w_t$。這樣，代表性個人在$t+1$期的總收入包括：淨工資收入$(1-\theta)Z w_{t+1}$，儲蓄收入$(1+r_{t+1})S_t$，養老金收入$(T-Z)P_{t+1}^t + (1+r_{t+1})I_t^t$，$r_{t+1}$為利率，$P_{t+1}^t$為統籌帳戶養老金，$I_t^t$為個人帳戶養老金。根據上述假設，即可得到$t$期出生的代表性個人在兩期的預算約束：

$$c_t^t = (1-\theta-\tau)w_t - S_t \tag{3-2}$$

$$c_{t+1}^t = (1-\theta)Z w_{t+1} + (T-Z)P_{t+1}^t + (1+r_{t+1})(I_t^t + S_t) \tag{3-3}$$

在上述兩個預算約束條件下，求解代表性個人一生效用最大化，即對式(3-1)中U_t關於S_t求導，得到：

$$\frac{c_{t+1}^t}{c_t^t} = \beta T(1+r_{t+1}) \tag{3-4}$$

3.2.1.2 企業決策：利潤最大化

假設企業利用物質資本K_t和勞動L_t兩種要素生產最終產品。假定企業生產函數為規模報酬不變的C-D型，$F(K_t, L_t) = AK_t^\alpha L_t^{1-\alpha}$，$F(K_t, L_t)$為第$t$期的總產出，$A$為技術進步水平，$K_t$為第$t$期的資本存量，$L_t$為第$t$期的勞動供給，包括年輕人和老年人的勞動供給，$L_t = N_t^t + ZN_t^{t-1}$。生產函數的密集形式為$f(k_t) = Ak_t^\alpha$，$k_t = K_t/L_t$表示勞均資本存量，$f(\cdot)$為連續單調遞增的凹函數，且滿足標準稻田條件。這裡本文假設企業利潤為產出減去員工工資和資本利息，為后續運算方便而沒有考慮資本折舊，利潤函數$\pi_t = F(K_t, L_t) - r_t K_t - w_t L_t$，則企業利潤最大化時的資本和勞動邊際報酬為：

$$r_t = \alpha A k_t^{\alpha-1} - 1 \tag{3-5}$$

$$w_t = (1-\alpha)Ak_t^\alpha \tag{3-6}$$

3.2.1.3 政府決策：養老保險基金收支預算平衡

在城企基保制度中，政府的主要職責是維持養老保險基金收支平衡。對於統籌帳戶，政府徵收社會統籌養老保險費用於支付當期退休職工的社會統籌養老金，實現互助共濟。同時，為防止個人短視行為和調動職工參加養老保險的積極性，政府建立了可累積的個人帳戶，待職工退休後將個人帳戶養老金返還給個人。統籌帳戶和個人帳戶養老金的預算平衡公式為：

$$(T - Z)P_{t+1}^t N_{t+1}^t = \theta w_{t+1} N_{t+1}^{t+1} + \theta Z w_{t+1} N_{t+1}^t \tag{3-7}$$

$$I_t^t N_{t+1}^t = \tau w_t N_t^t \tag{3-8}$$

對式（3-7）兩邊同時除以 N_{t+1}^t，則統籌帳戶基金平衡公式轉化為 $P_{t+1}^t = \theta(1 + b + Z)w_{t+1}/(T - Z)$，由此可以看出，第 t 期出生的個人退休後的社會統籌養老金取決於統籌帳戶繳費率 θ、人口增長率 b、退休年齡 Z、工資水平 w_{t+1} 和預期壽命 T。對式（3-8）兩邊同時除以 N_{t+1}^t，個人帳戶基金平衡公式轉化為 $I_t^t = \tau w_t$，即個人帳戶養老金取決於個人帳戶繳費率 τ 和工資水平 w_t。

3.2.1.4 市場出清

資本累積由私人儲蓄和個人帳戶養老金累積構成，由於我們假定了個人在 $t+1$ 期時不需要繳納個人帳戶養老保險費，也不進行儲蓄，故每期的資本累積來源於年輕人的儲蓄和養老金個人帳戶累積。於是資本市場出清條件為第 t 期年輕人的總儲蓄和個人帳戶累積等於第 $t+1$ 期的資本存量，即 $K_{t+1} = N_t^t(S_t + I_t^t)$，其勞均形式表示為：

$$k_{t+1} = (S_t + \tau w_t)/(1 + b + Z) \tag{3-9}$$

企業每期生產的產品和剩餘資本除用於當期所有個人的消費外，還需滿足下期資本累積，即產品市場出清條件為 $F(K_t, L_t) + K_t = N_t^t c_t^t + T N_t^{t-1} c_t^{t-1} + K_{t+1}$，其勞均形式表示為：

$$f(k_t) + k_t = \frac{(1+b)c_t^t}{1+b+Z} + \frac{Tc_t^{t-1}}{1+b+Z} + (1+b)k_{t+1} \tag{3-10}$$

3.2.1.5 一般均衡求解

在上述假設下，給定 k_1 和其他參數，一般均衡要求個人資源配置 $\{c_t^t, c_{t+1}^t, S_t\}_{t=1}^{\infty}$、企業資源配置 $\{K_t, L_t\}_{t=1}^{\infty}$ 和價格水平 $\{r_t, w_t\}_{t=1}^{\infty}$，使得：①個人一生效用在式（3-2）和式（3-3）的預算約束下實現最大化；②企業利潤最大化下得到式（3-5）和式（3-6）；③政府維持統籌帳戶和個人帳戶的養老金預算平衡應滿足式（3-7）和式（3-8）；④市場出清同時滿足式（3-9）和式（3-10）。若以上四點條件都能滿足，則經濟系統就達到一般均衡狀態，用差分方程描述的動態均衡條件表示為：

$$\frac{(1+b+Z)(1+\beta T)}{(1-\theta)(1-\alpha)A\beta T} + \frac{(Z+\theta+\theta b)}{(1-\theta)A\alpha\beta T} = \frac{k_t^\alpha}{k_{t+1}} \tag{3-11}$$

且僅當 $0 < dk_{t+1}/dk_t < 1$ 時，存在唯一、穩定且非振盪的穩態均衡。令 $k_{t+1} = k_t = k^*$，則穩態時的勞均資本存量 k^* 為：

$$k^* = \left[\frac{(1+b+Z)(1+\beta T)}{(1-\theta)(1-\alpha)A\beta T} + \frac{(Z+\theta+\theta b)}{(1-\theta)A\alpha\beta T}\right]^{\frac{1}{\alpha-1}} \tag{3-12}$$

將 k^* 帶入上述各式,便可以求出穩態時的 r^*、w^*、P^*、I^*、S^*、c_1^*、c_2^* 和 U^*。觀察式(3-12)發現,穩態勞均資本存量 k^* 受人口增長率 b、人口預期壽命 T、退休年齡 Z、統籌帳戶繳費率 θ 等7個變量影響。由於人口老齡化主要表現為人口增長率的下降和人口預期壽命的提高,因此人口老齡化必然會對穩態勞均資本存量產生影響。k^* 關於 b 和 T 的一階偏導數分別為:

$$\frac{\partial k^*}{\partial b} = \frac{1}{\alpha - 1} D^{\frac{2-\alpha}{\alpha-1}} \cdot \frac{(1+\beta T)\alpha + \theta(1-\alpha)}{(1-\theta)(1-\alpha)A\alpha\beta T} < 0 \quad (3\text{-}13)$$

$$\frac{\partial k^*}{\partial T} = \frac{1}{\alpha - 1} D^{\frac{2-\alpha}{\alpha-1}} \cdot \left[\frac{-\alpha[\alpha(1+b+Z) + (Z+\theta+\theta b)(1-\alpha)]}{(1-\theta)(1-\alpha)A\beta T^2}\right] > 0 \quad (3\text{-}14)$$

$$D = \frac{(1+b+Z)(1+\beta T)}{(1-\theta)(1-\alpha)A\beta T} + \frac{(Z+\theta+\theta b)}{(1-\theta)A\alpha\beta T} > 0 \quad (3\text{-}15)$$

從求導結果可知,人口增長率與勞均資本存量呈反向變動關係,人口預期壽命與勞均資本存量呈正向變動關係,則人口老齡化與勞均資本存量呈正向變動關係,即人口老齡化會提高勞均資本存量。進一步地,由於 r^*、w^*、S^*、c_1^*、c_2^* 都是 k^* 的函數表達式,因此人口老齡化也都會對這些經濟變量產生不同方向、不同程度的影響①,進而對統籌帳戶和個人帳戶養老金產生影響,由此驗證了上文關於人口老齡化通過影響經濟增長的速度和方式來對養老保險制度可持續發展產生影響的論述。

3.2.2 人口老齡化對養老保險制度長期財務平衡的影響效應

基於一般均衡分析結果,本部分從兩個方面分析人口老齡化對養老保險制度的影響:一是在養老保險基金達到預期平衡的情況下,人口老齡化對養老金替代率的影響;二是在維持一定水平的養老金替代率的情況下,人口老齡化會造成多大的養老保險基金收支缺口。穩態時的養老金替代率為:

$$RR^* = \frac{P^* + I^*}{w^*} = \frac{\theta(1+b+Z)}{(T-Z)} + \tau \quad (3\text{-}16)$$

RR^* 關於 b 和 T 的一階偏導數分別為:

$$\frac{\partial RR^*}{\partial b} = \frac{\theta}{(T-Z)} > 0 \quad (3\text{-}17)$$

$$\frac{\partial RR^*}{\partial T} = -\frac{\theta(1+b+Z)}{(T-Z)^2} < 0 \quad (3\text{-}18)$$

---

① 同樣採用求導方式,對各經濟變量求關於人口增長率 b 和人口預期壽命 T 的一階偏導數,通過判別導數的符號來確定人口老齡化對各經濟變量的影響。

從上式可以看出，人口增長率越大、人口預期壽命越低，養老金替代率越高，這意味著在養老保險基金達到預期平衡的情況下，人口老齡化與養老金替代率呈反向變動關係。為揭示人口老齡化對養老金替代率的影響程度，本文對式（3-16）中的相關參數進行取值，以 $\theta = 20\%$、$\tau = 8\%$、$Z = 1/6$、$b = 0.339,9$、$T = 0.813,3$ 為基準值①，計算出了不同人口老齡化（不同的人口增長率和人口預期壽命組合）下所對應的養老金替代率，如表 3.2 所示。

表 3.2　　　　　　　不同人口老齡化下的養老金替代率

b＼T	0.813,3	0.846,7	0.880,0	0.913,3	0.956,7
0.339,9	0.546,0	0.523,1	0.502,4	0.483,6	0.461,4
0.259,9	0.521,2	0.499,6	0.480,0	0.462,1	0.441,1
0.189,4	0.499,4	0.478,8	0.460,2	0.443,2	0.423,3
0.122,7	0.478,8	0.459,2	0.441,8	0.425,4	0.406,4
0.055,7	0.458,1	0.439,5	0.422,7	0.407,4	0.389,4

註：b 列從上到下對應的年均人口增長率分別是 1％、0.8％、0.6％、0.4％ 和 0.2％；T 行從左到右表示人口預期壽命分別為 74.4 歲、75.4 歲、76.4 歲、77.4 歲 和 78.7 歲。需要說明的是，本研究所計算的養老金替代率可能因為模型設定和參數取值的原因導致結果存在偏誤，我們這麼做主要是為了反應人口老齡化對養老金替代率的影響方向和程度。

從橫向看，當人口增長率保持不變時，隨著人口預期壽命的提高，養老金替代率逐漸下降。以 $b = 0.339,9$ 為例，人口預期壽命由 74.4 歲延長到 78.7 歲後，對應的養老金替代率由 0.546,0 降低到 0.461,4，人口預期壽命每提高 1 歲將導致養老金替代率平均下降 0.019,7。從縱向看，當人口預期壽命保持不

---

① 各參數基準值的確定具體說明如下：（1）繳費率 θ 和 τ。《國務院關於完善企業職工基本養老保險制度的決定》（國發〔2005〕38 號）規定，統籌帳戶繳費率為 20％、個人帳戶繳費率為 8％，則 $\theta = 20\%$、$\tau = 8\%$。（2）法定退休年齡 Z。本文以 20 歲作為個人參加工作的起始年齡，每期時間跨度是 30 年，那麼年輕期末個人年齡為 50 歲。由於中國現行的企業職工法定退休年齡為：男性 60 周歲、女工人 50 周歲、女幹部 55 周歲。為便於分析，我們取三者的平均值，將法定退休年齡設定為 55 周歲，意味著個人在老年期只需再工作 5 年便可退休，則 $Z = 1/6$。（3）人口增長率 b。本書以 1981—2010 年總的人口增長率為基準數據，以 2011—2040 年總的人口增長率為對比數據。根據《中國統計年鑒（2011）》計算得出，1981—2010 年中國總的人口增長率為 0.339,9。根據聯合國人口司在中方案下對中國人口的預測數據計算得出，2011—2040 年中國總的人口增長率為 0.055,7。由此，b 的基準值為 0.339,9，對比值為 0.055,7。（4）人口預期壽命 T。本書選取 2010 年和 2040 年兩個時點數據進行分析，聯合國人口司在中方案下對中國人口預期壽命的預測數據顯示，2010 年和 2040 年中國人口預期壽命分別為 74.4 歲和 78.7 歲，因此 T 的基準值為 0.813,3、對比值為 0.956,7。

變時，隨著人口增長率的下降，養老金替代率也逐漸下降。以 $T=0.813,3$ 為例，人口增長率由 $0.339,9$ 下降到 $0.055,7$ 后，對應的養老金替代率由 $0.546,0$ 降低到 $0.458,1$，人口增長率每下降 1 個百分點將導致養老金替代率平均下降 19.25 個百分點。特別是，未來人口特徵（$b=0.055,7$、$T=0.956,7$）下的養老金替代率僅為 $0.389,4$，而當前人口特徵（$b=0.339,9$、$T=0.813,3$）下的養老金替代率為 $0.546,0$，表明在養老保險基金達到預期平衡的情況下，人口老齡化導致養老金替代率減少了 28.68%。

如果要維持當前人口特徵下的養老金替代率，人口老齡化將會對養老保險基金造成多大的收支缺口呢？本研究用養老金帳戶變化占勞均產出的比值來衡量養老金缺口，計算公式為 $gap = \dfrac{(0.546,0-RR)w^*}{y^*} = (1-\alpha)(0.546,0-RR)$①，根據表 3.2 得出的養老金替代率結果，採用該公式計算不同人口老齡化下的養老金缺口占比，結果如表 3.3 所示。

表 3.3　　　　不同人口老齡化下養老金缺口占產出的比值　　　　單位:%

T \ b	0.813,3	0.846,7	0.880,0	0.913,3	0.956,7
0.339,9	0.00	1.49	2.83	4.06	5.50
0.259,9	1.61	3.02	4.29	5.45	6.82
0.189,4	3.03	4.37	5.58	6.68	7.98
0.122,7	4.37	5.64	6.79	7.84	9.07
0.055,7	5.71	6.92	8.01	9.01	10.18

從橫向看，以 $b=0.339,9$ 為例，當人口預期壽命由 74.4 歲延長到 78.7 歲后，對應的養老金缺口占產出的比值為 5.50%；從縱向看，以 $T=0.813,3$ 為例，當人口增長率由 $0.339,9$ 下降到 $0.055,7$ 后，對應的養老金缺口占產出的比值為 5.71%；當人口增長率和人口預期壽命同時變化時，未來人口特徵（$b=0.055,7$、$T=0.956,7$）下的養老金缺口占產出的比值高達 10.18%，表明

---

① 關於物質資本產出彈性 α 取值作如下說明：目前學者們對中國物質資本產出彈性的估計結果尚未達成一致，林忠晶和龔六堂（2008）指出若生產函數為 C-D 型時，中國物質資本貢獻率的取值範圍為 0.3~0.8，他們在論文中取值為 0.65；邵宜航等（2010）、彭浩然和陳斌開（2012）都設為 0.5；楊再貴（2008）、康傳坤和楚天舒（2014）都設為 0.35。考慮到中國人口紅利逐漸消失和劉易斯轉折點的到來，以及勞動力人力資本不斷提升，未來中國物質資本產出彈性將有所下降。由此，本研究將 α 取值為 0.35。

人口老齡化對養老保險基金收支平衡帶來巨大影響。隨著人口老齡化進程的不斷加快，維持當前人口特徵下的養老金替代率必然會導致養老金債務呈爆發性增長。

3.3 人口遷移對城鄉社會養老保險制度可持續發展的影響機理

根據第一章中對人口空間分佈的分析，人口遷移流動主要有鄉城人口流動與跨區域人口流動兩種路徑，且兩種路徑都是以農村人口為主體，因此人口遷移必然帶來農村勞動年齡人口的減少、老齡化程度加劇，同時增加城鎮勞動年齡人口，短期內緩解城鎮人口老齡化進程。人口遷移流動影響城鄉社會養老保險制度可持續發展主要體現在兩個方面：①人口遷移流動對人口流入地與流出地的人口年齡結構的影響，從而影響城鄉社會養老保險制度撫養比，在制度參數一定的情況下，按照現有城鄉社會養老保險的制度安排，人口年齡結構越年輕，基金支付壓力越小，制度的可持續性越有保證；②人口遷移流動主要是勞動力在各地區間的流動，因此必須處理好養老保險關係的轉移和接續問題，否則制度的可持續性同樣受到挑戰。本研究主要從這兩個方面入手，深入分析人口遷移流動對城鄉社會養老保險制度可持續發展的影響機理。

3.3.1 人口遷移對流入地和流出地人口年齡結構的影響

以農民工為主體的人口流動，從經濟落後的地區向經濟發達地區、由內陸地區向沿海地區、由小城鎮向大中城市推進，由農村流入城市的絕大多數都是青壯年勞動力。根據2000年第五次全國人口普查數據，流動人口年齡主要集中於15~40歲，這個年齡段占比為73.28%，14歲及以下少年占比為10.98%，50歲以上流動人口占比不足20%，說明流動人口以青壯年為主。2010年第五次全國人口普查數據顯示，人口流動集中於16~48歲，這個年齡段的人群占總流動人口比例為73.92%，其中15~40歲人口占比為62.08%低於2000年的比重，15歲以下兒童在遷移人口中占比為11.97%。說明隨著醫療技術進步和衛生設施的完善，流動人群正在向50歲人口延伸（見圖3.1）。

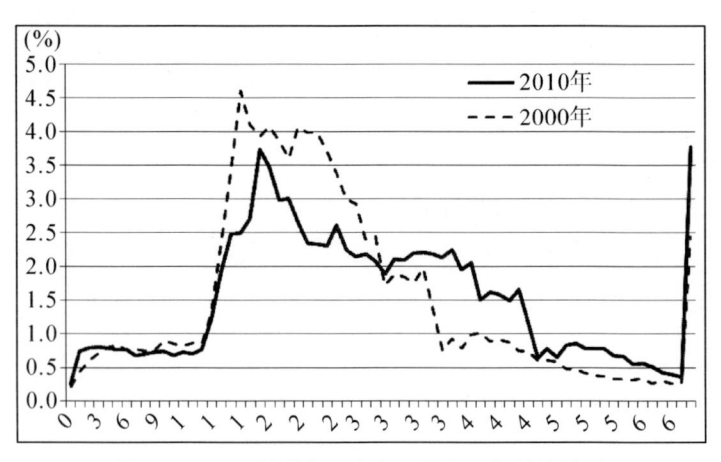

图 3.1　2010 年省際、省內流動人口年齡結構圖

數據來源：第六次全國人口普查資料。

　　對於流入地來而言，勞動年齡人口流入，降低了本地的人口老齡化程度，增加了流出地的老齡化程度。特別是人口流動以農村人口為主，而農村養老等社保體系尚不健全，醫療衛生設備不健全，老人的生活、就醫等形勢都十分嚴峻。兒童外遷比例遠小於勞動人口外遷，大部分子女留在農村跟老人在一起，「空巢老人」「留守兒童」現象已成為當前農村的普遍現象。

　　人口流動以青壯年為主，大量的青壯年從農村流入城市，在沒有改變老年人口數量的情況下，流出地總人口下降，流出地的老年人口比重上升；對於流入地，青壯年人口的流入增加了流入地總人口，從而降低了流入地的老年人口的比重。根據 2010 年農村與城市人口年齡結構的分佈，發現城市的 15～55 歲人口比重要高於農村，而 0～14 歲、55 歲及以上人口中農村人口比重高於城市。這一現狀與中國人口計劃生育政策相悖，由於城市執行相對比較嚴格的計劃生育政策，城市的生育率低於農村人口，20 世紀 80 年代生育的孩子現在正處於青壯年，農村青壯年人口理應多於城市。因此，這一現狀的出現必然是人口流動的結果，勞動力人口從農村流向城市，城市人口年齡結構相對年輕化。

　　一方面，人口流動也可以通過影響城市生育率的變動來影響人口老齡化，這個過程相對比較複雜，人口流入到城市初期，流入人口生育率高於城市人口，經過一段時期的社會融合，流入人口的生育率與城市人口趨於一致；另一方面，大量的青壯年男性從農村流出，勢必相對降低農村婦女的終身生育率，降低了未來少兒人口的比例，進一步加重了農村人口老齡化程度（見圖 3.2）。

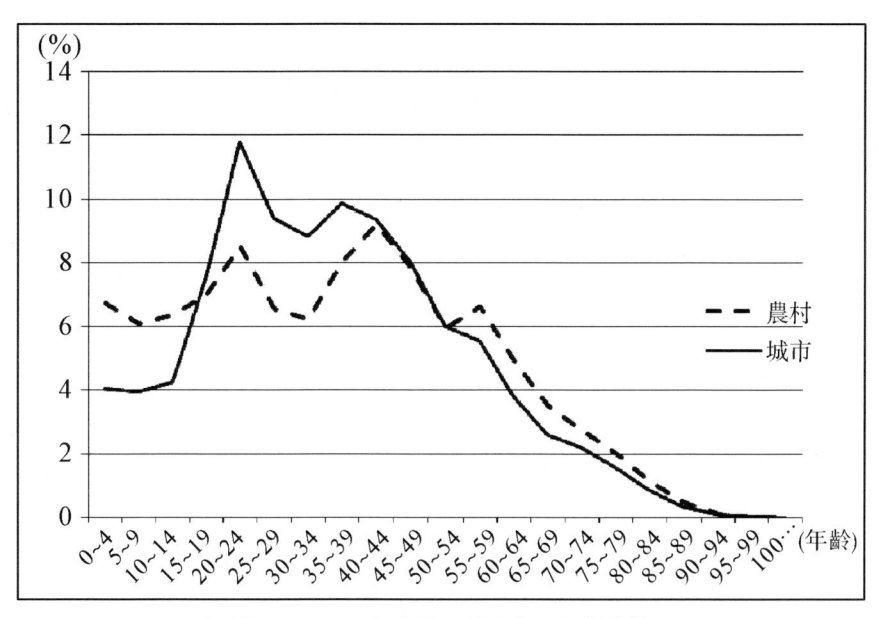

图 3.2　2010 年农村、城市人口年龄结构

数据来源：第六次全国人口普查资料。

3.3.2　人口城乡迁移对城乡养老保险制度可持续发展的影响机理

3.3.2.1　人口城乡迁移为城镇养老保险制度带来大量养老金红利，增强了抵御人口老龄化冲击的能力

本节中的人口城乡迁移（「乡—城」人口迁移）是指人口由农村向城市转移，包括农民到城市临时打工和在城市永久性定居。中国 30 多年的经济发展形成了巨大的人口迁移浪潮，农村剩余劳动力向城市转移就业已成为常态。杨云彦（2003）测算出中国人口迁移实际规模由 1978 年的 2,145 万发展到 2000 年的 6,300 万，平均人口迁移率约为 5%[①]。利用第五次和第六次全国人口普查数据，陈沁、宋铮（2013）估计了 2001—2010 年 10 年间的城乡人口迁移率，研究发现 15~49 岁年龄段的农村人口具有较高的迁移率，为 5%～15%，其他年龄段的迁移率则较低[②]。人口城乡迁移过程中大量年轻农村劳动力向城市转移，一方面满足了城市经济发展对劳动力的需求，缓解了「用工荒」问

[①] 杨云彦. 中国人口迁移的规模测算与强度分析 [J]. 中国社会科学，2003（6）：97-107.

[②] 陈沁，宋铮. 城市化将如何应对老龄化？——从中国城乡人口流动到养老基金平衡的视角 [J]. 金融研究，2013（6）：1-15.

題;另一方面調整了城市勞動力的年齡結構,降低了城市人口贍養率,提升了城企基保的財務可持續性。

上面的分析已經證實,人口老齡化使得城企基保制度的繳費人口持續減少、領取養老金的退休人口持續增加以及領取養老金的時間不斷延長,將導致城企基保制度陷入財務困境。而通過人口城鄉遷移,農村大量年輕剩餘勞動力向城鎮轉移,增加了城企基保的繳費人數①,為城企基保制度帶來大量養老金紅利,能夠在一定程度上延緩或降低老齡化對城企基保制度造成的財務失衡風險。事實上,在老齡化較為嚴重的發達國家,通過納入外來青壯年勞動力來緩解老齡化對養老保險制度的衝擊已經形成了共識。甘(Gal, 2008)認為將移民與勞動力市場改革以及養老保險制度改革相結合,有助於緩解英國及美國上升的養老金支出壓力②。國內的研究也同樣表明,人口城鄉遷移降低了城企基保制度債務規模,提高了城企基保基金的收支平衡度,為城企基保制度抵禦人口老齡化衝擊提供了堅實基礎和有利條件。人口城鄉遷移對城企基保制度長期財務平衡的影響機理主要表現為:由於大量遷入的年輕農村勞動力沒有被城企基保制度覆蓋,導致制度撫養比大於人口撫養比,通過優化制度設計和引導,充分調動農民工參與城企基保制度的積極性,進而促進繳費人數快速增加,使制度撫養比貼近人口撫養比,有利於城企基保制度的財務可持續性。但需要特別強調的是,部分地區鼓勵農民工參與城企基保出現了一次性躉交養老保險費的情況,儘管這種做法能暫時緩解城企基保當前的收支壓力,但會增大以後的支付風險。

3.3.2.2 人口城鄉遷移加劇了農村人口老齡化程度,弱化了農村傳統養老保障功能,增大了農村養老保險制度可持續運行風險

第六次全國人口普查數據顯示,農村地區60歲及以上人口占比達14.98%,高於城市(11.47%)和鎮(12.01%),表明農村人口老齡化程度高於城鎮。隨著工業化和城鎮化的持續發展,人口城鄉遷移速度將不斷提高,大量農村年輕勞動力向城鎮遷移導致農村實際人口年齡結構更加老化。因人口城鄉遷移,農村老年人口撫養比將由2008年的20.84%快速上升到2025年的

---

① 儘管有大量年輕農村勞動力向城鎮轉移,但他們中的絕大部分並沒有被城企基保制度覆蓋,一方面是由於雇主為了壓縮成本而沒有為其購買城企基保,另一方面是城企基保對繳費年限有最低要求限制(低於15年將不能享受社會統籌部分的養老金),流動性較強的農民工不得不放棄參加城企基保。優化制度合計並加以引導,能夠極大地調動農民工參與城企基保的積極性,進而增加城企基保的繳費人數。

② Gal Z. Immigration in the United States and the European Union. Helping to solve the economic consequences of ageing?. Sociologia, 2008, 40 (1): 35-61.

50.04%、2034 年的 81.93%、2047 年的 102.09%[①], 40 年間農村老年人口撫養比增長了 4.9 倍。到 2047 年將出現 1 名勞動者贍養 1 位老人的現象, 反應出農村養老負擔壓力倍增和人口老齡化呈現逐步加重的態勢, 對農村養老保險制度的發展將產生深遠的影響。人口城鄉遷移在加快農村人口老齡化進程的同時, 也使得農村家庭規模縮小和空巢家庭增多, 從而對傳統的農村家庭養老保險模式產生衝擊。農村家庭模式開始由「擴展型家庭」向「核心型家庭」轉化, 加之子女外出務工而不能照顧老人, 弱化了農村以家庭保障為核心的傳統養老保障功能。另外, 城鎮化建設使得農民土地被流轉或回收, 喪失土地的農民也就丟失了土地養老保障。為解決這一問題, 中國自 2009 年起實施了新型農村社會養老保險(以下簡稱「新農保」), 以保障農村居民年老時的基本生活為目的, 在一定程度上降低了農村老人對子女的過度依賴, 為農民老年生活提供了保障。但「新農保」的保障水平較低, 無法滿足農村老人日常的基本生活需求, 更難以滿足醫療服務和生活照料等高層次需求, 會降低農民對「新農保」的認同感, 給農村養老保險制度的可持續發展帶來了較大的挑戰。

3.3.2.3 人口城鄉遷移要求加快完善城鄉養老保險制度的銜接與整合, 為城鄉養老保險制度的可持續發展提供外在動力

長期以來, 城鄉二元結構導致城鎮和農村形成了兩種不同的養老保險制度, 在管理體制、籌資方式、繳費水平、支付結構、待遇計發等方面存在明顯差別。養老保險制度基於城鄉劃分的缺陷, 既損害了城鄉遷移勞動力的養老保險權益, 又不利於實現勞動力資源的優化配置, 在一定程度上阻礙了中國城鄉一體化的發展進程。隨著城鎮化的持續發展和城鄉養老保險制度基本實現全覆蓋, 越來越多的勞動者特別是農民工在城鄉間流動就業, 但城鄉遷移勞動力的養老保險關係轉移和接續以及待遇水平對接存在諸多困難, 城企基保和城鄉居民養老保險制度之間的銜接問題迫切需要解決。為此, 人力資源和社會保障部與財政部出抬了《城鄉養老保險制度銜接暫行辦法》(人社部發〔2014〕17 號), 填補了城鄉養老保險制度銜接政策的空白, 解決了參保人員特別是農民工在城企基保和城鄉居民養老保險之間的制度銜接問題, 對提高勞動者參保繳費積極性、擴大養老保險覆蓋範圍具有積極的推動作用, 有利於促進城鄉養老保險制度的可持續發展。

隨著工業化和城鎮化的發展, 人口城鄉遷移規模將不斷擴大。根據《2014

---

① 劉昌平. 建立覆蓋城鄉居民的養老社會保障體系的戰略思考 [J]. 西北大學學報: 哲學社會科學版, 2008 (4): 23-28.

年中國農民工調查監測報告》顯示，2014 年中國農民工總量已達近 27,395 萬人。鑒於農民工的流動性相對較大，其可能會同時或在不同時期參加城企基保和城鄉居民基本養老保險。為保障農民工的養老保險權益，解決好城鄉養老保險制度之間的銜接問題，《城鄉養老保險制度銜接暫行辦法》明確規定了全國統一的銜接方式、銜接條件、資金轉移、待遇領取等政策和統一銜接經辦規程，實現勞動者特別是農民工在城鄉養老保險制度間的順暢銜接。無論是從城鄉居民基本養老保險轉入城企基保，還是從城企基保轉入城鄉居民基本養老保險，參保人個人帳戶儲存額（含政府、集體補助部分）全部轉移，並累計計算個人帳戶養老金。從城企基保轉入城鄉居民養老保險的，城鎮職工基本養老保險繳費年限視同為城鄉居民基本養老保險繳費年限。對繳費年限不足 15 年的，也允許延長繳費后再銜接，最大限度地保障了參保人員的養老保險權益。由此可見，建立城鄉養老保險制度銜接機制，很好地順應了人口城鄉遷移趨勢，有利於促進城鄉社會養老保險制度的統籌發展，對城鄉社會養老保險制度的可持續發展形成了很好的支撐作用。

3.3.3 人口省際遷移對城鄉養老保險制度可持續發展的影響機理

3.3.3.1 人口省際遷移導致各省城鎮職工基本養老保險制度撫養比發生變化，對人口輸出省和輸入省的養老保險制度財務可持續性產生重大影響

在改革開放的非均衡發展戰略下，中國地區間經濟發展水平差距逐步擴大，資源、勞動力、資本等生產要素不斷向發達地區轉移，人口跨區域流動已成常態，突出表現為外出農民工數量急遽增加。第六次全國人口普查結果顯示，中國流動人口規模為 2.6 億人，其中跨省流動人口為 0.85 億人[①]。《2013 年全國農民工監測調查報告》顯示，在全國 2.69 億農民工中，外出農民工數量已經超過 1.66 億，其中 7,739 萬人跨省流動、8,871 萬人省內流動，分別占外出農民工總量的 46.6%和 53.4%，外出農民工中有 15.7%參加了養老保險。東部地區外出農民工以省內流動為主，中西部地區外出農民工以跨省流動為主。在跨省流動的農民工中，流向東部地區 6,602 萬人，占 85.3%；流向中西部地區 1,068 萬人，占 13.8%。大規模勞動力跨區域流動對各省、市、區、城鎮職工基本養老保險制度的財務可持續性將產生重大影響。

勞動力跨區域流動對各省、市、區、城鎮職工基本養老保險制度財務狀況

---

① 馬紅旗，陳仲常.中國省際流動人口的特徵——基於第六次全國人口普查數據［J］.人口研究，2012（6）：87-99.

的影響主要是因為制度撫養比發生變化。如圖 3.3 所示，對於東部地區，青壯年勞動力淨流入且參保率較高，會稀釋城鎮職工基本養老保險的制度撫養比；對於中西部地區，青壯年勞動力淨流出且參保率較低，會抬高制度撫養比。各省、市、區制度撫養比的變化必然會對人口輸出省份和輸入省份養老保險制度的財務狀況產生不同影響。對人口輸入省份而言，外來人口的進入不僅增加了勞動供給，還增加了養老保險制度的繳費人數，進而提高了養老保險制度的繳費收入，增強了人口輸入省養老保險制度的財務收支能力。對於人口輸出省份而言，情況正好相反，其養老保險制度的收支能力將不斷減弱。為驗證這一分析，鄭秉文（2012）利用第六次全國人口普查數據估算了人口省際流動對各省、市、區養老基金收支平衡的影響，得出 2010 年跨省流動人口為打工地「創造」的養老基金收入為 525.6 億元；從養老基金收支損益結果看，東部地區淨流入 323.65 億元，中部地區淨流出 239.53 億元，西部地區淨流出 84.12 億元①。進一步研究發現，因人口跨省流動而導致養老保險基金徵繳收入增幅較大的省份依次為廣東、上海、天津和北京（增幅大於 10%），降幅較大的省份依次為安徽、江西、貴州、河南和湖南（降幅大於 10%）。如果剔除人口跨省流動因素對養老基金收支的影響，湖南、河南、江西的養老基金收支結餘將扭虧為盈。由此可以得出，人口省際遷移的確對各省份城鎮職工基本養老保險的財務狀況產生了較大影響，如圖 3.4 所示。

3.3.3.2 人口省際遷移要求完善養老保險關係轉移接續工作，推動養老保險由省級統籌向全國統籌轉變，消除養老保險關係轉移接續難的問題

社會保險關係產生於勞動關係，社會保險關係應當跟著勞動關係走，體現在養老保險制度上就是參保人跨統籌地區變換工作單位后，其養老保險關係能順利轉移和接續到遷入地。但事實上，除少數參保人經過人事、勞動部門批准調動工作可將養老保險關係轉移接續外，大多數勞動者在跨統籌地區變換工作單位時都會遇到養老保險關係接續難的問題。養老保險關係從原參保地轉移出來並不難，但接續到新的參保地則難度很大，這是因為養老保險關係轉出是責任轉嫁，而轉入意味著將來要承擔待遇給付責任。由於養老保險關係轉移接續難，使其攜帶性較差，造成流動勞動力「攜帶性損失」，許多參加養老保險的流動勞動者不得不選擇退保，近年來春節前的「退保潮」就是很好的印證。養老保險轉移接續難使大量養老保險資金沉澱在原參保地，不僅侵犯了參保人的養老保險權益，而且不利於人力資源的合理配置和有序流動，更是社會不公

---

① 鄭秉文. 中國養老金發展報告 2012 [M]. 北京：經濟管理出版社，2012.

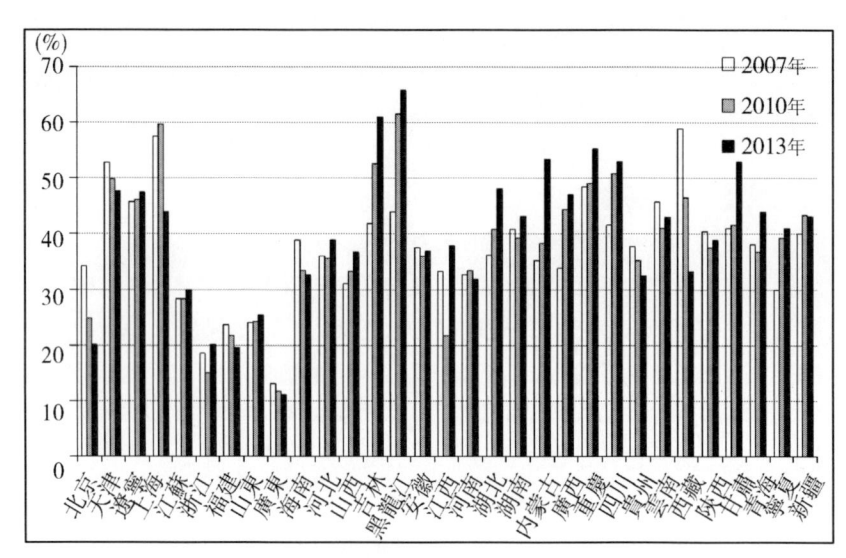

圖 3.3　各省份城鎮職工基本養老保險制度撫養比

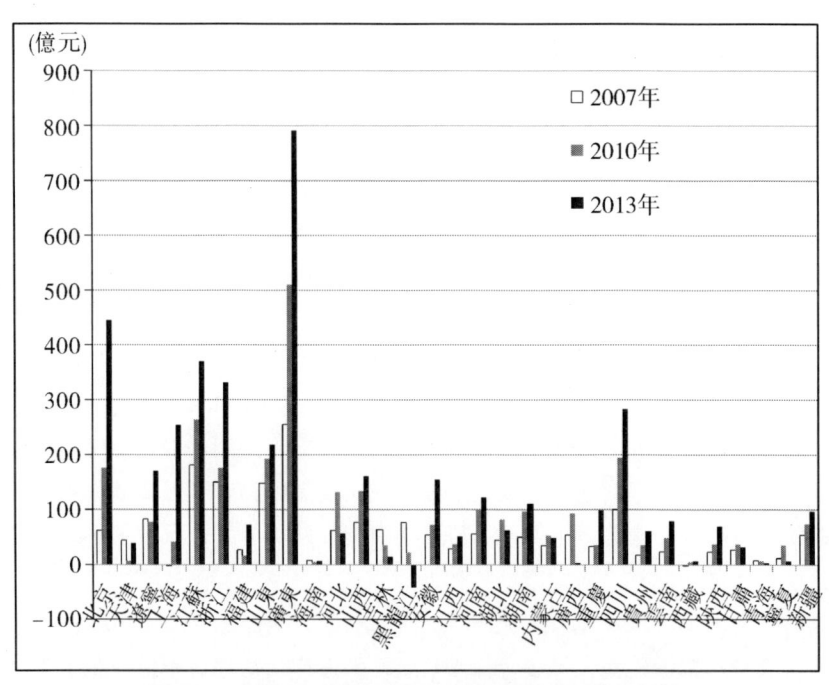

圖 3.4　各省份城鎮職工基本養老保險基金當年結餘

的一種表現。為保證勞動力跨省流動並在城鎮就業時基本養老保險關係轉移接

續順暢，人力資源和社會保障部與財政部於 2009 年底發布了《城鎮企業職工基本養老保險關係轉移接續暫行辦法》，但在實際執行中仍普遍存在養老保險關係接續難的現象①，參保人或是選擇退保，或是養老金待遇受損。基本養老保險關係地區割據、地方政府間博弈是造成養老保險關係轉移接續難的主要原因（方倩、何文，2009）②，對養老保險制度可持續發展產生了較大的負面影響。

其實，養老保險關係轉移接續不暢是由於養老保險制度的統籌層次不高，如果實現了全國統籌，這一問題將在很大程度上得以解決。《2013 年人力資源和社會保障事業發展統計公報》稱，全國 31 個省份和新疆生產建設兵團已建立養老保險省級統籌制度。但事實上，根據「六個統一」③的省級統籌標準，中國只有少數幾個省份實現了基礎養老金在省級的統收統支，絕大多數省份養老保險統籌層級仍然停留在縣市一級④。《社會保險法》《社會保障「十二五」規劃綱要》《關於深化收入分配制度改革若干意見的通知》等一系列法律法規和政府文件都明確提出要實現基礎養老保險全國統籌。此外，理論界和實務部門對養老保險盡快實現全國統籌也都達成了共識。不僅欠發達地區、養老基金支付壓力大的地區迫切期望實現全國統籌，較發達地區、養老基金累積較多的省區也表示只要處理好相關利益關係，也同樣希望推進全國統籌⑤。因此，在人口省際遷移的背景下，養老保險制度應順應勞動力跨統籌區域流動趨勢，推動養老保險由省級統籌向全國統籌轉變，消除養老保險關係轉移接續難的問題，進而保障參保人的養老保險利益，實現養老保險制度的可持續發展。

---

① 在實際執行《城鎮企業職工基本養老保險關係轉移接續暫行辦法》時，少數轉入地考慮到本地區的基金支付能力，特別是擔心臨近退休的參保人轉入後繳費時間短而領取待遇時間長，因而不願接收；有的地方自行出台了戶籍、年齡限制條件，或不承認參保人員在其他地區的繳費年限和視同繳費年限等，致使一部分參保人員符合規定條件後不能及時辦理退休手續和享受養老待遇。

② 方倩，何文炯. 基本養老保險關係地區割據與政府間博弈 [J]. 當代經濟研究，2009 (9)：70-73.

③ 省級統籌「六個統一」標準：統一基本養老保險制度、統一基本養老保險繳費、統一基本養老保險待遇、統一基本養老保險基金使用、統一省級基金預算、統一基本養老保險業務規程。

④ 林毓銘. 體制改革：從養老保險省級統籌到基礎養老金全國統籌 [J]. 經濟學家，2013 (12)：65-72.

⑤ 鄭功成. 盡快推進城鎮職工基本養老保險全國統籌 [J]. 經濟縱橫，2010 (9)：29-32.

3.4 產業結構轉型升級對城鄉社會養老保險制度可持續發展的影響

產業結構轉型升級影響企業盈利水平，進而影響企業繳費能力，盈利水平低的企業存在逃欠養老保險費現象，對養老保險基金的長期財務平衡產生影響

目前中國大部分產業和行業處於全球價值鏈分工低端，依靠廉價勞動力和豐富的資源優勢，通過代工方式賺取微薄利潤。但隨著低勞動力成本優勢弱化、結構性缺工問題顯現以及要素成本上升，傳統製造業企業的盈利空間正不斷縮小。通過產業結構轉型升級，促進企業價值鏈向高端化攀升，進而使企業擺脫傳統生產要素的制約並提高盈利能力。當然，在產業結構轉型升級過程中，也存在一些企業因無法適應新形勢而繼續沿用舊技術或舊的經營管理方式，使企業盈利空間銳減或破產倒閉。因此，在產業結構轉型升級過程中，一部分企業因技術改造或研發創新向價值鏈高端攀升而使盈利水平得到提升，沒有做出任何改進的企業因無法適應新形勢而使盈利水平不斷下降甚至出現虧損。

理論和實證分析已經證明，企業盈利水平與企業繳納養老保險費的能力成正相關關係。盈利水平較高的企業有充足的資金保障，為了留住員工並提升核心競爭力，會按期足額繳納養老保險費；盈利水平較低的企業為了壓縮成本，往往採取少報、漏報繳費基數或繳費人數等方式逃欠養老保險費，導致養老保險基金收入減少。企業逃欠養老保險費不僅使參保職工利益受損，而且對其他按時足額繳費的企業有失公平，還危及養老保險基金的長期財務平衡。近年來，中國城企基保費遵繳率呈逐年下降趨勢，從2006年的89.98%下降到2011年的85.22%[①]，共降低了4.76個百分點。這意味著必須高度重視養老保險逃欠費問題，需要進一步加強養老保險費的徵繳力度，提高養老保險基金的償付能力，進而實現養老保險制度的可持續發展。

產業結構轉型升級導致勞動力市場的就業結構和就業方式發生改變，構成了養老保險制度可持續發展的重要制度約束條件

產業結構轉型升級使得勞動力在區域間、城鄉間、產業間流動加快，導致勞動力市場的就業結構發生很大改變，並由此帶來就業方式發生變化。就業結

---

① 鄭秉文. 中國養老金發展報告2012 [M]. 北京：經濟管理出版社，2012.

構和就業方式改變對養老保險制度可持續發展的影響主要體現在兩個方面：

（1）勞動力市場城鄉就業一體化、全國就業一體化趨勢對城鄉二元、地區分割的養老保險體系提出嚴峻挑戰。改革開放前，受嚴格的戶籍管理制度以及農村土地制度、城鎮企事業單位用工制度等諸多制度性因素制約，中國勞動力市場呈現出明顯的城鄉二元結構。改革開放30多年來，這些體制性障礙不斷消除，大規模農村勞動力向城鎮轉移就業已成為常態。而且，隨著新型城鎮化、工業化的加速發展，以及公民的自由遷移權、自由擇業權也在持續擴張，無疑將推進建立城鄉統一、全國統一的勞動力市場進程，促進勞動力城鄉流動和跨區域流動。勞動力的城鄉流動和跨區域流動加劇，自然將對城鄉二元、地區分割的養老保險體系提出嚴峻挑戰。

（2）勞動力就業的產業結構分佈發生變化，第三產業成為吸納就業的主要產業，就業形式的多樣性要求養老保險制度做出適應性調整。隨著產業結構的不斷調整以及城鎮化、工業化的持續推進，中國三次產業的就業結構發生明顯變化，其相對比重由1978年的70.5：17.3：12.2轉變為2012年的33.6：30.3：36.1，第三產業成為吸納就業的主要產業。產業結構轉型升級使得勞動力的就業形式日益多樣化，靈活就業勞動者、非正規就業勞動者以及自雇職業相對增多。根源於勞動力就業的產業結構分佈的變化，企事業單位勞動用工制度的改革、國有企業減員增效的改革舉措以及知識經濟化的發展等諸多因素的共同作用，勞動力的就業形勢日益多樣化，其在宏觀層面上表現為雇傭方式的多樣化，正規就業勞動者相對下降，非正規就業勞動者、自雇職業者、靈活就業者相對增多；在微觀層面上表現為勞動者不同時期就業形式的多樣化，它與人口流動密切相關。特別是國有企業下崗失業人員，其主要是在非正規部門尋求再就業機會。這些新的就業方式由於缺乏穩定的資方主體，對建立在穩定勞動關係基礎上的傳統養老保險制度設計構成挑戰，要求養老保險制度對此做出相應的調整。

產業結構轉型升級提高了勞動力人力資本含量，勞動者追求更高層次的養老保障，有助於完善多層次養老保險制度體系

產業結構轉型升級對勞動力的人力資本含量提出了較高的要求，產業結構從勞動密集型向知識和技術密集型轉變時，需要大量的中高級技術工人、高素質的管理人才以及具有創新能力的研發人員，促進低人力資本勞動力向高人力資本勞動力轉變。勞動力人力資本含量的提高必然會帶來收入的增加，使勞動者可能不再滿足當前基本養老保險的待遇水平，追求更高層次的養老保障，進而促進多層次養老保險體系的建立。目前中國政府只提供「保基本」的基本

養老保險，所以要追求更高層次的養老保障，必須依靠補充養老保險來解決。制定並落實相應的稅收優惠政策，加快發展企業年金和職業年金，鼓勵個人儲蓄性養老保險的發展，從總體上提高養老待遇水平，滿足高人力資本含量勞動者的高層次養老需求，從而完善中國多層次養老保險制度體系。

產業轉移帶動了低人力資本型勞動力的回流，有助於增強中西部地區城鎮職工基本養老保險基金的財務收支能力

因歷史債務規模、制度贍養率、經濟發展水平、財政補貼等因素的差異，中國城鎮職工基本養老保險基金財務狀況呈現出地區失衡現象。上面的分析已表明，勞動力的跨省流動不僅為東部地區創造了養老保險基金收入，而且也導致中西部養老基金流出，從而進一步加劇了各地區城鎮職工基本養老保險的財務失衡程度。隨著東部地區「用工荒」和「城市綜合徵」現象的出現，以及勞動力成本的持續上升，東部地區勞動密集型產業的競爭優勢越來越弱，逐漸向擁有多餘勞動力資源的中西部轉移。由於勞動密集型產業具有較強的勞動力吸納能力，其向中西部轉移必然會導致大量轉入東部的低人力資本型勞動力回流。勞動力回流能在一定程度上增加中西部地區養老保險基金收入，增強了財務收支能力，進而促進中西部地區養老保險制度的財務可持續發展。

4 城鎮企業職工基本養老保險財務收支平衡的精算測定及其制度優化的政策模擬

4.1 城鎮企業職工基本養老保險財務收支平衡的精算測定

20世紀50年代，政務院（即后來的國務院）頒布實施《中華人民共和國勞動保險條例》，確立了中國現收現付制養老保險制度，並由政府統一確定養老金待遇水平。改革開放以後，伴隨著經濟體制改革的進行，尤其是城鎮國有企業改革的推進，城企基保制度也進入了根本性變革的時代。1986年國務院發布《國有企業實行勞動合同制暫行規定》（國發〔1986〕77號），具體規定了勞動合同制職工養老保險實施辦法，明確了養老保險基金由企業和勞動合同制工人共同繳費，基金收不抵支時國家給予補貼，標誌著職工養老由退休制向真正意義上的社會養老保險制過渡。90年代，在人口老齡化問題逐漸凸顯和國有企業改革深化的背景下，政府提出職工基本養老保險制度由現收現付制向現收現付與基金累積相結合的混合制轉變。《國務院關於深化企業職工養老保險制度改革的通知》（國發〔1995〕6號）中明文規定，基本養老保險費用由企業和職工個人共同負擔，實行社會統籌與個人帳戶相結合的制度模式。1997年，國務院頒發布的《關於建立統一的企業職工基本養老保險體制的決定》（國發〔1997〕26號），統一了個人帳戶規模、資金來源和計發辦法，標誌著中國基本實現了養老保險由現收現付制模式向部分累積制模式的轉變。按照國發〔1997〕26號文，職工繳費滿15年以上的，基礎養老金按當地職工上一年度平均工資的20%計發，個人帳戶養老金按帳戶儲存額的1/120計發。該計發辦法存在兩個缺點：一是缺乏有效激勵，職工繳費滿15年後多繳不能多得；

二是個人帳戶儲蓄額只能承擔 10 年養老金支出，但隨著人口余命的延長，個人帳戶養老基金的支付壓力較大。為改進養老金計發辦法，2005 年出抬的《國務院關於完善企業職工基本養老保險制度的決定》（國發〔2005〕38 號）對城企基保制度的相關設計做出了適應性調整。規定從 2006 年 1 月 1 日起，個人帳戶規模統一由本人繳費工資的 11% 調整為 8%，全部由個人繳費形成，單位繳費不再劃入個人帳戶，同時進一步完善鼓勵職工參保繳費的激勵機制，調整基本養老金計發辦法。

對於國發〔1997〕26 號文件實施后參加工作，繳費年限（包括視同繳費年限）累計滿 15 年的職工（稱之為「新人」），退休后按月領取基本養老金；對於國發〔1997〕26 號文件實施前參加工作，並在此文件實施后退休且繳費年限累計滿 15 年的職工（稱之為「中人」），在發給基礎養老金和個人帳戶養老金的基礎上，再發給過渡性養老金；對於國發〔1997〕26 號文件實施前已經離退休的職工（稱之為「老人」），仍按國家原來的規定發給基本養老金，同時執行基本養老金調整辦法，如圖 4.1 所示。

個人帳戶養老金

圖 4.1　城鎮企業職工基本養老保險基金支出示意圖

影響城企基保制度長期財務平衡的因素有許多，人口老齡化與制度轉軌成本是學者們較為關注的兩個重要因素。根據我們在第二章第一節的分析可知，在當前生育政策下，中國未來人口規模將呈現出緩慢上升後迅速下降的態勢，其中 15~64 歲的勞動力人口比重不斷下降，直接導致繳費人數縮減，從而減少了基本養老保險基金收入。另外，隨著醫療技術進步和公共衛生體系不斷完善，國民健康狀況持續改善，人口預期壽命提高，延長了退休職工領取養老金的時間，擴大了基本養老保險基金的支出。城企基保基金收入減少而支出增加，必然將嚴重影響到社會統籌帳戶基金的可持續性。養老金制度的轉制成本即養老保險隱性債務，是在現收現付制下，由政府承諾給予「老人」和「中人」的養老金權益，按照規定將由社會統籌帳戶基金來支付，進一步加重了統籌帳戶基金的收支壓力。由此可以看出，人口老齡化與制度轉軌成本將嚴重影響基本養老保險制度的財務收支平衡，因此對基本養老保險基金進行長期財務精算測定具有重要的現實意義。基於此，本研究建立恰當的精算模型，根據人口發展、經濟發展和制度發展等做出科學合理的參數假定，估計未來目標期間內城企基保基金的財務收支情況。

4.1.1 精算模型

中國現行城企基保制度是建立在《國務院關於建立統一的企業職工基本養老保險制度的決定》（國發〔1997〕26號）和《國務院關於完善企業職工基本養老保險制度的決定》（國發〔2005〕38號）基礎上的。當前制度明確了基本養老保險基金收入來源於個人和單位的繳費、繳費累積基金的利息以及政府財政補貼，基金支出包括基本養老金、喪葬撫恤補助、轉移支付、管理費用等。養老保險基金收入和支出同時發生，因此養老保險基金的收支平衡是一種動態平衡，其實質是一種財務收支平衡。

在建立城企基保財務收支模型之前，為簡化計算，作如下幾個假定：

（1）現行基本養老保險制度框架不變。即社會統籌和個人帳戶相結合的部分累積制模式不變，基礎養老金、過渡養老金和個人帳戶養老金的計發辦法不變。

（2）個人帳戶實帳運行。當社會統籌帳戶的資金不能足額支付養老金時，便出現了擠占挪用個人帳戶資金的現象，導致個人帳戶空帳運行。本研究假設參保職工離退休時，其個人帳戶不存在空帳問題。

（3）基本養老保險費和養老金待遇於年初一次性收支。事實上，根據《社會保險費徵繳暫行條例》，中國基本養老保險費和養老金是按月繳納和撥付的，但為了使模型更具操作性，故簡化處理作此假定。財務收支測算的目標期間為40年（2011—2050年）。

（4）基金收入不考慮政府財政補貼，基金支出不考慮管理費用、喪葬撫恤補助和轉移支付等，基金收入完全用於參保退休職工養老金的發放。

（5）模型不考慮通貨膨脹因素，也不考慮職工提前退休及中途退保等情況。

（6）將參保職工劃分為四類：「老人」「老中人」「新中人」和「新人」。按照參保職工參加工作和退休時間，以國發〔1997〕26號文件和國發〔2005〕38號文件實施為標記進行劃分。「老人」指在〔1997〕26號文件實施前退休的職工群體；「老中人」指〔1997〕26號文件實施前參加工作，〔2005〕38號文件實施前退休的職工群體；「新中人」指〔1997〕26號文件實施前參加工作，〔2005〕38號文件實施后退休的職工群體；「新人」指〔1997〕26號文件實施后的參保職工群體。

由於「老人」「中人」「新人」的養老金計發辦法有所差異，因此在職工基本養老保險財務收支平衡的精算測算過程中需要分開建立收入與支出模型。

對於「老人」，他們是計劃經濟體制下的貢獻者，是現收現付制養老保險的參加者，在基本養老保險轉軌以後，政府需要為他們提供退休金，是隱性債務的一部分，由社會統籌基金支出，因此對於「老人」只有支出沒有收入。對於「老中人」，他們夾在兩個政策時間點之間，按照制度設計除享受基本養老金以外，還享受過渡性養老金。對於「新中人」，他們又分為在職「中人」和退休「中人」，在職「中人」是那些在測算時點內尚未退休仍需繳納養老保險費的職工，而退休「中人」則與「老中人」相同，除享受基本養老金外，還同時享受過渡性養老金。「新人」是1997年以後參加工作的職工，他們只享受基本養老金。考慮到測算起始時點為2011年，測算起初，「老人」和「老中人」只有支出沒有收入，「新中人」既有收入又有支出，「新人」只有收入沒有支出，但隨著測算時點向前推進，「新中人」繳費人數逐漸減少，「新人」也開始領取養老金。

4.1.1.1 支出模型

(1)「老人」養老金支出模型。「老人」是指國發〔1997〕26號文件實施前已經退休的職工，按國家原來的規定發放養老金，同時執行養老金調整辦法。養老金發放標準以退休前一年的社會平均工資為基礎，按照一定比例進行指數化調整。模型記為：

$$O_{1,t} = \sum_{x=\min\{t-(t_0-1)+b,\,w\}}^{w} L_{x,t} w_{t-(x-b)-1} (1+kg_t)^{x-b} \alpha$$

上式中，w 為生存極限年齡，t_0 為1998年，W_t 為第 t 年的社會平均工資，k 為養老金調整率，g 為工資增長率，α 為基礎養老金規定替代率，$L_{x,t}$ 為第 t 年 x 歲「老人」參保人數，b 為職工退休年齡。

(2)「老中人」養老金支出模型。根據國發〔1997〕26號文件，「老中人」養老金計發由基礎養老金、過渡性養老金和個人帳戶養老金組成，其模型為 $O_{2,t} = O_{2,A,t} + O_{2,B,t} + O_{2,C,t}$。基礎養老金發放標準以退休前一年的社會平均工資為基礎，按照一定比例進行指數化調整；個人帳戶養老金月標準為個人帳戶儲存額除以120；過渡性養老金採用指數化計發辦法，是退休前一年當地社會平均工資、本人月平均繳費工資指數、計發系數和「中人」臨界點之前本人繳費年數的乘積。

$$O_{2,A,t} = \sum_{x=\min\{t-(t_1-1)+b,\,w\}}^{\min\{t-(t_0-1)+b,\,w\}} L_{x,t} w_{t-(x-b)-1} (1+kg_t)^{x-b} \alpha$$

$$O_{2,B,t} = \sum_{x=\min\{t-(t_1-1)+b,\,w\}}^{\min\{t-(t_0-1)+b,\,w\}} L_{x,t} w_{t-(x-b)-1} (1+kg_t)^{x-b} \varepsilon_t [x-(t-t_0)-a]\beta$$

$$O_{2,C,t} = \sum_{x=\min[t-(t_1-1)+b,\ w]}^{\min[t-(t_0-1)+b,\ w]} L_{x,t} \frac{\sum_{z=(x-b)+1}^{t-t_0} cp_{t-z}(1+r)^{z-(x-b)}}{10}$$

上式中，t_1 為 2006 年，r 為個人帳戶基金投資收益率，β 為過渡性養老金計發系數，c 為繳費率，ε_t 為「中人」月平均繳費工資指數，$\varepsilon_t = \sum_{z=(x-b)+1}^{t-t_0} \frac{P_{t-z}}{\overline{W}_{t-z}} / (b-a)$。

（3）「新中人」養老金支出模型。「新中人」養老金計發由基礎養老金、過渡性養老金和個人帳戶養老金組成，其模型為 $O_{3,t} = O_{3,A,t} + O_{3,B,t} + O_{3,C,t}$。根據〔2005〕38 號文件，基礎養老金標準以當地上年度在崗職工月平均工資和本人指數化月平均繳費工資的平均值為基數，繳費每滿 1 年發給 1%。個人帳戶養老金月標準為個人帳戶儲存額除以計發月數，計發月數根據職工退休時城鎮人口平均預期壽命、本人退休年齡、利息收入等因素加以確定。

$$O_{3,A,t} = \sum_{x=\min\{(t-t_0)+a+1,\ b\}}^{\min\{(t-t_1)+b,\ w\}} L_{x,t} \frac{1+\lambda_t}{2} w_{t-(x-b)-1} \cdot (1+kg)^{x-b} \cdot (b-a)\%$$

$$O_{3,B,t} = \sum_{x=\min\{t-(t_1-1)+b,\ w\}}^{w} L_{x,t} w_{t-(x-b)-1}(1+kg_t)^{x-b} \varepsilon_t[x-(t-t_0)-a]\beta$$

$$O_{3,C,t} = \sum_{x=b}^{\min\{b+M/12,\ t-t_1+b\}} L_{x,t} \frac{\sum_{z=1}^{t-t_0-(x-b)} cp_{t-z}(1+r)^z}{M/12}$$

上式中，λ_t 為指數化月平均繳費工資，$\lambda_t = \dfrac{\sum_{z=(x-b)+1}^{t-t_0} \frac{P_{t-z}}{\overline{W}_{t-z}}}{t-t_0+b-x}$，$M$ 為計發月數。

（4）「新人」養老金支出模型。「新人」只發放基礎養老金和個人帳戶養老金，其模型為 $O_{4,t} = O_{4,A,t} + O_{4,C,t}$。「新人」基礎養老金和個人帳戶養老金的計發標準與新中人完全一致，模型如下：

$$O_{4,A,t} = \sum_{x=b}^{\min\{(t-t_2)+b,\ w\}} L_{x,t} \frac{1+\lambda_t}{2} w_{t-(x-b)-1} \cdot (1+kg)^{x-b} \cdot (b-a)\%$$

$$O_{4,C,t} = \sum_{x=b}^{\min\{(t-t_2)+b,\ b+m/12\}} L_{x,t} \frac{\sum_{z=1}^{t-t_0-(x-b)} cp_{t-z}(1+r)^z}{M/12}$$

上式中，t_2 為「新人」出現退休人口的那一年。

4.1.1.2 收入模型

根據國發〔2005〕38 號文件規定，城企基保基金收入主要來源於職工與

企業的繳費，其中企業繳納20%，進入統籌基金帳戶；個人繳納8%，進入個人帳戶用於累積。

個人帳戶基金的收入模型為：

$$I_{t,g} = 8\% \sum_{x=a}^{b-1} L_{x,t} W_t \cdot zjl_t \cdot gzzb_t$$

上式中，$L_{x,t}$ 為第 t 年 x 職工的人數，W_t 為第 t 年社會平均工資，zjl_t 為基本養老保險遵繳率，$gzzb_t$ 為職工繳費工資占社會平均工資的比重。

個人帳戶基金收入的累計測算模型（繳費收入與利息收入）為：

$$IG_t = 8\%[W_0 \cdot zjl_0 \cdot gzzb_0 \cdot \prod_{x=1}^{t-t_0}(1+r_{t_0+x}) + W_1 \cdot zjl_1 \cdot gzzb_1 \cdot \prod_{x=1}^{t-t_0-1}(1+r_{t_0+x}) + \cdots + W_t \cdot zjl_t \cdot gzzb_t]$$

社會統籌帳戶基金的收入模型為：

$$I_{t,j} = 20\% \sum_{x=a}^{b-1} L_{x,t} W_t \cdot zjl_t \cdot gzzb_t$$

4.1.2 參數假定

城企基保基金財務收支模型由多個因素組合而成，各因素中相關參數設定對模型預測的準確性起著至關重要的作用，參數假定是職工基本養老保險基金財務收支預測的重點和難點。本研究中的參數假定是基於相關政策規定、過去年份的實際值及對未來國家社會經濟發展和人口發展的經驗估計判斷而設定的。

4.1.2.1 人口參數

本研究用於預測未來參保職工人數的基礎人口數據來源於第二章第一節中在當前生育政策方案下的人口年齡結構數據，其他人口數據來源於第五次全國人口普查數據、2005年中國1%人口抽樣調查數據、2010年第六次全國人口普查數據。

（1）「老人」人數預測。《中國勞動和社會保障年鑒（1998）》顯示，1997年末參加城企基保的職工人數為8,670.97萬人，其中離退休人員2,533.43萬人，即為「老人」的原始規模。對於「老人」人數的預測，首先利用2000年第五次全國人口調查數據中的城鎮分年齡、分性別就業人口數據和人口數據，得到各年齡段分性別的比例；然后用「老人」人數2,533.43萬人乘以分年齡分性別比例，就得到1997年末「老人」的各年齡分性別數據。1997—2005年「老人」人口存活數據由2000年人口普查數據覆蓋；2006—2010年「老人」人口存活數據由2010年人口普查數據覆蓋；2010年以后則利

用隨機死亡率逐年推算每年「老人」人數①。

（2）「老中人」人數預測。來源於 1998—2005 年間每年退休的人口，同樣按照「老人」的推算方法，求出每年「老中人」的人數。

（3）「新中人」人數預測。用 1997 年末在職職工人數逐漸扣除 1998—2005 年歷年退休職工人數，即為「新中人」人數，也同樣按照「老人」的推算方法，求出每年「新中人」的人數。

（4）「新人」人數預測。首先計算在職參保職工人數，利用公式：在職參保職工人數＝城鎮勞動力人口②×城鎮就業率×參保率，其中，城鎮勞動力人口＝全國勞動人口×城鎮化率，並假定城鎮就業率自 2011 年起每年增長 0.1%，參保率每年增長 0.2%；然后用得到的在職參保職工數減去在職的「新中人」數，即為每年的「新人」人數。

4.1.2.2 經濟參數

（1）城鎮化率。改革開放以來，伴隨著工業化進程加速，中國城鎮化經歷了一個起點低、速度快的發展過程，1978—2013 年，城鎮化率從 17.9% 提升到 53.7%，年均提高 1.02 個百分點③。簡新華、黃錕（2010）預測中國城鎮化率將以年均提高 1 個百分點左右的速度推進，2020 年達到 60% 左右④。根據國際經驗，城鎮化率在 30%~70% 之間處於快速城鎮化階段，50% 是一個重要的轉折點，30%~50% 區間是城鎮化加速推進時期，50%~70% 區間是城鎮化減速推進時期⑤。基於此，假定中國城鎮化率到 2020 年將達到 60%，到 2030 年將達到 70%⑥，並假定到 2050 年達到 82%⑦，且整個過程呈線性增長。

（2）社會平均工資增長率。社會平均工資增長率與經濟增長率相等是考慮人民生活水平與經濟發展水平相一致的原則，能夠使勞動者分享經濟增長的成果⑧。根據 2012 年世界銀行《中國 2030》報告對中國未來經濟增長率的預

---

① 該方法來源於：王宇熹，汪泓，等. 基於灰色 GM（1，1）模型的上海城鎮養老保險人口分佈預測［J］. 系統工程理論與實踐，2010（12）：2244-2253.

② 全國所有適齡勞動人口比例，是指 20~60 歲男性與 20~55 歲女性人口占總人口的比重。

③ 數據來源：《國家新型城鎮化規劃（2014—2020 年）》。

④ 簡新華，黃錕. 中國城鎮化水平和速度的實證分析與前景預測［J］. 經濟研究，2010（3）：28-39.

⑤ 高春亮，魏后凱. 中國城鎮化趨勢預測研究［J］. 當代經濟科學，2013（4）：85-90.

⑥ 數據來源：2013 年《投資藍皮書》。

⑦ 數據來源：高春亮，魏后凱. 中國城鎮化趨勢預測研究［J］. 當代經濟科學，2013（4）：85-90. 該文中對城鎮化率的預測是到 2050 年為 81.63%，本文假定為 82%。

⑧ 鄧大松，劉昌平. 中國養老社會保險基金敏感性實證研究［J］. 經濟科學，2001（6）：13-20.

測，本研究假定社會平均工資增長率2011—2015年為8.6%，2016—2020年為7.0%，2021—2025年為5.9%，2026年以後穩定在5%。

（3）繳費工資。由於不同地區間職工繳費工資、企業繳費工資存在差異，因此，本研究統一以當年社會平均工資作為職工繳費工資基礎。

4.1.2.3 制度參數

（1）遵繳率。《中國養老金發展報告（2012）》顯示，2006—2011年城企基保遵繳率呈逐年下降趨勢，2011年的遵繳率為86.50%。隨著徵繳力度的進一步加強，本研究假定未來遵繳率以每兩年1%的速度上升，直至達到95%。

（2）繳費工資占城鎮在崗職工工資的比例。依據《人力資源和社會保障事業發展統計公報》的數據計算，近10年來，繳費工資占城鎮在崗職工工資的比例呈下降趨勢，2002年的這一比例為70.4%，2011年則為58.2%。由此，本研究假定未來的這一比例保持在60%的水平上。

（3）社會養老保險基金收益率。養老保險基金投資遵循「安全至上、負債匹配」的原則，充分考慮了安全性、收益性與流動性三者間的均衡。目前中國社會養老保險基金主要投資於銀行存款和國債，其收益率一般不超過5%。基於中國宏觀經濟發展形勢和資本市場發展情況，以及確保養老金購買力不下降（至少應彌補通脹水平），本研究假定社會養老保險基金的年收益率為4%。

（4）平均繳費工資指數。平均繳費工資指數是指從實行社會統籌與個人帳戶相結合的年度至職工退休時本人歷年繳費工資指數的平均值，即全程指數的平均值。一般情況下，繳費工資指數在60%~300%之間，各地各單位可根據自身情況具體確定相關比例。由於缺乏相關數據資料做支撐，為了計算方便，本研究假定平均繳費工資指數為100%。

（5）基本養老金替代率。基本養老金替代率是指基本養老保險提供的養老金收入與工資收入的比率，本研究用社會平均養老金與社會平均工資的比率來代替，即養老金平均替代率，反應了同一時期退休者與在業者的收入對比關係。按照國際慣例，基本養老金替代率應為40%~60%之間，因此，本研究假定基本養老金平均替代率為60%，該數據主要用於「老人」和「老中人」的基礎養老金支出測算。

（6）養老金調整指數。國發〔2005〕38號文規定，根據職工工資和物價變動等指標適時調整企業退休人員基本養老金水平，調整幅度為省、自治區、直轄市當地企業在崗職工平均工資年增長率的一定比例，其目的是讓已退休員

工的養老金購買力不下降和適當享有社會經濟增長成果。目前中國各省、市、區針對「老人」和退休「中人」普遍採用以社會平均工資的 40%~60% 為基礎的調整指數①，即以社會平均工資增長率的 50% 為基礎設計調整指數，由此本研究假定養老金調整指數為 50%。

（7）實際繳費率。按照目前的繳費政策，企業和職工平均繳費率為 28%，個體身分參保者繳費率為 20%，以 2011 年參保人員結構分佈計算出的加權平均繳費率為 26.2%。隨著擴面「機會窗口」的鄰近，本研究假定 2020 年及以后年份的平均繳費率為 25%，期間年份的繳費率呈線性遞減。

（8）參保年齡與退休年齡。本研究假定所有職工均是 20 歲參加工作且同時繳納養老保險費。退休年齡則有所不同，其中「老人」與「老中人」的退休年齡均為男職工 57 歲、女職工 50 歲；「中人」與「新人」的退休年齡均為男職工 60 歲、女職工 50 歲。同時，將職工生存極限年齡設定為 100 歲。

4.1.3 精算測定

基於上述精算模型和參數假定，對 2011—2050 年城企基保財務收支狀況進行預測，結果如表 4.1 和圖 4.2 所示。

（1）從圖 4.2 中可以看出，在目標期內，隨著時間的推移，基金收入與基金支出均呈現上升趨勢。在目標期初期，基金收入大於基金支出，基金有結餘，但隨著時間的推移，基金支出的上漲幅度逐漸超過基金收入，基金收入小於基金支出，導致目標期前期的基金收支結餘在目標期後期因收支缺口而被消耗殆盡，基金缺口將越來越大。

（2）基金在 2023 年首次出現收不抵支，開始消耗前期的累積用於當期基金支出，到 2034 年基金累計結餘首次出現赤字，規模為 1,064.95 億元，過去累積的基金被全部耗盡，制度開始面臨赤字，且隨后赤字規模不斷擴大，至目標期結束的時候，赤字規模共計 28,100.7 億元。

表 4.1　　　　　2011—2050 年基本養老保險基金收支預測　　　　單位：億元

年份\基金收支	基金支出	基金收入	當年結餘	累計結餘
2011	768.97	1,300.00	535.59	535.59
2012	940.01	1,590.00	648.33	1,205.35
2013	1,118.46	1,780.00	659.66	1,913.22

---

① 韓偉，穆懷中. 中國統籌養老金適度調整指數分析 [J]. 財經研究，2007（4）：74-84.

表4.1(續)

年份	基金支出	基金收入	當年結餘	累計結餘
2014	1,318.83	1,980.00	659.23	2,648.97
2015	1,506.49	2,190.00	687.27	3,442.20
2016	1,725.74	2,390.00	667.46	4,247.35
2017	1,915.34	2,590.00	675.01	5,092.25
2018	2,196.22	2,790.00	596.59	5,892.53
2019	2,551.35	3,020.00	467.05	6,595.28
2020	2,895.26	3,260.00	364.32	7,223.41
2021	3,262.64	3,490.00	225.28	7,737.62
2022	3,625.19	3,720.00	90.86	8,137.99
2023	3,977.19	3,930.00	-51.28	8,412.23
2024	4,414.54	4,170.00	-246.96	8,501.75
2025	4,855.10	4,410.00	-441.00	8,400.82
2026	5,343.22	4,640.00	-701.53	8,035.33
2027	5,808.55	4,890.00	-920.06	7,436.68
2028	6,179.75	5,130.00	-1,047.31	6,686.83
2029	6,555.75	5,400.00	-1,159.68	5,794.63
2030	6,945.83	5,650.00	-1,295.50	4,730.92
2031	7,339.33	5,920.00	-1,423.50	3,496.66
2032	7,731.91	6,190.00	-1,542.22	2,094.30
2033	8,103.09	6,500.00	-1,606.85	571.23
2034	8,514.54	6,860.00	-1,659.02	-1,064.95
2035	8,955.40	7,210.00	-1,742.59	-2,850.13
2036	9,407.72	7,590.00	-1,820.65	-4,784.79
2037	9,895.16	7,980.00	-1,918.61	-6,894.80
2038	10,094.00	8,390.00	-1,703.25	-8,873.83
2039	10,303.60	8,820.00	-1,487.34	-10,716.10
2040	10,573.70	9,260.00	-1,312.81	-12,457.60
2041	10,889.30	9,690.00	-1,195.74	-14,151.60
2042	11,199.60	10,100.00	-1,111.46	-15,829.20
2043	11,455.20	10,500.00	-936.40	-17,398.70
2044	11,711.50	10,900.00	-777.90	-18,872.60
2045	12,033.00	11,300.00	-702.71	-20,330.20

表4.1(續)

年份\基金收支	基金支出	基金收入	當年結餘	累計結餘
2046	12,377.70	11,800.00	−618.95	−21,762.30
2047	12,738.70	12,200.00	−576.21	−23,209.00
2048	13,118.70	12,600.00	−541.06	−24,678.50
2049	13,518.80	13,000.00	−530.85	−26,196.40
2050	14,237.40	13,400.00	−856.36	−28,100.70

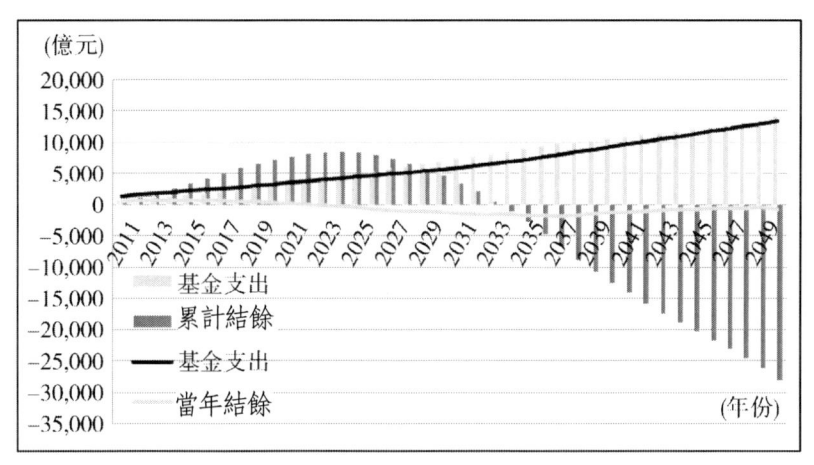

圖4.2　城鎮職工基本養老保險基金收支、結余走勢圖

（3）隨著時間的推移，「老人」「老中人」人數不斷減少，每年用於支付轉軌成本的基金支出占總支出的比重不斷下降，如圖4.3所示。隨著「新人」退休人口的出現，從2024年起轉軌成本支出占總支出的比重開始下降，由於退休「新中人」人口增加，在2035年之前下降幅度較為緩慢，隨后幅度開始加快，這充分證明了人口老齡化減少了在職職工的人數，未來基本養老保險基金仍承受著很大的支付壓力，現行養老保險制度運行蘊含著巨大的財務風險。

4.2　城鎮企業職工基本養老保險制度優化的政策模擬

根據我們對城企基保基金收支演化的測算，發現城企基保制度面臨著較大的支付壓力，在2023年基本養老保險基金將出現收不抵支，基金缺口不斷增大，這需要政府採取積極措施應對。本節主要從城企基保制度設計的優化出

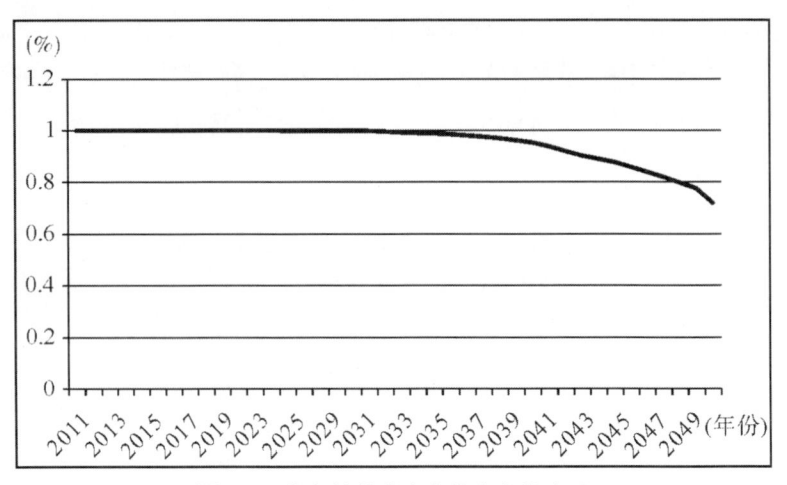

圖 4.3　當年轉軌成本占總支出的比重

發,對城企基保統籌帳戶基金收入、支出以及基本養老金替代率進行政策模擬,以期評估制度優化政策選擇的有效性。

4.2.1　城鎮企業職工基本養老保險制度優化的政策選擇

4.2.1.1　基礎養老金全國統籌

實現基礎養老金全國統籌是當前城企基保制度優化刻不容緩的既定目標。在黨的十六屆三中全會上審議並通過的《關於完善社會主義市場經濟體制若干問題的決定》中,就明確提出要逐步「實現基本養老金的基礎部分全國統籌」。黨的十七大報告亦指出,「要提高統籌層次,制定全國統一的社會保險關係轉續辦法」。《中華人民共和國社會保險法》更是明確了中國基本養老保險基金逐步實現全國統籌。《中華人民共和國國民經濟和社會發展第十二個五年規劃綱要》亦明確提出,「完善實施城鎮職工和居民養老保險制度,全面落實城鎮企業職工基本養老保險省級統籌,實現基礎養老金全國統籌,切實做好城鎮企業職工基本養老保險關係轉移接續工作。」黨的十八大報告再次明確指出,「實現基礎養老金全國統籌,建立兼顧各類人員的社會保障待遇確定機制和正常調整機制」。

所謂基礎養老金全國統籌,其核心在於養老統籌基金在全國範圍內統收統支,其實質性內容包括:統一繳費基數(均按企業和個人的實際工資水平或當地社會平均工資水平繳納基本養老保險費)、統一繳費率以及勞資分擔比例、統一基礎養老金的計發辦法、統一基金管理、統一經辦機構、統一業務規

程和信息系統。從基礎養老金全國統籌的目標可以看出，養老金全國統籌，對於勞動力的自由流動、不同地區間企業的公平競爭都是有效的，最重要的是有利於解決當前中國基本養老保險制度「條塊分割」和「碎片化」問題，進而從根本上實現基本社會保障權利的公平。但是實現基礎養老金全國統籌，需要妥善解決兩個關鍵問題：一是統籌基金的來源；二是基礎養老金的計發辦法。針對第一個問題，我們認為統籌基金主要來源於中央財政補貼、用人單位的全部繳費和參保個人的部分繳費，亦可考慮動用全國社會保障基金彌補統籌基金的不足。至於全國統籌后原屬於地方管理的統籌基金，可全部留歸地方，用於建立地方附加養老金、做實基本養老保險個人帳戶。中央財政對中西部財政困難省份，可通過轉移支付部分分擔做實基本養老保險個人帳戶所需要的資金。對於第二個問題，我們主張參保職工退休后的基礎養老金應該根據本人指數化的月平均繳費工資計發，建立基礎養老金與個人繳費工資水平、繳費年限的動態關聯機制。

4.2.1.2 調整個人帳戶的累積規模，做實基本養老保險個人帳戶

中國城企基保制度已由完全現收現付制向部分累積制轉變，統籌帳戶統收統支，個人帳戶實行基金累積。從養老保險經濟學的角度來看，養老保險從現收現付制向基金累積制轉變，必然導致轉軌成本的產生，且無論是國發〔1997〕26號文件，還是國發〔2005〕38號文件都規定，這部分轉軌成本由社會統籌帳戶基金來支付，即政府將利用新加入者的繳費來償還顯性化的隱性債務。統籌帳戶支付壓力的劇增，在「統帳結合」的前提下，個人帳戶基金必然被用於當期退休金的支付，出現了養老保險個人帳戶「空帳」運行，這導致個人帳戶的養老功能弱化，違背了基本養老保險制度的改革初衷。

城企基保繼續堅持「社會統籌與個人帳戶」相結合的基本制度結構，需要在調整個人帳戶累積規模的基礎之上，全面做實個人帳戶，實現職工基本養老保險個人帳戶的實帳運行。反對做實個人帳戶改革的人認為，維持現行城企基保制度個人帳戶「空帳」運行，並將之改造為「名義帳戶制」，亦不失為中國養老保險制度改革的一種適宜選擇或過渡性的制度安排[①]。持這種觀點的人

---

① 參見：鄭秉文：「名義帳戶」制：中國養老保障制度的一個理性選擇[J]. 管理世界，2003（8）：33-45；王新梅. 全球性公共養老保障制度改革與中國的選擇——與GDP相連的空帳比與資本市場相連的實帳更可靠更可取[J]. 世界經濟文匯，2005（6）：52-71；約翰·B.威廉姆森，孫策. 中國養老保險制度改革：從FDC層次向NDC層次轉換[J]. 經濟社會體制比較，2004（3）：71-77；鄭偉，袁新釗. 名義帳戶制與中國養老保險改革：路徑選擇和挑戰[J]. 經濟社會體制比較，2010（2）：96-107.

認為，名義帳戶制的養老保險制度能夠很好地解決中國養老保險制度改革的轉軌成本問題，避免了養老保險制度改革過程中的「隱性債務」顯性化問題；而且，名義帳戶制的養老保險制度更適合中國資本市場的發展現狀。統籌城鄉養老保險制度改革，在制度設計之初，對於諸如此類的觀點將不得不慎重。誠然，相比較於現收現付制待遇確定型養老保險制度，名義帳戶制的養老保險制度強化了繳費與養老金待遇之間的關聯，增強了累積養老金權益的可攜帶性，其更有助於增加個人的勞動供給、鼓勵勞動者延遲退休、改善勞動力市場的流動性；而且，名義帳戶制的養老保險制度特有的內在機制使其能夠適應人口條件、宏觀經濟狀況的改變而自動調整養老金的給付水平，從而有助於實現養老保險制度的長期財務平衡①。但是，我們同樣必須清醒地認識到，名義帳戶制養老保險制度本質上還是建立在現收現付制的融資機制上，其並不能從根本上解決中國日益加速發展的人口老齡化對未來養老金支付所帶來的壓力。進而言之，雖然名義帳戶制養老保險制度特有的內在機制有助於實現養老保險制度的長期財務平衡，但這種長期財務平衡是以退休人口可獲得的養老金的收入替代率波動為代價來實現的。而且，自2001年以來，做實城企基保制度的個人帳戶試點改革已經逐步擴展至全國近半數的省、市、區，做實個人帳戶已經成為中國養老保險制度改革的基本路徑依賴。

  至於因全面推進做實個人帳戶改革而帶來的養老保險制度隱性債務顯性化問題，在擴展職工基本養老保險制度的覆蓋面、降低制度內的撫養比、調整職工基本養老保險制度的籌資機制、調低個人帳戶的累積規模以及逐步提高退休年齡等整體改革的基礎上，養老保險制度改革的轉軌成本總體規模並不會太大，以中國經濟持續高速增長以及國家財政實力持續大幅度增強的發展態勢來看，解決養老保險制度改革的轉軌成本並非是一個難以逾越的障礙。此外，中國資本市場的發展現狀並不能成其為反對做實個人帳戶改革的理由。事實上，養老基金與金融市場特別是資本市場之間具有明顯的雙向互動關係，累積規模日益擴大的養老基金將有助於擴大資本市場的規模、調整資本市場的結構、拓展資本市場的深度和廣度、增加資本市場的穩定性、促進金融市場基礎設施的現代化、完善金融體系以及促進金融創新等②。因此，全面做實個人帳戶，實現職工基本養老保險制度個人帳戶的實帳運行，應該是中國統籌城鄉養老保障

---

① 關於名義帳戶制養老保險制度的運行機理、勞動力市場效應、風險特性等方面的詳細論述，請參考：胡秋明. 可持續養老金制度改革的理論與政策研究 [M]. 北京：中國勞動社會保障出版社，2011.

② 林義. 養老基金與資本市場互動發展的制度分析 [J]. 財經科學，2005（4）：90-96.

制度改革的適宜選擇。當然，在全面做實個人帳戶的同時，國家應該盡快制定出抬基本養老保險個人帳戶累積基金投資營運的具體辦法，並建立有效的政府監管體制，以實現個人帳戶累積基金的保值增值。

以上分析說明了做實個人帳戶是具有必要性和可行性的，通過調整個人帳戶的累積規模，來進一步做實基本養老保險個人帳戶。目前已有試點模式有三種：「遼寧模式」「黑吉模式」「八省模式」①。「遼寧模式」為社會統籌帳戶與個人帳戶分開管理，個人帳戶一步到位做實到8%，試點3年後就造成當期基本養老保險支付困難，迄今負債200億元以上②。「黑吉模式」為初始個人帳戶做實5%，其餘部分補充當期社會統籌帳戶的支付缺口。「八省模式」則是初始按照3%做實個人帳戶，然后逐步提高。目前關於做小做實個人帳戶的觀點已成為主要焦點。本研究提出的制度優化路徑是在基礎養老金全國統籌的背景下，參保職工仍舊按本人繳費工資基礎的8%繳納基本養老保險費，但計入個人帳戶的規模可設定為8%、5%、3%三種方案，個人帳戶實帳累積運行，個人繳費其餘部分則計入統籌帳戶。如此調整城企基保制度的籌資責任，將有助於更好地詮釋基本養老保險制度中「勞資分責、互助共濟」的原則，更有助於實現代際分配公平。

4.2.1.3　積極實施漸進式延遲退休政策

中國現行的退休年齡仍是20世紀50年代退休制度的規定，男職工滿60歲、女幹部滿55歲、女工人滿50歲即可退休，這是結合當時中國經濟發展水平和人口預期壽命制定的。然而隨著社會經濟和醫療衛生事業的發展，人口余命不斷延長，現行退休年齡顯然已不符合當前的客觀條件。2005年人口抽樣調查數據顯示目前退休人口的再就業率高達33%③，表明對退休年齡應進行適當的調整。此外，隨著社會統籌基金支付壓力的增大，適當延長退休年齡有助於減輕政府在養老保險方面的負擔。國內外既有的研究已經基本上形成共識，實施漸進式延遲退休政策是人均壽命延長的必然要求，是應對人口結構轉變的有效措施，是減輕養老金支付壓力的重要途徑，是發揮人力資本的重要舉措，是提高經濟競爭力的客觀要求。本研究提出兩種漸進式延遲退休政策並進行政策模擬：

---

① 八省份是指上海市、天津市、山東省、河南省、山西省、湖北省、湖南省、新疆維吾爾自治區。

② 萬樹，蔡霞，郭旭. 做實個人帳戶觀點綜述與試點評價 [J]. 社會保障研究，2012 (6)：41-45.

③ 金剛. 中國退休年齡的現狀、問題及實施延遲退休的必要性 [J]. 中國社會保障，2010 (2)：32-38.

方案一：從 2015 年開始，女工人每 1 年、女幹部每 2 年延遲 1 歲，至 2025 年女職工延遲為 60 歲；從 2025 年開始，男女職工同時每 2 年延遲 1 歲，至 2034 年延遲為 65 歲。

方案二：從 2015 年開始，女工人每 2 年延遲 1 歲，女幹部每 3 年延遲 1 歲；從 2020 年起男職工每 5 年延遲 1 歲，至 2045 年男女退休年齡均延遲為 65 歲。

4.2.2 參數假定

4.2.2.1 人口參數

（1）參保職工人數。首先計算在職參保職工人數，利用公式：在職參保職工人數＝城鎮勞動力人口①×城鎮就業率×參保率，其中，城鎮勞動力人口＝全國勞動人口×城鎮化率，並假定城鎮就業率自 2010 年起每年增長 0.1%，參保率每年增長 0.2%；

（2）職工種類劃分。考慮到城鎮男職工、女工人和女幹部的退休年齡不同，首先將 2011 年以來所有參保職工進行劃分，利用第二章第一節中未來人口年齡結構的預測，確定了所有參保在職職工中男職工與女職工的比例為 1.27②，關於女幹部規模的數據較難獲得，考慮到經濟轉型和產業升級帶來女幹部人數的增加，且女幹部的工作年限長於女工人，本文假定女職工中女幹部的比例占 30%。

（3）退休職工人數。基於 1997—2011 年每年退休人員數的變化率，根據我們對未來人口年齡結構的預測，預估每年新增的退休人員③，從而確定每年離退休人口數。

4.2.2.2 經濟參數

（1）城鎮化率。與本章上一節的假定一致，假定中國城鎮化率到 2020 年將達到 60%，到 2030 年將達到 70%④，並假定到 2050 年達到 82%⑤，且整個過程呈線性增長。

（2）社會平均工資增長率。與本章上一節的假定一致，假定社會平均工資增長率 2011—2015 年為 8.6%，2016—2020 年為 7.0%，2021—2025 年為

---

① 全國所有適齡勞動人口比例，是指 20~60 歲男性與 20~55 歲女性人口占總人口的比重。
② 來源於男性 20~60 歲人口與女性 20~50 人口數的比值。
③ 此數據來源於對人口預測數據中男職工 60 歲、女職工 50 歲、女幹部 55 歲的增長率的加權均值。
④ 數據來源於 2013 年《投資藍皮書》。
⑤ 數據來源：高春亮，魏后凱．中國城鎮化趨勢預測研究 [J]．當代經濟科學，2013（4）：85-90．該文中對城鎮化率的預測是到 2050 年為 81.63%，本研究假定為 82%。

5.9%，2026年以后穩定在5%。

（3）繳費工資。由於不同地區間職工繳費工資、企業繳費工資存在差異，因此，本研究統一以當年社會平均工資作為職工繳費工資基礎。

4.2.2.3 制度參數

（1）遵繳率。與本章上一節的假定一致，本研究假定未來遵繳率以每兩年1%的速度上升，直至達到95%。

（2）平均繳費工資指數。與本章上一節的假定一致，本研究假定平均繳費工資指數為100%。

（3）參保年齡與退休年齡。本研究假定所有職工均是20歲參加工作且同時繳納養老保險費。退休年齡則隨制度安排變化，職工生存極限年齡設定為100歲。

4.2.3 政策模擬的模型

4.2.3.1 模型假設

（1）城企基保繳費與待遇發放均按年計算，且繳費與發放都是在年初完成。

（2）不考慮現有社會統籌帳戶結餘，城企基保基金收入主要來源於企業與職工繳費，不考慮財政補貼等額外收入。

（3）不考慮城企基保的歷史債務，不考慮機關事業單位退休養老制度與城企基保制度並軌后機關事業單位職工「老人」和「中人」的隱性債務。

（4）不考慮通貨膨脹因素。

4.2.3.2 模型構建

（1）社會統籌帳戶收支預測模型。根據國發〔2005〕38號文件規定，社會統籌基金的收入來源於企業為參保職工按繳費工資基數的20%繳納的養老保險費，本研究假定在全國範圍內社會統籌基金「統收統支」，不計利息。社會統籌基金帳戶年收入測算模型為：

$$IT_{t,m} = \sum_{x=20}^{60} M_{x,t} \cdot w_t \cdot zjl_t \cdot 20\%$$

$$IT_{t,f} = \sum_{x=20}^{50} F_{x,t} \cdot w_t \cdot zjl_t \cdot 20\%$$

$$IT_{t,g} = \sum_{x=20}^{55} G_{x,t} \cdot w_t \cdot zjl_t \cdot 20\%$$

$$IT_t = IT_{t,m} + IT_{t,f} + IT_{t,g}$$

上式中，$IT_{t,m}$為第t年男性職工社會統籌帳戶基金的收入；$M_{x,t}$為第t年x

歲男職工的人數；$IT_{t,f}$ 為第 t 年女性職工社會統籌帳戶基金的收入；$F_{x,t}$ 為第 t 年 x 歲女職工的人數；$IT_{t,g}$ 為第 t 年女幹部社會統籌帳戶基金的收入；$G_{x,t}$ 為第 t 年 x 歲女幹部的人數；zjl 為第 t 年職工養老保險遵繳率；IT_t 為第 t 年職工社會統籌帳戶基金的總收入；w_t 為第 t 年職工社會平均工資。

基礎養老金以當地上年度在崗職工平均工資和本人指數化月平均繳費工資的平均值為基數，繳費每滿 1 年發放 1%，那麼基礎養老金支出與職工的工作年限有關。假定職工參加工作的年齡統一為 20 歲，則社會統籌基金帳戶每年支出測算模型：

$$CM_t = \sum_{x=b_{m,t}}^{\omega} M_{t,x} \cdot w_{t-(x-b_{m,t})-1} \cdot 40 \cdot 1\%$$

$$CF_t = \sum_{x=b_{f,t}}^{\omega} F_{t,x} \cdot w_{t-(x-b_{f,t})-1} \cdot 30 \cdot 1\%$$

$$CG_t = \sum_{x=b_{g,t}}^{\omega} G_{t,x} \cdot w_{t-(x-b_{g,t})-1} \cdot \cdot 35 \cdot 1\%$$

$$CT_t = CM_t + CF_t + CG_t$$

上式中，$w_{t-(x-b)-1}$ 為職工退休前一年度社會平均工資；CM_t 為第 t 年離退休的男職工領取的基礎養老金；M_t 為第 t 年離退休的男職工；$b_{m,t}$ 為第 t 年男職工退休年齡；CF_t 為第 t 年離退休的女職工領取的基礎養老金；F_t 為第 t 年離退休的女職工；$b_{f,t}$ 為第 t 年女職工退休年齡；CG_t 為第 t 年離退休的女幹部領取的基礎養老金；G_t 為第 t 年離退休的女幹部；$b_{g,t}$ 為第 t 年女幹部退休年齡；CT_t 為第 t 年社會統籌帳戶基金的總支出。

那麼，在不考慮現有社會統籌基金結餘，不考慮城企基保的歷史債務，不考慮機關事業單位退休養老制度與城企基保制度並軌後機關事業單位職工「老人」和「中人」的隱性債務的情況下，以 2015—2050 年為目標期的社會統籌基金帳戶當年結余測算模型為：

$$IC_t = IT_t - CT_t$$

(2) 個人帳戶養老金替代率測算模型。國發〔2005〕38 號文件規定，個人帳戶養老金水平在其退休時根據帳戶總累積額除以規定的計發月數來決定（見表 4.2）。設個人帳戶繳費率為 c、基年繳費工資為 w_0、工資增長率為 g_t、基金投資收益率為 r_t、繳費年限為 $b_t - a$、計發月數為 n（如表 4.2 所示）、個人帳戶養老金替代率為 $\gamma_{g,t}$，則到退休時個人帳戶的累積額為：

$$F = c \cdot w_0 \cdot [\prod_{i=1}^{b_t-a}(1+r_{0+t}) + \prod_{i=2}^{b_t-a}(1+r_{0+i}) \cdot (1+g_{0+1}) + \prod_{i=3}^{b_t-a}(1+r_{0+i}) \cdot (1+$$

$$g_{0+1}) \cdot (1 + g_{0+2}) + \cdots\cdots + (1 + r_{0+b_t+a}) \cdot \prod_{k=0}^{b_t-a-1}(1 + g_{0+k})]$$

個人帳戶養老金替代率的測算模型為：

$$\gamma_{g,t} = F \cdot 12/(w_t \cdot n)$$

表4.2　　個人帳戶養老金不同退休年齡對應的計發月數

退休年齡	40	41	42	43	44	45	46	47	48	49
計發月數	233	230	226	223	220	216	212	208	204	199
退休年齡	50	51	52	53	54	55	56	57	58	59
計發月數	195	190	185	180	175	170	164	158	152	145
退休年齡	60	61	62	63	64	65	66	67	68	69
計發月數	139	132	125	117	109	101	93	84	75	65

註：出於簡化測算過程的考慮，本研究仍舊沿用了國發〔2005〕38號文件提供的計發月數。事實上，計發月數將隨退休人口預期余命的變化而動態調整。

（3）基礎養老金替代率測算模型。根據國發〔2005〕38號文件規定，個人退休時領取的基礎養老金以當地上年度在崗職工平均工資和本人指數化月平均繳費工資的平均值為基數，繳費每滿1年發放1%，則社會統籌帳戶養老金支出模型：

$$E_t = w_{t-1} \cdot (b - a) \cdot 1\%$$

基礎養老金替代率 = E_t/社平工資

$$\gamma_{j,t} = w_{t-1} \cdot (b_t - a)/(100 \cdot w_t) = (b_t - a)/[100 \cdot (1 + g_t)]$$

上式中$\gamma_{j,t}$為第t年基礎養老金替代率；w_t為第t年社會平均工資；b_t為第t年職工退休時的年齡；g_t為第t年社會平均工資增長率。

從基礎養老金替代率的測算公式可以發現，基礎養老金替代率與人口年齡結構無關，與職工的繳費年限有關，在參保起始年齡相同的情況下，直接作用於職工的退休年齡，退休年齡越大，基礎養老金替代率越高。另外公式顯示，基礎養老金與社平工資增長率g_t呈反比，與退休年齡b_t呈正比。

4.2.4　制度優化的政策模擬

本文制度優化的政策模擬主要包括制度優化以后對統籌帳戶基金收支的模擬，以及對基本養老金替代率的影響。

4.2.4.1　制度優化后城企基保統籌帳戶基金收支情況的政策模擬

根據所構建的社會統籌基金收支測算模型、基礎養老金替代率和個人帳戶

替代率的模型，我們在不同比例（3%、5%、8%）做實個人帳戶的條件下，實施兩種延長退休年齡方案測算社會統籌基金收支情況，以及養老金替代率水平。做實基本養老保險個人帳戶的比例不同，直接影響統籌帳戶基金的收入；延長退休年齡則將導致在某一段時期內領取退休金的人數減少，繳納養老保險費的人數增多，對於維持城企基保統籌基金平衡起到雙重作用。結合以上分析，我們得到六種方案，如表4.3所示。

表4.3　　　　　　　　綜合政策模擬方案

方案	政策內容
方案一	個人帳戶做實8%，統籌帳戶繳費率20%，延遲退休方案一
方案二	個人帳戶做實8%，統籌帳戶繳費率20%，延遲退休方案二
方案三	個人帳戶做實5%，統籌帳戶繳費率23%，延遲退休方案一
方案四	個人帳戶做實5%，統籌帳戶繳費率23%，延遲退休方案二
方案五	個人帳戶做實3%，統籌帳戶繳費率25%，延遲退休方案一
方案六	個人帳戶做實3%，統籌帳戶繳費率25%，延遲退休方案二

將各種方案的數值帶入到上述的統籌帳戶養老金收支模型，計算得到數值如表4.4、表4.5、表4.6所示。

表4.4　　　方案一、方案二統籌帳戶基金收支、結餘情況　　　單位：億元

年份	方案一			方案二		
	基金收入	基金支出	基金結餘	基金收入	基金支出	基金結餘
2015	2,736.92	1,902.72	834.19	2,736.92	1,902.72	834.19
2016	3,045.08	2,222.64	822.45	3,045.08	2,222.64	822.45
2017	3,397.72	2,414.36	983.36	3,397.72	2,528.52	869.20
2018	3,716.55	2,686.48	1,030.07	3,716.55	2,717.09	999.46
2019	4,091.31	2,975.07	1,116.24	4,091.31	3,049.79	1,041.52
2020	4,480.56	3,305.15	1,175.41	4,480.56	3,383.02	1,097.54
2021	4,874.58	3,680.69	1,193.89	4,874.58	3,869.94	1,004.64
2022	5,275.53	4,136.68	1,138.85	5,275.53	4,313.30	962.24
2023	5,690.34	4,601.47	1,088.87	5,690.34	4,879.21	811.13
2024	6,137.00	5,129.67	1,007.33	6,137.00	5,428.38	708.61

表4.4(續)

年份	方案一			方案二		
	基金收入	基金支出	基金結餘	基金收入	基金支出	基金結餘
2025	6,619.27	5,665.38	953.89	6,619.27	5,944.58	674.70
2026	7,058.53	6,265.28	793.25	7,058.53	6,552.70	505.83
2027	7,602.31	6,503.66	1,098.64	7,602.31	7,286.72	315.59
2028	8,052.19	7,183.17	869.02	8,052.19	7,888.84	163.35
2029	8,666.24	7,693.70	972.54	8,666.24	8,734.80	-68.56
2030	9,133.35	8,561.98	571.37	9,133.35	9,379.69	-246.35
2031	9,800.34	9,158.52	641.81	9,800.34	10,259.46	-459.12
2032	10,334.17	10,105.16	229.01	10,334.17	11,191.84	-857.67
2033	11,118.20	10,839.45	278.75	11,118.20	12,273.50	-1,155.30
2034	11,771.80	11,957.37	-185.57	11,771.80	13,239.64	-1,467.84
2035	12,646.52	13,135.41	-488.89	12,646.52	14,260.67	-1,614.15
2036	13,365.13	14,484.52	-1,119.40	13,365.13	15,426.84	-2,061.71
2037	14,125.71	15,969.00	-1,843.28	14,125.71	16,743.21	-2,617.50
2038	14,970.93	17,542.09	-2,571.15	14,970.93	18,093.91	-3,122.98
2039	15,858.75	19,196.88	-3,338.14	15,858.75	19,637.89	-3,779.14
2040	16,817.86	20,962.11	-4,144.25	16,817.86	20,930.34	-4,112.48
2041	17,808.30	22,131.49	-4,323.19	17,808.30	22,202.80	-4,394.50
2042	18,784.39	23,503.64	-4,719.25	18,784.39	23,535.76	-4,751.37
2043	19,789.74	25,217.65	-5,427.91	19,789.74	25,175.29	-5,385.55
2044	20,800.09	26,999.14	-6,199.04	20,800.09	26,784.09	-5,983.99
2045	21,809.35	28,949.47	-7,140.13	21,809.35	30,331.64	-8,522.30
2046	22,899.98	31,026.46	-8,126.48	22,899.98	32,363.79	-9,463.81
2047	23,953.71	33,301.84	-9,348.13	23,953.71	34,577.09	-10,623.39
2048	25,075.47	35,813.11	-10,737.63	25,075.47	37,078.47	-12,002.99
2049	26,245.13	38,387.43	-12,142.30	26,245.13	39,641.49	-13,396.35
2050	27,417.87	38,455.86	-11,037.98	27,417.87	42,280.63	-14,862.76

表 4.5　　方案三、方案四統籌帳戶基金收支、結餘情況　　單位：億元

年份	方案三			方案四		
	基金收入	基金支出	基金結餘	基金收入	基金支出	基金結餘
2015	3,147.45	1,902.72	1,244.73	3,147.45	1,902.72	1,244.73
2016	3,501.85	2,222.64	1,279.21	3,501.85	2,222.64	1,279.21
2017	3,907.38	2,414.36	1,493.02	3,907.38	2,528.52	1,378.86
2018	4,274.03	2,686.48	1,587.55	4,274.03	2,717.09	1,556.94
2019	4,705.01	2,975.07	1,729.94	4,705.01	3,049.79	1,655.22
2020	5,152.64	3,305.15	1,847.49	5,152.64	3,383.02	1,769.62
2021	5,605.76	3,680.69	1,925.07	5,605.76	3,869.94	1,735.83
2022	6,066.86	4,136.68	1,930.18	6,066.86	4,313.30	1,753.57
2023	6,543.89	4,601.47	1,942.42	6,543.89	4,879.21	1,664.68
2024	7,057.55	5,129.67	1,927.88	7,057.55	5,428.38	1,629.16
2025	7,612.16	5,665.38	1,946.78	7,612.16	5,944.58	1,667.59
2026	8,117.31	6,265.28	1,852.03	8,117.31	6,552.70	1,564.61
2027	8,742.66	6,503.66	2,238.99	8,742.66	7,286.72	1,455.94
2028	9,260.01	7,183.17	2,076.84	9,260.01	7,888.84	1,371.17
2029	9,966.18	7,693.70	2,272.48	9,966.18	8,734.80	1,231.38
2030	10,503.35	8,561.98	1,941.37	10,503.35	9,379.69	1,123.65
2031	11,270.39	9,158.52	2,111.87	11,270.39	10,259.46	1,010.93
2032	11,884.29	10,105.16	1,779.13	11,884.29	11,191.84	692.45
2033	12,785.93	10,839.45	1,946.48	12,785.93	12,273.50	512.43
2034	13,537.57	11,957.37	1,580.20	13,537.57	13,239.64	297.93
2035	14,543.50	13,135.41	1,408.09	14,543.50	14,260.67	282.83
2036	15,369.89	14,484.52	885.37	15,369.89	15,426.84	−56.94
2037	16,244.57	15,969.00	275.57	16,244.57	16,743.21	−498.65
2038	17,216.57	17,542.09	−325.51	17,216.57	18,093.91	−877.34
2039	18,237.56	19,196.88	−959.32	18,237.56	19,637.89	−1,400.33
2040	19,340.54	20,962.11	−1,621.57	19,340.54	20,930.34	−1,589.80
2041	20,479.54	22,131.49	−1,651.95	20,479.54	22,202.80	−1,723.26
2042	21,602.05	23,503.64	−1,901.59	21,602.05	23,535.76	−1,933.71
2043	22,758.20	25,217.65	−2,459.45	22,758.20	25,175.29	−2,417.09
2044	23,920.11	26,999.14	−3,079.03	23,920.11	26,784.09	−2,863.98
2045	25,080.75	28,949.47	−3,868.72	25,080.75	30,331.64	−5,250.89
2046	26,334.98	31,026.46	−4,691.48	26,334.98	32,363.79	−6,028.82

表4.5(續)

年份	方案三			方案四		
	基金收入	基金支出	基金結餘	基金收入	基金支出	基金結餘
2047	27,546.76	33,301.84	−5,755.08	27,546.76	34,577.09	−7,030.33
2048	28,836.80	35,813.11	−6,976.31	28,836.80	37,078.47	−8,241.67
2049	30,181.90	38,387.43	−8,205.53	30,181.90	39,641.49	−9,459.58
2050	31,530.55	38,455.86	−6,925.30	31,530.55	42,280.63	−10,750.08

表4.6　方案五、方案六統籌帳戶基金收支、結餘情況

年份	方案五			方案六		
	基金收入	基金支出	基金結餘	基金收入	基金支出	基金結餘
2015	3,421.14	1,902.72	1,518.42	3,421.14	1,902.72	1,518.42
2016	3,806.35	2,222.64	1,583.72	3,806.35	2,222.64	1,583.72
2017	4,247.15	2,414.36	1,832.79	4,247.15	2,528.52	1,718.63
2018	4,645.69	2,686.48	1,959.21	4,645.69	2,717.09	1,928.60
2019	5,114.14	2,975.07	2,139.07	5,114.14	3,049.79	2,064.35
2020	5,600.70	3,305.15	2,295.55	5,600.70	3,383.02	2,217.67
2021	6,093.22	3,680.69	2,412.53	6,093.22	3,869.94	2,223.29
2022	6,594.42	4,136.68	2,457.74	6,594.42	4,313.30	2,281.12
2023	7,112.93	4,601.47	2,511.45	7,112.93	4,879.21	2,233.71
2024	7,671.25	5,129.67	2,541.58	7,671.25	5,428.38	2,242.86
2025	8,274.09	5,665.38	2,608.71	8,274.09	5,944.58	2,329.51
2026	8,823.16	6,265.28	2,557.89	8,823.16	6,552.70	2,270.46
2027	9,502.89	6,503.66	2,999.22	9,502.89	7,286.72	2,216.17
2028	10,065.23	7,183.17	2,882.06	10,065.23	7,888.84	2,176.39
2029	10,832.80	7,693.70	3,139.10	10,832.80	8,734.80	2,098.00
2030	11,416.68	8,561.98	2,854.71	11,416.68	9,379.69	2,036.99
2031	12,250.42	9,158.52	3,091.90	12,250.42	10,259.46	1,990.97
2032	12,917.71	10,105.16	2,812.55	12,917.71	11,191.84	1,725.87
2033	13,897.75	10,839.45	3,058.30	13,897.75	12,273.50	1,624.25
2034	14,714.75	11,957.37	2,757.38	14,714.75	13,239.64	1,475.11
2035	15,808.15	13,135.41	2,672.74	15,808.15	14,260.67	1,547.48
2036	16,706.41	14,484.52	2,221.88	16,706.41	15,426.84	1,279.57
2037	17,657.14	15,969.00	1,688.14	17,657.14	16,743.21	913.93

表4.6(續)

年份	方案五			方案六		
	基金收入	基金支出	基金結餘	基金收入	基金支出	基金結餘
2038	18,713.67	17,542.09	1,171.58	18,713.67	18,093.91	619.76
2039	19,823.43	19,196.88	626.55	19,823.43	19,637.89	185.55
2040	21,022.33	20,962.11	60.22	21,022.33	20,930.34	91.98
2041	22,260.37	22,131.49	128.88	22,260.37	22,202.80	57.57
2042	23,480.49	23,503.64	−23.15	23,480.49	23,535.76	−55.27
2043	24,737.18	25,217.65	−480.48	24,737.18	25,175.29	−438.11
2044	26,000.12	26,999.14	−999.02	26,000.12	26,784.09	−783.97
2045	27,261.68	28,949.47	−1,687.79	27,261.68	30,331.64	−3,069.96
2046	28,624.97	31,026.46	−2,401.48	28,624.97	32,363.79	−3,738.82
2047	29,942.13	33,301.84	−3,359.71	29,942.13	34,577.09	−4,634.96
2048	31,344.34	35,813.11	−4,468.76	31,344.34	37,078.47	−5,734.13
2049	32,806.41	38,387.43	−5,581.02	32,806.41	39,641.49	−6,835.07
2050	34,272.34	38,455.86	−4,183.51	34,272.34	42,280.63	−8,008.29

　　從上述三個表中可以看出，6個方案中，隨著計入統籌帳戶的繳費率變化、參保職工繳費年限的延長，基本養老保險統籌帳戶基金的收入、支出和結餘均發生了變化，在到2023年的時候各個方案的統籌基金收支結餘均較為充足，比本章上一節就現有制度設計所測算的基金收支結餘狀況要好很多。除了在方案一與方案二中，個人帳戶累積規模設定為8%的情況下，統籌帳戶基金分別於2034年與2029年出現了基金收不抵支，其他四個方案均是在2035年以后才出現。對比上述六個方案的政策模擬結果，我們還可以發現，個人帳戶的累積規模越小，統籌帳戶基金出現赤字的時間就越晚，政策模擬期內基金赤字規模也越小；在個人帳戶累積規模一定的條件下，漸進式延遲退休政策的實施步伐越快，統籌帳戶基金出現赤字的時間就越晚，政策模擬期內基金赤字規模也就越小。縮減個人帳戶的累積規模與加快實施漸進式延遲退休政策的雙重疊加，統籌帳戶基金的財務平衡效應更加明顯（見圖4.4）。

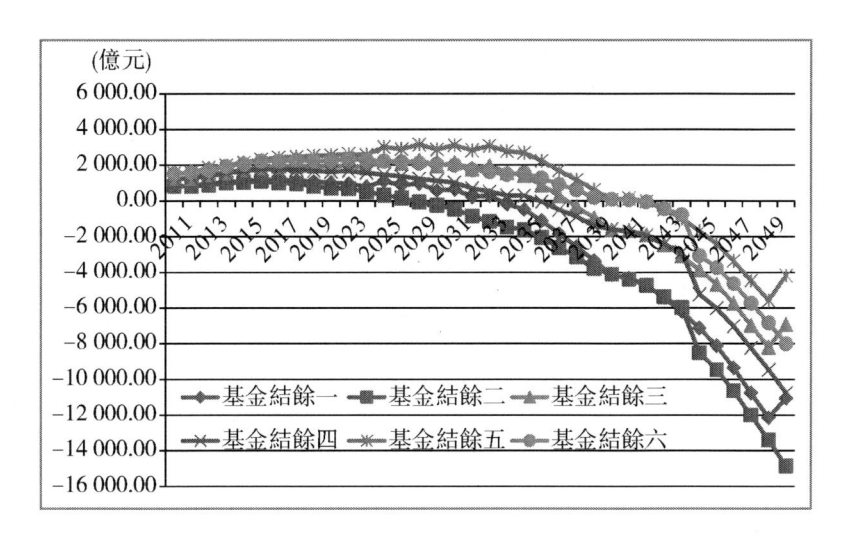

(圖表：縱軸「億元」，範圍 -16 000.00 至 6 000.00；橫軸為年份 2011—2049；圖例：基金結餘一、基金結餘二、基金結餘三、基金結餘四、基金結餘五、基金結餘六)

4.2.4.2 制度優化后基本養老金替代率的政策模擬

（1）個人帳戶養老金替代率。根據我們在第二節中推算的基本養老金替代率的公式，發現個人帳戶養老金替代率主要取決於就業年限、工資增長率以及個人帳戶基金年收益率。

$$F = c \cdot w_0 \cdot [\prod_{i=1}^{b_t-a}(1+r_{0+t}) + \prod_{i=2}^{b_t-a}(1+r_{0+i}) \cdot (1+g_{0+1}) + \prod_{i=3}^{b_t-a}(1+r_{0+i}) \cdot (1+g_{0+1}) \cdot (1+g_{0+2}) + \cdots\cdots + (1+r_{0+b_t+a}) \cdot \prod_{k=0}^{b_t-a-1}(1+g_{0+k})]$$

$$\gamma_{g,t} = F \cdot 12/(w_t \cdot n)$$

當工資增長率、年化收益率的值不隨時間變化的時候，公式可以簡化為：

$$\gamma_{g,m} = c \cdot \frac{(1+r) \cdot [(1+r)^n - (1+g)^n]}{(1+g)^{n+\delta+m} \cdot (r-g)} \cdot (\frac{12}{n})$$

從模型的結構上來看，個人帳戶養老金替代率與工資增長率呈反比，與投資收益率呈正比。由於男性職工、女性工人、女性幹部現行的退休年齡不同，因此接下來將逐一討論並進行制度優化的政策模擬。

男性職工從 60 歲退休漸進延遲至 65 歲退休，其個人帳戶養老金替代率的政策模擬按照現行的規定，中國男性職工退休年齡為 60 歲，假設其從 20 歲參

加工作，則工作年限為40年。關於工資增長率，根據前面的假定，2025年以後的工資增長率5%；假定個人帳戶累積規模為8%；個人帳戶基金的年收益率假定4個不同的數值，即3%、4%、6%、8%。帶入公式計算如表4.7所示：

表4.7　　　　男性職工個人帳戶養老金替代率的模擬結果　　　　單位:%

養老金替代率		退休年齡		
		60歲	63歲	65歲
收益率	0.03	17.65	21.98	26.21
	0.04	20.92	26.36	31.67
	0.06	30.33	39.32	48.15
	0.08	45.73	61.42	77.02

從表4.7可以看出，男性職工的退休年齡由60歲延長至65歲時，在工資增長率、個人帳戶基金投資收益固定時，個人帳戶養老金替代率顯著提高，且延長的退休年齡越大時，養老金替代率越高；而在同一退休年齡下，個人帳戶養老金替代率對累積基金年收益率變化的敏感度較高。60歲退休的職工年收益率由3%上升到4%，個人帳戶養老金替代率僅變化3個百分點；當收益率由4%升到6%時，養老金替代率變化10個百分點；當收益率由6%升到8%時，養老金替代率變化15個百分點。當退休年齡延長的時候，這種敏感性更加突出。

女性工人退休年齡從50歲逐步延長至65歲，其個人帳戶養老金替代率的政策模擬按照現行的政策規定，中國女性工人的退休年齡為50歲，假定其20歲參加工作，則工作年限為30年。個人帳戶累積基金的投資收益率同樣假定4個不同的數值，3%、4%、6%、8%。工資增長率假定穩定在5%，帶入公式計算如表4.8所示：

表 4.8　　　　女性工人個人帳戶養老金替代率的模擬結果　　　單位:%

養老金替代率		退休年齡			
		50 歲	55 歲	60 歲	65 歲
收益率	0.03	10.28	13.17	17.65	26.21
	0.04	11.70	15.31	20.92	31.67
	0.06	15.42	21.16	30.33	48.15
	0.08	20.76	30.13	45.73	77.02

從表 4.8 可以發現,女性工人在延長退休年齡以後的個人帳戶養老金替代率變化較為明顯,50 歲退休時,個人帳戶養老金替代率在三種收益率下均不高於 20%,延長退休年齡至 65 歲以後,在 3% 的收益率下,替代率增加了 15.93%;在 4% 的收益率下,替代率增加近 20%;在 6% 的收益率下,增加了 32.73%;在 8% 的收益率下,增加了 56.26%。可見個人帳戶累積基金的投資收益率對個人帳戶養老金替代率的影響是非常明顯的。

女幹部退休年齡從 55 歲逐步延長至 65 歲,其個人帳戶養老金替代率的政策模擬按照現行的政策規定,中國女幹部的退休年齡為 55 歲,假定其 20 歲參加工作,則工作年限為 35 年。個人帳戶投資收益率同樣假定 4 個不同的數值,3%、4%、6%、8%。工資增長率假定穩定在 5%,帶入公式計算如表 4.9 所示:

表 4.9　　　　女幹部個人帳戶養老金替代率的模擬結果　　　單位:%

養老金替代率		退休年齡		
		55 歲	60 歲	65 歲
收益率	0.03	13.17	17.65	26.21
	0.04	15.31	20.92	31.67
	0.06	21.16	30.33	48.15
	0.08	30.13	45.73	77.02

女幹部在延長退休年齡以後,其個人帳戶養老金替代率上升,同樣上升幅度與個人帳戶投資收益率有關。對比表 4.8 和表 4.9,我們不難發現,就現有的退休年齡政策而言,由於女性工人工作年限最短,退休後領取養老金的時間最長,女性工人在三個群體中的個人帳戶養老金替代率水平是最低的;女性工人個人帳戶養老金替代率對投資收益率的敏感性也最低。

從圖 4.5 可以看出,在同一收益率下,隨著退休年齡的延長,個人帳戶養

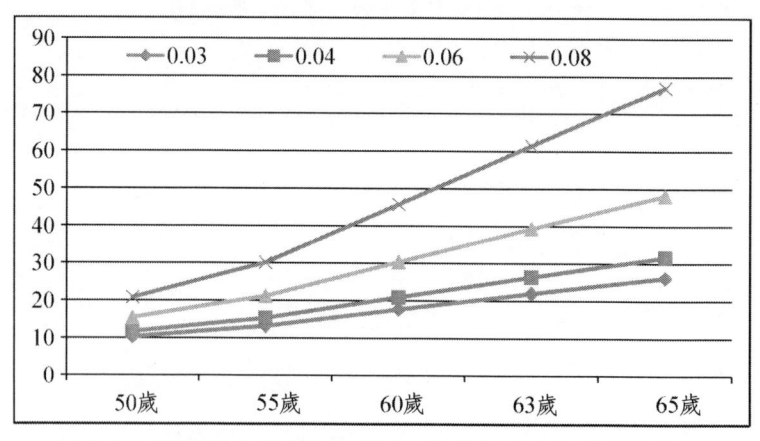

圖 4.5　不同退休年齡與收益率下個人帳戶養老金替代率的水平

老金替代率是不斷增加的，增加的幅度取決於個人帳戶累積基金投資收益率的大小（工資增長率一定）。當收益率較小的時候，從 55 歲延長至 65 歲，個人帳戶養老金替代率增加幅度較小，如 3% 的收益率下，替代率不過增加 20 個百分點，而在 8% 的收益率下，替代率增加了 56.26 個百分點。可見個人帳戶累積基金的投資收益率對提高養老金替代率的極端重要性。因此可以推斷，在個人帳戶累積基金的投資收益率很低甚至於不能實現保值的情況下，延長退休年齡對提高個人帳戶養老金替代率的作用不會很大。

（2）基礎養老金替代率。根據國發〔2005〕38 號文件規定，基礎養老金以當地上年度在崗職工平均工資和本人指數化月平均繳費工資的平均值為基數，繳費每滿 1 年發放 1%，則社會統籌帳戶養老金替代率模型：

$$\gamma_{j,t} = w_{t-1} \cdot (1+\beta)/2 \cdot (b_t - a)/(100 \cdot w_t) = (b_t - a)/[100 \cdot (1+g_t)]$$

從公式可以直接判斷出，基礎養老金的替代率與工資增長率呈反比，與工作年限呈正比，那麼當工資增長率一定的時候，替代率只取決於工作年限。在計算過程中，假定 $\beta = 1$，則帶入數據計算如表 4.10 所示：

表 4.10　　　　　基礎養老金替代率的模擬結果　　　　　單位:%

	退休年齡				
	50 歲	55 歲	60 歲	63 歲	65 歲
替代率	0.285,7	0.333	0.38	0.409,5	0.428,6

顯然當實施漸進式延遲退休政策以後，在繳費工資基數一定的情況下，基礎養老金替代率的增長是非常明顯的。

4.3 結論

本章主要分為兩部分，首先是基於現行城企基保制度設計的要素，推導出城企基保基金收支的預測模型，根據制度設計的要素、經驗數據、中國經濟發展及人口預測數據，盡可能切合實際地設定了模型的相關參數，演繹了2011—2050年中國城企基保基金收支演化的趨勢。從模擬預測的結果來看，在2022年基本養老保險基金將出現收不抵支，基金缺口不斷擴大，現行養老保險制度運行蘊含著巨大的財務風險。其次根據第一節得出的結論，我們提出了制度優化路徑，即在基礎養老金實現全國統籌、調整個人帳戶的累積規模並做實個人帳戶的前提下，提出了兩種漸進式延遲退休的方案。根據政策模擬的結果發現，各方案對於縮小基本養老保險收支缺口都是有效的。另外，實施漸進式延遲退休政策對於緩解統籌基金帳戶的財務壓力將產生一定的長期效應。

另外，當延長退休年齡以後，參保人的基本養老金替代率也隨之改變。對於個人帳戶養老金替代率與基礎養老金替代率的研究，顯示個人帳戶養老金替代率隨著退休年齡的延長將會有所提高，但提高的幅度很大程度上取決於個人帳戶累積基金的投資收益率，當個人帳戶累積基金的投資收益率較低的時候，延退退休對於個人帳戶養老金替代率的影響較弱；當個人帳戶累積基金的投資收益率較高的時候，延遲退休對個人帳戶養老金替代率的影響效應將放大。對於基礎養老金替代率而言，延長退休年齡也就是增加了職工的繳費年限，必然提高基礎養老金的替代率水平。

本研究的主要政策啟示是：在實現基礎養老金全國統籌並調整個人帳戶的累積規模後，延長退休年齡對緩解統籌帳戶基金缺口是有效的，且實施漸進式延遲退休政策的步伐越快，這種有效性越明顯。此外，個人帳戶累積基金的投資收益率是影響個人帳戶養老金替代率高低的重要因素，如何實現個人帳戶累積基金的保值增值，將直接關係到城企基保制度的可持續發展。事實上，從養老保險制度的運行機理來看，個人帳戶累積基金投資收益率的高低，同樣事關城鄉居民基本養老保險制度的可持續發展。

5 城鎮企業職工基本養老保險繳費主體逃欠費行為關係演變及其治理

5.1 引言

　　資金是養老保險制度穩健運行的物質基礎，養老保險費徵繳管理作為養老保險管理的首要環節，是養老保險制度可持續發展的前提條件。城企基保籌資主要依靠徵收養老保險費，其運行中較為突出的問題就是企業逃欠費現象較為嚴重，不僅使參保職工利益受損，而且對其他按時足額繳費的企業有失公平，還危及養老保險基金的長期財務平衡，已成為中國養老保險制度建設中一個亟待解決的問題。根據國家審計署《全國社會保障資金審計結果》（2012年34號公告），全國3個省本級、15個市本級和66個縣徵收機構應徵未徵城企基保費19.31億元；3個省本級、10個市本級和28個縣徵收機構擅自減免城企基保費8.80億元；28個省本級、240個市本級和988個縣的參保單位和個人通過少報繳費基數等方式少繳保費51.40億元；4個省本級、16個市本級和66個縣隱瞞欠費74.03億元；1個省本級、1個市本級和3個縣擅自核銷欠費2,186.21萬元；12個省本級、67個市本級和328個縣欠繳保費270.97億元。《2012中國企業社保白皮書》顯示，目前仍有1/3的單位存在未及時參保繳費甚至漏繳的問題。

　　中國城鎮企業職工社會保險繳費主要由企業和職工共同承擔，企業承擔的社會保險繳費率合計為30%~36%，員工承擔的社會保險繳費率合計為11%，即使與OECD國家相比，亦屬於較高水平（封進，2013）[1]。無論是企業繳費率還是

---

① 封進. 中國城鎮職工社會保險制度的參與激勵 [J]. 經濟研究，2013 (7)：104-117.

個人繳費率，中國城企基保繳費率在世界排名都很靠前（楊立雄，2010）①。較高的社會保險繳費率在一定程度上增加了企業的經營成本，經營績效較差的企業為了壓縮成本，往往採取少報、漏報繳費基數或繳費人數等方式逃費。為了保證社會保險基金財務收支平衡，國家不得不提高繳費率，導致經營績效好的企業也開始選擇逃費（孫祁祥，2001）②，這種負的外部性效應加大了社會保險費徵繳的難度。作為社會保險五大險種中最重要的險種之一，城企基保費遵繳率呈逐年下降趨勢，從 2006 年的 89.98%下降到 2011 年的 85.22%（鄭秉文，2012）③，共降低了 4.76 個百分點。這意味著必須高度重視城企基保逃欠費問題，需要進一步加強養老保險費的徵繳力度，提高養老保險基金的償付能力，進而實現養老保險制度的可持續發展。

利益驅動、養老保險繳費負擔過重、逃費成本低是企業逃欠費現象產生的根源。養老保險繳費對企業盈利水平的影響很大，有些企業為了更大程度上拓展盈利空間，出於自利動機選擇欠費逃費（周小川，2000）。④ 較高的養老保險繳費率加重了企業的營運成本，可能導致低人力資本勞動力密集型企業陷入虧損而難以維持，企業為了生存而被迫選擇逃欠養老保險費。有些地方政府為了增加就業和稅收，提高本地企業的區域競爭力，可能會放鬆對養老保險費徵繳工作的管制，縱容了企業的逃欠費行為（彭宅文，2010；Nyland 等，2011）⑤。較輕的懲罰力度⑥對逃欠費企業的震懾作用不大，當逃欠養老保險費獲得的收益大於成本時，企業就會產生逃欠費衝動。養老保險費徵收部門有社保經辦機構和地方稅務機構兩種，社保經辦機構根據企業上報的參保人數核定繳費額，稅務部門根據工資總額徵收，但兩種方式都未明確對徵繳部門的約束

---

① 楊立雄. 加強養老保險徵繳管理的對策研究 [J]. 經濟縱橫，2010（9）：33-37.
② 孫祁祥.「空帳」與轉軌成本：中國養老保險體制改革的效應分析 [J]. 經濟研究，2001（5）：20-27.
③ 鄭秉文. 中國養老金發展報告 2012 [M]. 北京：經濟管理出版社，2012.
④ 周小川. 社會保險與企業盈利能力 [J]. 經濟社會體制比較，2000（6）：1-5.
⑤ 彭宅文. 財政分權、轉移支付與地方政府養老保險逃費治理的激勵 [J]. 社會保障研究，2010（1）：138-150. Nyland, C., S. B. Thnmoson, and C. J. Zhu（2011）, Employer Attitudes towards Social Insurance Compliance in Shanghai, China, International Social Security Review, 64（4）：73-98.
⑥ 《中華人民共和國社會保險法》第六十二條規定：用人單位未按規定申報應當繳納的社會保險費數額的，按照該單位上月繳費額的百分之一百一十確定應當繳納數額；第八十六條規定：用人單位未按時足額繳納社會保險費的，由社會保險費徵收機構責令限期繳納或者補足，並自欠繳之日起，按日加收萬分之五的滯納金；逾期仍不繳納的，由有關行政部門處欠繳數額一倍以上三倍以下的罰款。

和激勵（劉軍強，2011）①。

企業逃欠養老保險費行為將帶來巨大的危害，一是降低了養老保險制度的信譽②；二是損害了勞動力市場的公平性③；三是使制度承擔著巨大的財務風險，威脅養老保險基金長期財務精算平衡目標的實現。為了解決企業逃欠養老保險費問題，適當降低養老保險繳費率是可以考慮的政策選擇，降低繳費率可以提高企業的參保程度，並且不會影響社保基金的財務平衡（封進，2013）。加大懲罰力度、提高徵收部門的徵繳能力、增強政府管理部門對企業逃欠費行為的識別能力都能夠有效遏制逃欠費現象的發生。

現有文獻著重分析了企業逃欠養老保險費的原因、造成的危害以及防範化解對策，缺乏從企業與職工的行為關係視角研究企業逃欠費問題。運用行為經濟學和博弈實驗等方法從微觀行為視角探索和解釋現實經濟問題具有可行性（李成瑜、楊正，1997；易憲容，2002）④。因此，本章將研究重點放在基於利益博弈的繳費主體行為關係演變與調適上，以揭示企業逃欠養老保險費的深層次原因。現實中企業與職工的行為關係演變是一個複雜的漸進過程，他們的最終行為策略是在不斷衝突與調適過程中實現，靜態博弈模型無法模擬這種複雜的調適過程，而演化博弈模型可以較好地描述這個過程。基於此，本章擬從演化博弈及其穩定均衡策略的角度，分析並甄別企業與職工行為關係的演化穩定策略，探討如何促進參保企業和職工穩定均衡策略的形成。

5.2 演化博弈模型

5.2.1 博弈假設

本研究對城企基保繳費主體逃欠費行為關係的演化博弈模型作如下假設：
(1) 確定博弈主體。《中華人民共和國社會保險法》規定城鎮企業職工社會保險費由用人單位和職工共同繳納，那麼繳費主體則為企業和職工。演化博弈研

---

① 劉軍強. 資源、激勵與部門利益：中國社會保險徵繳體制的縱貫研究（1999—2008）[J]. 中國社會科學，2011（3）：139-156.

② 封進，張素蓉. 社會保險繳費率對企業參保行為的影響——基於上海社保政策的研究[J]. 上海經濟研究，2012（3）：47-54.

③ K. Pashev (2005), Fighting VAT Fraud: The Bulgarian Experience, MPRA Paper, NO. 998.

④ 李成瑜，楊正. 行為經濟學及其理論創新[J]. 世界經濟，1997（6）：63-64；易憲容. 行為與實驗經濟學對傳統經濟學的挑戰[J]. 經濟學動態，2002（12）：63-67.

究的對象是一個「種群」，注重分析種群結構的變遷，而不是單個行為個體的效應分析（喬根·W. 威布爾，2006）①。從整個養老保險制度的徵繳資金來源看，可將企業和職工視為兩個不同的群體，他們的目的是實現各自利益的最大化。

（2）確定博弈主體的行為策略空間。企業除了遵從制度要求按時足額繳納養老保險費外，還可能會採取退出或抵制策略。城企基保由政府壟斷提供，以法規為保障強制實施，如果企業拒絕參保將面臨被勞動監察部門和社會保障部門嚴厲處罰，影響企業的聲譽，因此企業會盡量以合作的態度參加，故退出行為一般不會發生，本研究也就不考慮此種行為。抵制行為是指企業在表面上遵從養老保險制度的相關規定，但實際上並不認同參與養老保險可以為其帶來最大利益，會採取少報、漏報繳費基數或繳費人數等方式以盡量消除養老保險制度對其造成的影響，實現利益增進。因此，企業的行為策略空間為｛積極遵從，消極抵制｝。根據《社會保險費用申報繳納管理暫行辦法》第十條規定「職工繳納社會保險費由企業在其工資中代扣代繳，任何企業和職工不得干預和拒絕」，那麼職工繳費與否完全由企業決定，繳費決策地位的不對等使得職工處於劣勢，但職工可以根據企業是否為其繳納養老保險費來調整自身的工作態度以降低這種不對等程度。如果企業及時足額繳納養老保險費，這將能夠提高職工的滿意度，職工將以更高的勞動生產率反哺企業；如果企業為了減輕負擔而瞞報少繳養老保險費，將導致職工利益受損並造成其退休後的生活水平下降，職工可能因此對企業心懷不滿而降低工作積極性，甚至採取某些過激方式來報復企業。故職工的行為策略空間為｛積極反哺，消極回應｝。

（3）確定博弈過程並引入獎懲制度。由於繳費決策完全由企業決定，職工會根據企業的行為而做出回應。然而在現實中，企業逃欠養老保險費可能存在與職工共謀的現象，如高收入職工不滿足較低的養老保險待遇，低收入職工傾向於獲得當期收入來降低流動性約束。高收入職工一般是人力資本較高者，是企業的核心競爭力，企業為了留住他們往往會提供較為完備的養老保障，並為其購買補充性的企業年金或商業養老保險。至於低收入職工，隨著當期現金工資的增長、人們養老意識的增強和養老保險制度的逐步完善，低收入職工因短視或流動性約束而放棄參加養老保險的意願在不斷降低，同樣希望通過參加養老保險來抵禦未來的不確定性。因此，我們認為這兩類職工與企業形成的共謀現象會隨著社會經濟環境的變化而逐漸消逝。本研究的博弈過程設定為：當企業選擇積極遵從策略後，職工會努力工作提高勞動生產率反哺企業，促進企

---

① 喬根·W. 威布爾. 演化博弈論 [M]. 王永欽, 譯. 上海：上海人民出版社, 2006.

業增產和提高收益；若不努力工作，企業會採取一些隱性措施增加職工的工作成本或降低職工的經濟收益。當企業選擇消極抵制策略後，除非給予職工一定的經濟補償①，否則職工會將企業瞞報繳費基數或少報職工人數的行為舉報給勞動監察部門和社會保障部門，企業將會遭到相應的懲罰。

5.2.2 構建博弈模型

令 R 為企業選擇積極遵從策略時除繳納養老保險費外獲得的長期穩定收益；Q 為企業選擇消極抵制策略時獲得的短期收益；C 為企業繳納的養老保險費總額（包括職工的代扣代繳部分）；D 為企業選擇消極抵制策略時給予職工的經濟補償額；W 為職工的工資；P 為企業足額繳納養老保險費後職工未來收益的貼現值；α 為企業選擇積極遵從策略時職工提高勞動生產率反哺企業的產出係數；β 為企業選擇消極抵制策略但給予職工少量經濟補償時職工反哺企業的產出係數；γ 為企業選擇積極遵從策略而職工不反哺企業時減少的工資係數；λ 為企業選擇消極抵制策略卻沒有補償職工而被舉報受到的懲罰係數（包括補繳未按規定申報應當繳納的養老保險費）。上述經濟變量之間存在這樣的大小關係：$Q>R$，$P>D$，$C>D$，$\alpha>\beta$，$\lambda>1$，α、β、$\gamma \in (0, 1)$。企業和職工的博弈收益矩陣如表 5.1 所示。

表 5.1　　　　　　　企業和職工的博弈收益矩陣

		職工	
		積極反哺	消極回應
企業	積極遵從	$[(1+\alpha)R-C, W+P]$	$(R-C, W+P-\gamma W)$
	消極抵制	$[(1+\beta)Q-D, W+D]$	$(Q-\lambda C, W+PW+P)$

5.3 演化穩定策略

假設 x 為企業選擇積極遵從策略的比重，$1-x$ 為選擇消極抵制策略的比重；y 為職工選擇積極反哺策略的比重，$1-y$ 為選擇消極回應策略的比重。企業選擇積極遵從和消極抵制策略時的期望收益 μ_{11}、μ_{12} 以及企業整體的平均期望收益 μ_1 分別為：

---

① 企業為了降低勞動力成本會少給職工繳納養老保險費，職工由於短視或害怕失去工作而不願或不敢向政府相關部門反應，而是自願或被迫接受企業給予的少量經濟補償。

$$\mu_{11} = y(R - C - \alpha R) + (1 - y)(R - C) \tag{1}$$

$$\mu_{12} = y(Q - D + \beta Q) + (1 - y)(Q - \lambda C) \tag{2}$$

$$\mu_1 = x\mu_{11} + (1 - x)\mu_{12} \tag{3}$$

職工選擇積極反哺和消極回應策略時的期望收益 μ_{21}、μ_{22} 以及職工整體的平均期望收益 μ_2 分別為：

$$\mu_{21} = x(W + P) + (1 - x)(W + D) \tag{4}$$

$$\mu_{22} = x(W + P - \gamma W) + (1 - x)(W + P) \tag{5}$$

$$\mu_2 = y\mu_{21} + (1 - y)\mu_{22} \tag{6}$$

5.3.1 企業的演化穩定策略

由式（1）和式（3）可得企業選擇積極遵從策略的複製動態方程：

$$\frac{dx}{dt} = F(x) = x(\mu_{11} - \mu_1) = x(1-x)[y(\alpha R - \beta Q - \lambda C + D) + (R - C - Q + \lambda C)] \tag{7}$$

令 $F(x) = 0$，求得 $x^* = 0$ 和 $x^* = 1$ 是複製動態方程（7）的兩個可能的穩定狀態點。

當 $y = y^* = \dfrac{-R + C + Q - \lambda C}{\alpha R - \beta Q - \lambda C + D}$，$\left(0 \leqslant \dfrac{R - C - Q + \lambda C}{\alpha R - \beta Q - \lambda C + D} \leqslant 1\right)$ 時，總有 $F(x) = 0$，即所有 x 水平都是企業的穩定狀態，動態演化路徑如圖5.1（a）所示。當職工以 y^* 的水平選擇積極反哺策略時，企業選擇任何策略的收益無差異。當 $y > y^*$ 時，由於 $F'_x(0) > 0$ 且 $F'_x(1) < 0$，則 $x^* = 1$ 是企業的演化穩定狀態，動態演化路徑如圖5.1（b）所示。當職工以高於 y^* 的水平選擇積極反哺策略時，企業的策略選擇逐漸由消極抵制向積極遵從轉移，最終積極遵從是企業的演化穩定策略。當 $y < y^*$ 時，由於 $F'_x(0) < 0$ 且 $F'_x(1) > 0$，則 $x^* = 0$ 是企業的演化穩定狀態，動態演化路徑如圖5.1（c）所示。當職工以低於 y^* 的水平選擇積極反哺策略時，企業的策略選擇逐漸由積極遵從向消極抵制轉移，最終消極抵制是企業的演化穩定策略。

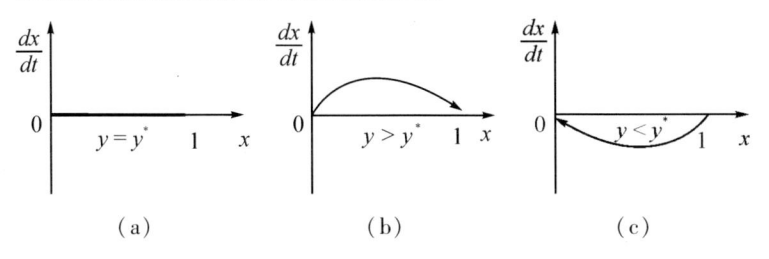

圖 5.1 企業的動態演化路徑

5.3.2 職工的演化穩定策略

由式（4）和式（6）可得職工選擇積極反哺策略的複製動態方程：

$$\frac{dy}{dt} = F(y) = y(\mu_{21} - \mu_2) = y(1-y)[x(P - D + \gamma W) + (D - P)] \quad (8)$$

令 $F(y) = 0$，求得 $y^* = 0$ 和 $y^* = 1$ 是複製動態方程（8）的兩個可能穩定狀態點。

當 $x = x^* = \dfrac{P-D}{P-D+\gamma W}$，$\left(0 \leqslant \dfrac{P-D}{P-D+\gamma W} \leqslant 1\right)$ 時，總有 $F(y) = 0$，即所有 y 水平都是職工的穩定狀態，動態演化路徑如圖 5.2（a）所示。當企業以 x^* 的水平選擇積極遵從策略時，職工選擇任何策略的收益無差異。當 $x > x^*$ 時，由於 $F_y'(0) > 0$ 且 $F_y'(1) < 0$，則 $y^* = 1$ 是職工的演化穩定狀態，動態演化路徑如圖 5.2（b）所示。當企業以高於 x^* 的水平選擇積極遵從策略時，職工的策略選擇逐漸由消極回應向積極反哺轉移，最終積極反哺是職工的演化穩定策略。當 $x < x^*$ 時，由於 $F_y'(0) < 0$ 且 $F_y'(1) > 0$，則 $y^* = 0$ 是職工的演化穩定策略，動態演化路徑如圖 5.2（c）所示。當企業以低於 x^* 的水平選擇積極遵從策略時，職工的策略選擇逐漸由積極反哺向消極回應轉移，最終消極回應是職工的演化穩定策略。

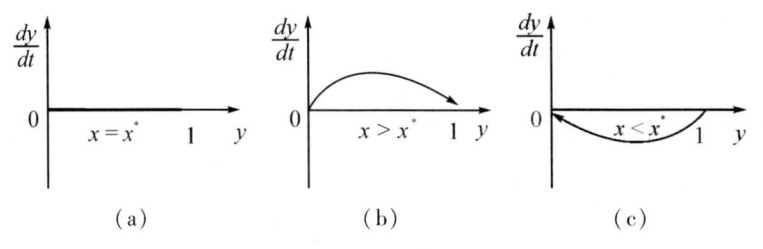

圖 5.2 職工的動態演化路徑

5.3.3 動態複製系統穩定性分析

由式（7）和式（8）可以建立城企基保繳費主體逃欠費行為關係博弈的動態複製系統，該系統的局部均衡點構成演化博弈均衡。根據上文對企業和職工的演化穩定策略分析可知，該系統共有五個局部均衡點：$(0, 0)$、$(1, 0)$、$(0, 1)$、$(1, 1)$、(x^*, y^*)。為確定繳費主體逃欠費行為關係演變的最終結果，需要對該動態複製系統的各個局部均衡點進行穩定性分析。弗瑞德曼（Friedman, 1991）提出用微分方程描述群體動態時，局部均衡點的穩定性分

析可由該系統的雅克比矩陣的局部穩定性分析得出①。據此，城企基保繳費主體逃欠費行為關係的動態複製系統的穩定性可以由雅克比矩陣的局部穩定性分析得到。雅克比矩陣表達式為：

$$J = \begin{bmatrix} (1-2x)[y(\alpha R - \beta Q - \lambda C + D) + (R - C - Q + \lambda C)] & x(1-x)(\alpha R - \beta Q - \lambda C + D) \\ y(1-y)(P - D + \gamma W) & (1-2y)[x(P - D + \gamma W) + D - P] \end{bmatrix}$$

將局部均衡點代入該複製系統的雅克比矩陣，分別求出各個局部均衡點的行列式值和跡，結果如表 5.2 所示。

表 5.2　　　　　　　　局部均衡點的行列式值和跡

局部均衡點	det (J)	trace (J)
(0, 0)	$[R - Q + (\lambda - 1)C](D - P)$	$[R - Q + (\lambda - 1)C] + (D - P)$
(1, 0)	$-\gamma W[R - Q + (\lambda - 1)C]$	$\gamma W - [R - Q + (\lambda - 1)C]$
(0, 1)	$(P - D)[(1 + \alpha)R - C - (1 + \beta)Q + D]$	$(P - D) + [(1 + \alpha)R - C - (1 + \beta)Q + D]$
(1, 1)	$\gamma W[(1 + \alpha)R - C - (1 + \beta)Q + D]$	$[(1 + \alpha)R - C - (1 + \beta)Q + D] - \gamma W$
(x^*, y^*)	$\prod$	0

註：$\prod = \dfrac{\gamma W(P - D)[R - Q + (\lambda - 1)C][(1 + \alpha)R - C - (1 + \beta)Q + D]}{(P - D + \gamma W)(\beta Q - \alpha R + \lambda C - D)}$

從表 5.2 可以看出，局部均衡點的行列式值和跡的正負性與職工收益情況無關，而是取決於企業在不同策略下的收益比較。通過判別職工選擇積極反哺策略時企業選擇不同策略的收益 $(1 + \alpha)R - C$ 與 $(1 + \beta)Q - D$，以及職工選擇消極回應策略時企業選擇不同策略的收益 $R - C$ 與 $Q - \lambda C$ 兩組條件的大小關係，可以確定該複製動態系統局部均衡點的穩定性。

（1）當 $(1 + \alpha)R - C > (1 + \beta)Q - D$ 且 $R - C > Q - \lambda C$ 時，動態複製系統各局部均衡點的穩定狀態分析結果如表 5.3 所示。

表 5.3　　　　　　　　動態複製系統穩定狀態分析結果 I

局部均衡點	det (J)	trace (J)	穩定性
(0, 0)	−	+ −	不穩定
(1, 0)	−	+ −	不穩定
(0, 1)	+	+	不穩定
(1, 1)	+	−	穩定
(x^*, y^*)	+	0	鞍點

---

① Friedman D (1991), Evolutionary Games in Economics, Econometrica, 59 (3): 637–666.

表 5.3 結果顯示，在相應的約束條件下，局部均衡點（1，1）在動態複製系統中達到穩定狀態，（積極遵從，積極反哺）是該演化博弈的穩定均衡策略。如圖 5.3、圖 5.4 所示，L1、L2 將平面分成四個區域，若初始狀態在 D 區時，最終將收斂於點（1，1）；若初始狀態在 A 區時，如果企業及時調整策略，使 $x > x^*$ $x > x^*$，演化動態將穿過 L2 線達到穩定均衡點為（1，1），反之則沒有穩定均衡點。同理，初始狀態落在 B、C 區時，均可通過策略調整，最終形成企業遵從制度安排及時足額繳費和職工提高勞動生產率反哺企業的良性循環狀態。

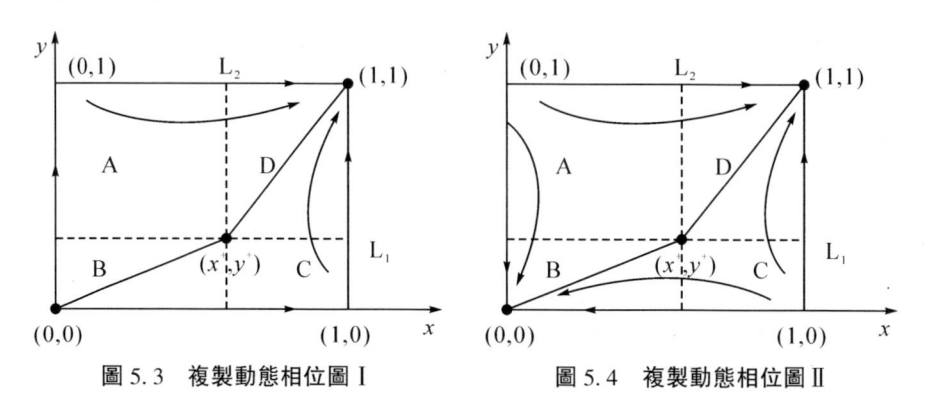

圖 5.3　複製動態相位圖 I　　　　　圖 5.4　複製動態相位圖 II

(2) 當 $(1+\alpha)R - C$ $(1+\alpha)R - C > (1+\beta)Q - D$ 且 $R - C < Q - \lambda C$ 時，動態複製系統各局部均衡點的穩定狀態分析結果如表 5.4 所示。

表 5.4　　　　　　動態複製系統穩定狀態分析結果 II

局部均衡點	det（J）	trace（J）	穩定性
（0，0）	+	−	穩定
（1，0）	+	+	不穩定
（0，1）	+	+	不穩定
（1，1）	+	−	穩定
(x^*, y^*)	−	0	鞍點

表 5.4 結果顯示，在相應的約束條件下，局部均衡點（0，0）、（1，1）在動態複製系統中達到穩定狀態，（積極遵從，積極反哺）、（消極抵制，消極回應）是該演化博弈的穩定均衡策略。如圖 5.4 所示，若初始狀態在 D 區將收斂於點（1，1），形成企業遵從制度安排及時足額繳費和職工提高勞動生產

率反哺企業的良性循環累積；若初始狀態在 B 區將收斂於點 (0，0)，產生企業抵制制度而瞞報少繳養老保險費和職工利益受損而向勞動監察部門舉報的惡性循環現象；若初始狀態在 A 或 C 區時，穩定均衡點取決於企業調整策略選擇的速度。若初始狀態在 A 區，如果企業及時調整決策，使選擇積極遵從策略的比重大於 x^*，演化動態將穿過 L2 線進入 D 區，最終穩定均衡策略將為（積極遵從，積極反哺），反之則不存在穩定均衡策略。

（3）當 $(1+\alpha)R-C(1+\alpha)R-C<(1+\beta)Q-D$ 且 $R-CR-C>Q-\lambda C$ 時，動態複製系統無穩定均衡點，該演化博弈不存在穩定均衡策略，表明企業和職工的策略選擇具有隨意性。

（4）當 $(1+\alpha)R-C(1+\alpha)R-C<(1+\beta)Q-D$ 且 $R-CR-C<Q-\lambda C$ 時，局部均衡點 (0，0) 在動態複製系統中達到穩定狀態，（消極抵制，消極回應）是該演化博弈的穩定均衡策略，但卻是劣均衡狀態。企業為了降低成本增強競爭優勢而瞞報少繳養老保險費，職工無法忍受利益受損而向勞動監察部門舉報，容易形成群體利益受損的惡性循環。

5.3.4 參數討論

通過對城企基保繳費主體逃欠費行為關係演化博弈動態複製系統的穩定性分析發現，企業在不同策略下收益情況決定著最終的演化穩定策略，不同收益關係下將形成不同的演化穩定策略。當 $(1+\alpha)R-C(1+\alpha)R-C>(1+\beta)Q-D$ 且 $R-CR-C>Q-\lambda C$ 時，（積極遵從，積極反哺）是該博弈過程的演化穩定策略；當 $(1+\alpha)R-C(1+\alpha)R-C>(1+\beta)Q-D$ 且 $R-C<Q-\lambda C$ 時，（積極遵從，積極反哺）和（消極抵制，消極回應）是該博弈過程的演化穩定策略；當 $(1+\alpha)R-C(1+\alpha)R-C<(1+\beta)Q-D$ 且 $R-CR-C<Q-\lambda C$ 時，（消極抵制，消極回應）是該博弈過程的演化穩定策略；當 $(1+\alpha)R-C(1+\alpha)R-C<(1+\beta)Q-D$ 且 $R-CR-C>Q-\lambda C$ 時，不存在演化穩定策略。

本研究的主旨是通過觀察繳費主體在收益最大化下逃欠費行為的演變過程，依此採取有針對性的措施來不斷調適和修正其策略選擇，以實現企業遵從制度安排及時足額繳費和職工提高勞動生產率反哺企業的最優均衡狀態，促進養老保險徵繳管理的有序運行。根據研究的需要，上述四組條件中的后兩組條件無法實現最優均衡狀態將不予考慮。在前兩組條件中，均有 $(1+\alpha)R-C(1+\alpha)R-C>(1+\beta)Q-D$，則 $\beta<[(1+\alpha)R-C+D-Q]/Q\beta<[(1+\alpha)R-C+D-Q]/Q$，表明當企業選擇消極抵制策略並給予職工少量經濟補償時，職工反哺企業的係數 β 應盡可能地小，使得企業瞞報少繳養老保險費所獲得的

短期收益小於足額繳納養老保險費所獲得的長期收益，倒逼企業選擇積極遵從策略。前兩組條件的區別表現為：第二組條件下有兩個穩定均衡策略，要避免（消極抵制，消極回應）劣策略的發生，主要取決於 $R-C$ 與 $Q-\lambda CQ-\lambda C$ 的大小關係。當 $\lambda-1 > (Q-R)/C\lambda-1 > (Q-R)/C$ 時，繳費主體逃欠費行為關係演化博弈存在唯一的最優穩定均衡策略，避免了劣策略的形成。即當企業瞞報少繳養老保險費的懲罰系數大於短期額外收益與繳納養老保險費的比例時，企業會選擇遵從制度安排及時足額繳費。由此，本研究提出養老保險逃欠費的最優懲罰系數 $\lambda=(Q-R+C)/C+\varepsilon\lambda=(Q-R+C)/C+\varepsilon$，其中 ε 為可調整參量且 $\varepsilon>0$，政府相關部門可以通過不同時期徵繳率的變化情況調整 ε 值的大小來調適和修正企業的逃欠費行為。這種可調控的懲罰力度對逃欠費企業的震懾作用較大，能夠有效地遏制企業逃欠費衝動，引導企業在面臨嚴厲處罰情境下作出積極遵從制度要求的選擇。從圖 5.3 可以看出，當 β 減少、λ 增加時，y^* 增加，鞍點 (x^*, y^*) 沿著 L_2 線上升，D 區的面積減少，逐步向穩定均衡點 (1, 1) 靠近，最終形成企業遵從制度安排及時足額繳費和職工提高勞動生產率反哺企業的良性循環狀態。

5.4 結論與政策建議

本章從繳費主體行為關係演變視角研究企業逃欠職工基本養老保險費問題，建立基於利益的非對稱演化博弈模型，分析企業與職工的演化穩定策略和動態複製系統的穩定性，探討如何促進最優穩定均衡策略的形成。基於前文的分析，本章得出如下結論：

（1）城企基保繳費主體逃欠費行為關係動態複製系統的穩定性僅與企業的決策有關。動態複製系統的穩定性由該系統的雅克比矩陣的局部穩定性決定，觀察表 5.2 可以看出，局部均衡點的行列式值和跡的正負性與職工收益情況無關，而是取決於企業在不同策略下的收益比較。通過判別企業收益 $(1+\alpha)R-C(1+\alpha)R-C$ 與 $(1+\beta)Q-D(1+\beta)Q-D$ 以及 $R-CR-C$ 與 $Q-\lambda CQ-\lambda C$ 這兩組關係的大小，可以確定該複製動態系統局部均衡點的穩定性。

（2）企業在不同策略下收益的大小關係決定著該演化博弈模型最終的穩定均衡策略。當 $(1+\alpha)R-C(1+\alpha)R-C > (1+\beta)Q-D$ 且 $R-CR-C > Q-\lambda C$ 時，存在唯一的穩定均衡策略（積極遵從，積極反哺），並且是優策略；當 $(1+\alpha)R-C(1+\alpha)R-C > (1+\beta)Q-D$ 且 $R-CR-C < Q-\lambda C$ 時，存

在兩種穩定均衡策略（積極遵從，積極反哺）和（消極抵制，消極回應）；當 $(1+\alpha)R-C<(1+\beta)Q-D$ 且 $R-C<Q-\lambda C$ 時，存在唯一的穩定均衡策略（消極抵制，消極回應），但卻是劣策略；當 $(1+\alpha)R-C<(1+\beta)Q-D$ 且 $R-C>Q-\lambda C$ 時，不存在穩定均衡策略。例如，地方政府為了增加就業和稅收而放鬆對養老保險費徵繳工作的管制，企業為了追求相對競爭優勢而瞞報少繳養老保險費將造成職工利益受損，職工無法忍受利益受損會作出向勞動監察部門或社會保障部門投訴的決策，容易形成群體利益受損的惡性循環累積，這將不利於養老保險制度的良性運行和可持續發展。

（3）參數調整可促進最優均衡策略的有效形成。當 $\beta<[(1+\alpha)R-C+D-Q]/Q$ 且 $\lambda>(Q-R+C)/C$，最終會形成企業遵從制度安排及時足額繳費和職工提高勞動生產率反哺企業的良性循環狀態。即當企業選擇消極抵制策略時，職工反哺企業的系數 β 應盡可能地小，使得企業瞞報少繳養老保險費所獲得的短期收益小於足額繳納養老保險費獲得的長期收益。同時，政府應加大對逃欠費企業的懲罰力度，當企業瞞報少繳養老保險費的懲罰系數大於短期額外收益與繳納養老保險費的比例時，企業將會選擇積極遵從策略。因此，政府在治理企業逃欠養老保險費問題時，應針對重點領域、重要群體的特徵恰當設定懲罰系數，引導企業遵從制度規定按時足額繳納養老保險費，職工因得到一定的滿足感而提高勞動生產率反哺企業，形成「政府—企業—職工」良性循環的穩定狀態，從源頭上解決企業逃欠費問題，有助於促進養老保險徵繳管理的有序運行。

治理城企基保逃欠費問題，除了矯正企業與職工基於利益的策略選擇外，政府也充當著重要的調控角色，需要針對各群體的利益關係與政策訴求，對症下藥，實施適宜的政策調整：

一是適當降低養老保險政策繳費率。城企基保繳費率較高是企業逃欠費現象產生的主要原因，通過適當降低養老保險政策繳費率，能夠減輕企業（尤其是中小私營企業）的繳費負擔，將有助於提高企業按時足額繳納養老保險費的積極性。封進（2013）驗證了適當降低繳費率可以提高企業的參保程度，並能提高實際繳費率，從而抵消因制度繳費率下降而導致的基金收入減少。

二是明確徵繳主體，加強徵繳機構的激勵與約束。理清社保經辦機構和稅務部門在徵繳社會保險費中的職責，破除部門利益，發揮各自優勢、實現資源互補、提高徵繳效率，確保養老保險徵繳工作的有序開展。首先，建立企業繳費報告管理機制，要求企業在繳費時提交詳細的職工名單，方便社會保障部門

對職工繳費情況進行核對。同時，要求企業定期向所有職工公布繳費明細，防止出現企業與職工合謀逃費。其次，建立健全養老保險繳費信息查詢平臺，詳細記錄企業與個人的繳費情況，並與其他信息平臺（比如工商稅務、徵信系統等）連通，使企業在信用成本壓力下降低逃欠費的可能。最後，加強徵繳機構和財政、勞動監察部門等的協作，增強徵繳機構的徵繳執行能力。

　　三是建立待遇調整長效機制。城企基保待遇調整關係到 6,305 萬退休者和 1.94 億參保職工退休后的實際生活水平，關係到退休職工能否合理分享經濟發展成果，關係到養老保險制度能否可持續發展①。因此，待遇調整機制必須在確保養老金購買力水平不下降和保證退休職工適度分享經濟發展成果的基礎上，兼顧不同時段退休職工養老金水平的平衡和銜接。建立一個涵蓋職工繳費年限、平均工資增長、物價上漲、基本養老保險基金和政府財力承受能力等的指標體系，並科學設定指標臨界值，當參照指標達到或超過臨界值時，自動啓動養老金待遇調整，從而使退休職工基本養老金待遇隨著相關指標的變化而自動調整，能夠有效地避免目前基本養老金待遇調整的隨意性和不穩定性。

---

　　① 申曙光在「中國社會保障30人論壇2012年會」上的發言，2012年2月。

6 城鄉社會養老保險經辦服務模式創新——基於德陽市旌陽區政府購買服務探索實踐的調查分析

6.1 城鄉社會養老保險經辦服務的現狀與問題

6.1.1 城鄉社會養老保險經辦服務的發展現狀

6.1.1.1 社會養老保險經辦服務的模式

（1）國際上主要的社會養老保險經辦服務模式。從全球範圍來看，社會養老保險經辦服務模式大致可以分為三類：政府直接主導的「統一式」經辦模式；政府監督、社會自治組織管理的「自治式」經辦模式和私人機構營運的「公司制」經辦模式。

世界上採用「統一式」經辦服務模式的國家有美國、英國、日本、韓國、瑞典、挪威、加拿大、澳大利亞和新西蘭等。該模式的主要特徵是：由中央政府下屬的行政部門（如美國的社會保障總署和英國的勞動年金部）或者依法成立的特殊公共機構（如日本年金機構），統一負責全國的社會保險經辦業務。從管理體制上看，統一模式下的經辦機構採用垂直管理體制，由機構總部統一管理，各級機構之間職責明確、分工明晰；從經費來源看，管理成本（或營運費用）從基金收入中提取；從信息化水平看，所研究國家的信息化水平都很高，各級經辦機構之間全部聯網，數據和信息能夠及時共享[①]。

世界上採取「自治式」經辦管理模式的國家大多為歐洲大陸國家，主要

[①] 鄭秉文. 中國養老金發展報告（2013）——社保經辦服務體系改革[M]. 北京：經濟管理出版社，2013：159.

包括德國、法國、荷蘭、西班牙、義大利、瑞士等。該模式的主要特徵是：政府與自治機構通過簽訂契約的方式進行合作，經辦機構由雇員、雇主和政府代表組成的董事會進行管理決策，政府相關部門負責總體監督，經辦機構享有高度的自治權。其管理費用主要從基金中提取，強化了經辦機構的服務意識。自治模式是政府與工會、雇主與雇員、社會與國家之間的有機合作，不僅實現了多方主體的共同參與，而且因為該模式相對獨立的運作，使得社保經辦機構專業水平不斷提升，管理越來越精細化。

20世紀80年代始，以智利為代表的拉美國家相繼引入個人帳戶養老保險制度，參保人的養老保險繳費全部進入個人養老保險帳戶進行完全累積，並由專業性養老基金管理公司負責管理營運。「公司制」經辦服務模式的特點是：由政府相關監管部門批准的私營公司承擔養老保險的經辦服務職能，包括養老保險費的徵繳、為參保人建立個人帳戶、投資管理養老基金、發放養老金待遇等。從拉美國家發展的歷史經驗看，「公司制」模式大大提高了養老保險的經辦效率，保證了服務質量，是養老保險經辦服務領域特點鮮明的一種模式。

（2）中國城鄉社會養老保險的經辦服務模式。就經辦服務模式而言，中國顯然屬於政府部門直接管理的統一模式。從20世紀90年代開始，隨著中國新型社會保險制度的逐步確立和不斷完善，社會保險經辦服務體系不斷發展壯大。社會保險經辦機構作為服務型政府下的具體業務經辦部門，是提供社會保險公共服務的主要載體，具有公共服務性、權威性、公平性和社會效應性等特點。

經過20多年的建設和發展，中國社會保險經辦服務體系已初步建成以各級社會保險經辦機構為主幹、以社會服務機構為依託、以市場服務機構為輔助、以社區服務為基層平臺、以網路通信服務為基礎平臺、以信息化手段為基本技術支撐的服務網路。從中央到省、市、縣四級政府的社會保障職能部門均設有社會保險經辦機構，形成了一個覆蓋全國的分層設置、分級管理的經辦組織系統[1]。其中，人社部社會保險事業管理中心是最高經辦機構，主要負責對下級機構進行業務上的指導和統籌管理。地方社會保險經辦機構包括省、地（市）和縣（區）三級，省、地（市）兩級機構肩負指導和具體經辦的雙重職能，縣（區）一級只負責經辦具體業務。此外，在鄉鎮和城鎮社區，還設立社會保險事務所（站），作為基層社保服務平臺，開展社會保險經辦工作。

---

[1] 鄭秉文. 中國養老金發展報告（2013）——社保經辦服務體系改革 [M]. 北京：經濟管理出版社，2013：120.

6.1.1.2 機構設置與人員配置情況

從機構設置來看，中國城鄉社會養老保險經辦機構數量逐年增加，尤其是社會保險經辦業務逐級下沉後，縣（區）級社會養老保險經辦服務機構數量增加尤為明顯，一般每個行政區劃平均設立經辦機構1.6個①。截至2012年底，全國城鄉社會養老保險經辦機構共有4,947個，占中國社保經辦機構總數的58.82%，其中城鎮職工基本養老保險經辦機構3,447個，新型農村社會養老保險和城鎮居民社會養老保險（現已統一為城鄉居民基本養老保險，簡稱「城鄉居保」）經辦機構1,500個。②

從人員配置情況看，經辦人數實有數和編製數絕對額都呈現逐年遞增趨勢。截至2012年年底，全國城鄉社會養老保險經辦機構編製總人數10.5萬人，占社保經辦機構編製總人數的70%；實有人數11.4萬人，占社保經辦機構實有總人數的66.24%；其中城鎮職工基本養老保險經辦機構編製總人數8.66萬人，實有9.59萬人，城鄉居民基本養老保險經辦機構編製總人數1.84萬人，實有1.82萬人（見表6.1）。③

表6.1　2012年城鄉社會養老保險經辦機構與人員配置基本情況

項目		城職保	城鄉居保	城鄉養老合計	社保合計	占比（%）
機構	數量（個）	3,447	1,500	4,947	8,411	58.82
	參公（個）	2,368	352	2,720	4,421	61.52
人員	編製（人）	86,589	18,427	105,016	156,746	70.00
	實有（人）	95,884	18,161	114,045	172,177	66.24
	參公（人）	50,666	2,751	53,417	77,657	68.79

註：「城鄉居保」包括了新型農村社會養老保險和城鎮居民社會養老保險，2012年全國有17個省區的1,364個縣（區）設立了城鄉居保機構，占縣級行政區劃的47.7%，江西和陝西等省份100%的縣區設立了城鄉居保機構。

資料來源：由人力資源和社會保障部提供。

6.1.1.3 經費保障情況

經辦經費投入是保障社保經辦服務質量的基本條件。根據《社會保險法》

---

① 根據2012年全國城鄉養老保險經辦機構總數和縣級以上區劃總數相除獲得。其中，全國城鄉養老保險經辦機構總數4,947個，縣級以上區劃3,137個，4,947除以3,137得到1.6。
② 機構數量數據來源：人力資源和社會保障部。
③ 數據來源：人力資源和社會保障部。

的規定：「社會保險經辦機構的人員經費和經辦社會保險發生的基本運行費用、管理費用由同級財政按照國家規定予以保障。」截至2012年年底，全國8,411個社會保險經辦機構中，全額撥款機構有8,401個，占比高達99.8%，差額撥款、自收自支及其他類機構各5個，分別占比0.1%。可見，中國社會保險經辦機構營運經費以財政預算撥款為主，以自籌為輔。財政對經辦機構的經費撥付額採取按機構行政編製人數和人均辦公經費定額來制定。2012年全國經辦機構總預算為132.37億元，實際總支出148.11億元①。

6.1.1.4 信息化服務水平建設情況

截至2012年年底，中國社會保險信息化建設已經初具規模，公共服務手段由單一化逐步向多元化轉型，網路應用和電信服務多點開花，機構服務能力和服務水平不斷提升。

2002年10月社會保險信息化建設工程（金保工程）開始試點，並逐步向全國推行。截至2011年年底，全國金保工程一期實際累計投資80.1億元②。2012年年末，金保工程一期建設全面完成並順利通過竣工驗收。經過10多年的發展，全國31個省份實現了部、省、地（市）三級網路貫通，城域網加速向街道、社區、鄉鎮基層服務機構延伸，截至2013年9月末，全國街道鄉鎮平均聯網率達92%。城鄉居民社會養老保險信息系統建設在所有省份得到全面實施，全國近2,700個縣（市、區、旗）通過信息系統辦理城鄉居保服務，占94%③。社會保險跨地區系統建設也邁出了堅實步伐。

除此以外，社會保險公共服務手段不斷多樣化。12333諮詢電話已成為中國社會保障系統的又一個公共服務品牌，在政策諮詢、業務辦理、緩解矛盾等方面發揮了重要作用。

6.1.2 城鄉社會養老保險經辦服務體系存在的問題

與快速增長的城鄉社會養老保險服務需求相比，中國城鄉社會養老保險經辦服務體系的供給能力明顯不足，受人員編製、經費和專業化等方面因素的制約，經辦機構的建設長期處於滯後狀態，在很大程度上已經影響到城鄉社會養老保險制度的可持續發展。

6.1.2.1 機構建設滯後，基層服務平臺薄弱

近年來，隨著城鄉居民社會養老保險制度的快速發展，養老保險經辦業務

---

① 《人力資源和社會保障部2012年度部門預算》，引自人社部官方網站。
② 《人力資源和社會保障部信息化建設「十二五」規劃》，引自於人社部官方網站。
③ 數據來源：人力資源和社會保障部。

逐步向基層下移，城市街道（社區）和農村鄉鎮承擔的養老保險經辦業務工作量越來越大。但是，從機構設置情況看，目前全國縣級以下經辦機構建設十分薄弱，普遍存在經辦人員少、服務網點少、辦公場所狹小、服務窗口較擁擠、信息系統建設落後等問題。截至 2012 年年底，全國有 1,364 個縣（區）設立了城鄉居民基本養老保險（以下簡稱「城鄉居保」）經辦機構，占全國縣級行政區劃的 47.7%；在沒有設置獨立經辦機構的基層社區和鄉鎮，經辦人員大部分都由其他部門人員兼任或為臨時雇傭。① 在一些缺乏基層社保網點的地區，經辦業務探索了一些做法，例如由郵政儲蓄銀行、農村信用社等合作單位進行代理經辦，辦公場所和服務都由合作單位提供。由於養老保險經辦機構屬於事業單位，在許多地區，特別是縣級經辦機構，機構建設嚴重滯後，表現為：經費緊張、財政投入少、基礎工作薄弱、信息化條件落後、管理人員專業素質參差不齊、工作效率低下、管理漏洞較多以及數據安全存在隱患等。

6.1.2.2　經辦人員數量不足，工作負荷日益加重

相對於經辦業務工作量的劇增，中國社保經辦機構的工作人員數量增長較為緩慢。在 2000—2012 年的 13 年間，全國經辦機構人員數量增長了 1.3 倍，年均增長 6.6%，明顯遠遠落後於社會保險制度參保人員總量和社會保險基金規模的增長速度②。從整個社保經辦機構人均服務參保人次負荷比分析，該指標由 2000 年的 2,757∶1 上升到 2012 年的 9,692∶1，增長了 2.5 倍，年均增速為 10.2%。就基本養老保險方面而言，截至 2012 年年底，中國基本養老保險經辦人均負荷比為 6,879∶1，其中城鎮職工基本養老保險經辦人均負荷比為 3,171∶1，新農保和城鎮居民社會養老保險經辦人均負荷比為 26,633∶1。③ 由此可見，中國城鄉社會養老保險經辦機構人員工作負荷已明顯超出國際平均水平，整個系統處於超負荷運轉狀態。

6.1.2.3　經費保障不足，制約了經辦服務質量提升

雖然全國社會保險經辦系統的經費安排近年來已經有了很大改善，並且全系統基本實現了全額撥款制，但是，和實際工作需要相比，仍然存在非常大的差距。2012 年全國社保經辦機構總預算費用為 132.37 億元，實際總支出

---

① 根據中國社會科學院世界社保研究中心《全國經辦機構調研問卷》數據，在所調查的 60 家經辦機構中，自有辦公樓所的有 22 家，僅占 36%，租賃場地、與其他單位合用及其他形式的有 38 家。在其中 42 家經辦機構所處地區，鄉鎮（或街道）有專門社保經辦機構的有 25 家，約占 60%。

② 根據人力資源和社會保障部提供的數據計算而得。

③ 數據來源：《中國人力資源和社會保障年鑒（2012）》。

148.11 億元。經費困難的狀況在基層尤為突出，2012 年市縣兩級預算內經費占實際支出的比重分別為 92.4% 和 85.6%，分別存在 7.6% 和 14.4% 的缺口①。

從人均服務費用的支出情況來看，城鎮職工基本養老保險參保人人均服務費用為 34.86 元，遠高於整個社會保險參保人人均服務費用 8.8 元；而城鄉居保人均服務費用僅為 2.04 元，處於相對較低的水平②。從經費來源機制看，中國城鄉社會養老保險經辦機構經費主要來源於財政撥款，按照機構行政編製人數和人均辦公經費定額撥付。在這種模式下，經費投入與經辦機構的工作業務量缺乏直接關聯，尚未建立按公共服務成本核算的動態投入機制。近年來，隨著基層養老經辦業務的快速增長，經費不足已嚴重影響到經辦系統服務能力的提升。

6.1.2.4 「三化建設」跟不上服務型政府的發展要求

「三化建設」是指信息化、標準化和專業化建設。按照「記錄一生、保障一生、服務一生」的發展目標，社會保險經辦服務和服務型政府提供基本公共服務的準確性、可及性、便利性等在要求上還存在較大差距，「三化建設」還跟不上服務型政府建設的現實需要。信息化的公共服務能力還很薄弱，無法適應社會保障覆蓋全國、惠及全民的需要。由於投入體制的分散化和金保工程的碎片化，使得全國統一建設的核心經辦服務平臺始終難以真正建立起來，社會保險制度存在的地區割據、制度碎片化、轉續困難、地區失衡等問題，嚴重影響了制度運行的質量和制度的可持續性、公平性，進而影響服務型政府的發展需要。

除了經辦系統的信息化情況，標準化和專業化建設也同樣受到投入體制不順的影響。2009 年成立了全國社會保險標準化技術委員會，之後，中國社會保險標準化工作進展非常迅速，成果顯著，短短幾年時間便制定了《社會保險服務總則》《社會保險標準制修訂工作細化程序》等若干國家標準，看上去社會保險經辦服務已經儼然進入一個標準化的世界。但在現實中，不同地區的投入體制無法保證這些國家標準的執行和實施。專業化建設也受制於人員編製和經費的限制，現實中提供的服務以及服務質量與標準化技術委員會制定的國家標準相去甚遠。

---

① 相關數據由人力資源和社會保障部社會保險事業管理中心提供。
② 相關數據由人力資源和社會保障部社會保險事業管理中心提供。

6.2 公私合作視野下政府購買基本公共服務的理論與政策支持

6.2.1 公私合作的理論內涵、運行特徵及其合作方式

6.2.1.1 公私合作的理論內涵

政府向社會力量購買基本公共服務，即政府把直接向社會公眾提供的基本公共服務特定事項，按照市場運行的機制要求，交由具備條件的社會力量（社會組織、企業組織、自然人等）生產和承擔，並由政府根據服務數量和質量向其支付費用，由此使得相關公民獲得優質的基本公共服務。儘管在合作雙方的契約關係上有所差異，但就廣義上而言，政府向社會力量購買基本公共服務，可視為公私合作夥伴關係的一種實踐形式。公私合作夥伴關係，是當代西方新公共管理理論發展與政策實踐的集中體現。20世紀80年代以來，為迎接全球化、信息化、國際競爭加劇的挑戰以及擺脫財政困境和提高政府效率，西方各國相繼掀起了政府改革的熱潮，其基本取向是以採用工商管理的理論、方法及技術，引入市場競爭機制，強調顧客導向，以提升政府公共服務的經濟、效率和效益為目標。

國內學界對公私合作夥伴關係的理論內涵認識上存在差異。「Public-Private Partnership」，簡稱 PPP，在國內文獻中的譯法多種多樣，比較常見的有：「公私合作模式」「公私合作夥伴關係」「公私合作制」「官方/民間的合作」「民營化」等，這些譯法上的差異也反應了目前學者們對 PPP 的理解和認識仁者見仁、智者見智。關於 PPP 概念的界定也不一致，部分學者定義較窄，僅指私人對公共基礎設施的投資，甚至有學者將 PPP 視為國家與私有化之間的中間道路（Leitch & Motion, 2003）。薩瓦斯將 PPP 定義為在公私部門間任何部分或傳統上公共部門的行動由私人部門代替的任何安排（薩瓦斯，2002），該定義包含了所有涉及公私元素的內容，如合同制、聯合經營、服務外包等機制。美國公私合作國家顧問委員會（2000）將公私合作區分為廣義和狹義進行定義，狹義公私合作模式是傳統政府採購和私有化的混合物，包括為滿足公共需求對公共設施所進行的設計、建造、融資、營運、維護以及對公共服務的營運；而廣義公私合作則還包括傳統的政府採購和私有化。上述界定的核心之處在於產權的私有化與經營的市場化。經濟合作與發展組織（OECD，2000）認為，公私合作通過充分利用私人部門的商業和技術知識、

經驗，實現高效、低價的城市環境基礎設施建設與服務，以此緩解政府部門財政緊張問題。

本書將 PPP 翻譯為「公私合作夥伴關係模式」。公私合作夥伴關係模式是指公共部門與私人部門為提供公共服務而建立起來的一種長期的合作夥伴關係，公共部門與私人部門各自發揮優勢，共同分擔風險、分享收益。建立公私合作夥伴關係的必要性在於，公共部門與私人部門在公共服務的提供和生產的過程中，都有其獨特的優勢，需要汲取雙方的優勢力量建立互補性的合作關係。其中，「公」指政府及其公共部門；「私」指私營部門或第三部門；「合作」不是行政命令上的政治隸屬關係，而是公私雙方基於公共項目所結成的經濟合同關係；「模式」是指這種公共部門和合作參與方在公共服務供給上的合作方式具有形式上的確定性和普適性。

公私合作夥伴關係模式的側重點是通過建立合作關係，發揮各自在資源配置上的優勢，共同為公眾提供專業高效的公共產品和服務，同時雙方也合理地分配風險與收益。它既與政府直接提供公共產品和服務的傳統方式不同，也和資產所有權發生轉移的國有企業私有化不同。它們之間的差異主要體現在五個方面：是否有財產轉移、各方關係的性質如何、風險與收益的分配方式、服務提供的方式、政府在其中的角色定位等。表 6.2 對公私合作模式與政府提供和私有化三種公共服務供給方式進行了比較，以便於我們更清晰地認識它們。

表 6.2　　　　公私合作模式與政府提供、私有化的比較

	公私合作模式	政府提供	私有化
是否轉移財產	沒有不可撤銷的資產轉移	沒有任何資產轉移	發生資產所有權轉移
各方關係性質	涉及合作關係	無合作關係或股東利益	涉及股東利益
風險與收益分配	風險共擔，收益共享	公眾承擔風險，社會收益最大化	風險和收益轉移給私營部門
服務提供方式	共同建立服務提供機制	公共部門單獨提供服務	公共部門從提供服務中撤出
政府角色	公共部門對政策和服務水平負責	既是服務提供者，又是行業規制者	公共部門負責規制

6.2.1.2　公私合作夥伴關係模式的基本特徵

總體而言，公私合作夥伴關係模式的基本特徵可以歸納為：是一種公共部門主導的夥伴關係；合作雙方之間利益共享、風險共擔；合作關係具有長期

性;合作方式具有多樣性。

(1) 公共部門主導的夥伴關係。公私合作夥伴關係模式的最顯著特徵是合作夥伴關係,它是公私合作夥伴關係模式標的項目能夠成功實施的前提。為了追求以最少化的資源生產最大化產品和服務,公私雙方找到了合作契機,並由此結成合作夥伴關係。這種夥伴關係的確立一般都需要簽署正式的、具有法律效力的合同協議,這不僅是為了明確各合作主體的權利、義務和風險分攤的規則,更有助於消除私人投資者的擔憂和保障合作參與方的權益。在履行合同協議過程中,公共部門要肩負主導者的責任,私營部門只是從事一些專業性、技術性強的事務工作。

(2) 公共部門和私營部門利益共享。利益共享是合作雙方的共同追求,也是合作的基礎。無論是公私部門的合作,還是私營部門與私營部門的合作,抑或是公共部門內部之間的合作,都遵循這一原則。公私部門之間的合作與其他兩種合作的區別在於:它分享的是利益而非利潤。因為採用公私合作夥伴關係模式的目標是為了給民眾提供更多的公共產品和服務,而這些產品與服務都具有公益性,服務具體生產者不被允許從中獲取高額的經營利潤。如果違背公益性的原則,會引起社會公眾的不滿,最終可能會導致公共部門失信於民,引起社會的混亂。此外,利益的分享方式也需在合作雙方之間達成共識,否則會影響合作方案的實施。

(3) 公共部門和私營部門風險共擔。公私合作夥伴關係模式不僅意味著利益共享,同時也意味著風險共擔。公私合作夥伴關係模式的初衷是實現各參與主體的「合作共贏」,要實現該目標,各方參與主體必須共同分擔經營風險。在公私合作夥伴關係模式中,各參與主體根據享有權益的大小,按照「誰有利、誰承擔」的原則分擔風險,儘管如此,公共部門還是應盡可能大地承擔自己有管理優勢的風險,而讓合作參與方承擔盡可能少的風險。可見,要實現公私合作夥伴關係模式的成功,必須考慮雙方風險的最優應對、最佳分擔,而將整體風險最小化;同時,還需在整個過程中建立全方位的動態風險防控機制。

(4) 合作關係的長期性。一般而言,公私合作項目的合同期限是由項目設施預期壽命、投資回收期、政策的穩定性等因素來共同決定的。從西方各國的成功案例來看,公私合作夥伴關係模式多應用於市政建設、電力、水務、通信等基礎設施行業,且合同期限一般都在 20 年以上。公私部門如果就某項公共產品或服務的供給確立了合作關係,為了能夠持續高質量高效率地供給公共產品和服務,一般要求雙方合作夥伴關係得到長期、穩定的維護,並共同解決

合同期限內出現的問題。

（5）合作方式的多樣性。公私合作夥伴關係模式的形式多種多樣，不同的國家和地區可以根據自身特點來設計適合本國或本地區的合作方式。不同形式的公私合作制在產權、營運和管理等方面也各不相同，公共部門與私人部門的角色以及各自的收益和風險也是不同的。因此，在建立合作關係時，應該採用何種方式來進行合作，對於項目的成功至關重要。

6.2.1.3 公私合作方式選擇

薩瓦斯指出，「由於服務提供和生產之間的區別，我們可以據此確定公共服務的不同制度安排。但應清醒地認識到：角色劃分和責任界定不一定總能做到清晰明確。不同制度安排的原因在於，政府既能作為一個安排者，也可作為一個生產者，私人部門也一樣，由此形成制度安排的四種基本類型。根據安排者、生產者和消費者之間的動態關係，可以把這四種類型細分為十種具體形式」①。在這十種安排裡，合同、特許經營、補助和志願服務等七種安排的生產者是私營部門。政府作為生產者的三種安排是政府服務、政府間協議和政府出售。在社會保險經辦管理服務公私合作供給模式下，服務的提供和具體生產相分離，政府是經辦服務的提供者，而私營部門和第三部門都是具體的生產者，常見的合作方式有：政府採購、服務外包、特許經營、補助和志願服務等（見表6.3）。

表6.3　　　　　　　　　公共服務提供的制度安排

生產者＼提供者	公共部門	私營部門
公共部門	政府協議 政府間協議	政府出售
私營部門	合同外包 特許經營 補助	自由市場 志願服務 自我服務 憑單制

資料來源：E. S. 薩瓦斯. 民營化與公私部門的夥伴關係 [M]. 北京：中國人民大學出版社，2002：70.

不同的社會保險經辦管理服務在建立公私合作關係時該如何選擇合作方式呢？這可以從兩個角度來分析，一是根據社會保險經辦服務具體項目的特點、

---

① E. S. 薩瓦斯. 民營化與公私部門的夥伴關係 [M]. 周志忍，等，譯. 北京：中國人民大學出版社，2002：69.

目標、合作的深度和廣度來選擇；二是要把握各種合作方式的應用特性。

這裡重點比較和分析各種方式的特性。每種合作方式都有其自身的特徵、應用範圍以及優勢和不足，換言之，每種方式的適用範圍都不同，預期用於解決的問題也不盡相同，可以運用於經辦不同類別的社會保險服務。表 6.4 給出了五種常見合作方式在達成某些特定目標上的差異。

表 6.4　　　　　五種常見的公私合作方式的操作特徵

B＼A	政府直接提供	簽約外包	特許經營	補助津貼	志願服務
促進競爭		★★	★★	★★	★
回應消費偏好		★★	★		★★
提升效率效能		★★	★	★★	★
重視成本收益		★★	★	★★	★★
財富再分配	★★		★		★
目標不明確的特定服務能力	★★				★★
經濟承受能力		★★	★★	★★	★★
滿足多元需求		★★			
減少貪污腐化					★★
延緩政府成長		★★	★★	★★	★★
達成其他目的	★★	★	★	★	★

註：★表示部分程度；★★表示極大程度。A 是機制形式，B 是功能指標。
資料來源：蔡品晶．可抉擇公共服務供給機制：經驗及其改革啟示 [D]．廈門大學，2007．

通過比較發現，各種合作方式的功能差異一目了然。表 6.4 顯示了所列五種合作方式之間一些重要的差異。表格中兩個星號（★★）表示該方式的該種功能特徵非常明顯，空白表示它缺乏該種功能，一個星號（★）則表示它的這種功能特徵不太明顯或較微弱。表 6.4 向我們傳達了這樣的信息：各種服務提供方式都有其側重的功能指標，換言之，在選擇具體合作方式時，不可能兼顧到所有的目標要求，最后的選擇結果只能是一種占優策略①。公私合作的幾種方式相對於政府直接提供服務和志願服務方式，更能夠促進競爭，提升社會

---

① 「占優策略」的意思是：這種合作方式不一定能滿足所有功能特徵的最優化要求，但現階段最需要達到最優狀態的功能一定得到了實現，即合作方式的選擇偏重於實現當前最重要的功能目標。

保險經辦服務效率效能,降低服務成本,並具有更強的經濟承受能力。綜上所述,我們應根據合作項目的特點和追求實現的功能目標來選擇社會保險經辦管理服務公私合作方式。

6.2.2 政府購買基本公共服務的政策支持

黨的十八大強調要改進政府提供公共服務方式,新一屆國務院明確要求在公共服務領域更多地利用社會力量,加大政府購買服務力度。黨的十八屆三中全會通過的《中共中央關於全面深化改革若干重大問題的決定》(中發〔2013〕12號)明確指出,全面深化改革的總目標是完善和發展中國特色社會主義制度,推進國家治理體系和治理能力現代化。要緊緊圍繞更好保障和改善民生、促進社會公平正義深化社會體制改革,推進社會領域制度創新,推進基本公共服務均等化,加快形成科學有效的社會治理體制,確保社會既充滿活力又和諧有序。推廣政府購買服務,凡屬事務性管理服務,原則上都要引入競爭機制,通過合同、委託等方式向社會購買。

2012年11月,國家民政部、財政部下發了《關於政府購買社會工作服務的指導意見》(民發〔2012〕196號)指出:「政府購買社會工作服務,是政府利用財政資金,採取市場化、契約化方式,面向具有專業資質的社會組織和企事業單位購買社會工作服務的一項重要制度安排。」「建立健全政府購買社會工作服務制度,深入推進政府購買社會工作服務,是創新公共財政投入方式、拓寬公共財政支持範圍、提高公共財政投入效益的重要舉措;是改進現代社會管理服務方式、豐富現代社會管理服務主體、完善現代社會管理服務體系的客觀需要。」「各級民政和財政部門要切實增強責任感和緊迫感,充分總結借鑑國內外政府購買社會工作服務實踐經驗,以改革創新精神,採取更加有力措施,加快推進政府購買社會工作服務。」該指導意見明確指出,政府購買社會工作服務,要「堅持立足需求、量力而為,從人民群眾最基本、最緊迫的需求出發設計、實施社會工作服務項目,用人民群眾社會服務需求是否得到有效滿足作為檢驗政府購買社會工作服務的重要標準」。

2013年9月,國務院辦公廳發布《關於政府向社會力量購買服務的指導意見》(國辦發〔2013〕96號),明確指出:「推行政府向社會力量購買服務是創新公共服務提供方式、加快服務業發展、引導有效需求的重要途徑,對於深化社會領域改革,推動政府職能轉變,整合利用社會資源,增強公眾參與意識,激發經濟社會活力,增加公共服務供給,提高公共服務水平和效率,都具有重要意義。」「地方各級人民政府要結合當地經濟社會發展狀況和人民群眾

的實際需求，因地制宜、積極穩妥地推進政府向社會力量購買服務工作，不斷創新和完善公共服務供給模式，加快建設服務型政府。」「政府向社會力量購買服務的內容為適合採取市場化方式提供、社會力量能夠承擔的公共服務，突出公共性和公益性。教育、就業、社保、醫療衛生、住房保障、文化體育及殘疾人服務等基本公共服務領域，要逐步加大政府向社會力量購買服務的力度。非基本公共服務領域，要更多更好地發揮社會力量的作用，凡適合社會力量承擔的，都可以通過委託、承包、採購等方式交給社會力量承擔。」

2013年12月，財政部《關於做好政府購買服務工作有關問題的通知》（財綜〔2013〕111號）強調要充分認識推進政府購買服務工作的重要性和緊迫性。在公共服務需求日趨多樣化的形勢下，應突出公共性和公益性，重點考慮、優先安排與保障和改善民生密切相關的領域和項目，把有限的財政資金用到人民群眾最需要的地方。

2014年8月，《國務院關於加快發展現代保險服務業的若干意見》（國發〔2014〕29號）指出，要發揮保險風險管理功能，完善社會治理體系。鼓勵運用保險機制創新公共服務提供方式。政府通過向商業保險公司購買服務等方式，在公共服務領域充分運用市場化機制，積極探索推進具有資質的商業保險機構開展各類養老、醫療保險經辦服務，提升社會管理效率。按照全面開展城鄉居民大病保險的要求，做好受託承辦工作，不斷完善運作機制，提高保障水平。鼓勵政府通過多種方式購買保險服務。鼓勵各地結合實際，積極探索運用保險的風險管理功能及保險機構的網路、專業技術等優勢，通過運用市場化機制，降低公共服務運行成本。對於商業保險機構營運效率更高的公共服務，政府可以委託保險機構經辦，也可以直接購買保險產品和服務；對於具有較強公益性，但市場化運作無法實現盈虧平衡的保險服務，可以由政府給予一定的支持。

6.3 德陽市旌陽區政府購買社會保障基本公共服務的運行機制和績效評估

6.3.1 德陽市旌陽區政府購買社會保障基本公共服務的運行機制

6.3.1.1 政府購買社會保障基本公共服務的內容和方式

2009年9月1日，《國務院關於開展新型農村社會養老保險試點的指導意見》正式頒布，決定在全國各省、市、區選擇部分縣（市、區）率先啟動新

農保試點工作。2009年12月底，德陽市旌陽區被四川省列為國家首批「新農保」試點縣，上級部門要求「新農保」試點地區在半年內參保率達到80%。面向全區約25萬農戶的「新農保」工作是一項非常龐雜而專業的系統工程，據測算，「新農保」如果按照傳統經辦服務模式，由德陽市旌陽區社保局提供經辦服務，全年需要投入經費至少627萬元，管理人員需配備約180人。而且，短時期內要擴大「新農保」的參保率，同時還要確保經辦服務質量，至少面臨兩大難題：其一，基層平臺不完善。全區11個鄉鎮4個街道辦，109個行政村，2005年鄉鎮機構綜合體制改革時，鄉鎮（街道）勞動保障所撤並，鄉鎮（街道）沒有勞動保障所，僅保留了勞動保障所牌子，劃歸鄉鎮（街道）社會事務中心管理，絕大部分鄉鎮（街道）無專職人員。其二，村（社區）公共服務能力太弱，基礎差。「村兩委」原本沒有勞動保障服務職能，且「村兩委」從業人員年齡偏大，文化素質不高，不熟悉現代辦公流程，更無法操作和使用計算機。加之2009年正處於汶川大地震災后重建時期，60%左右的「村兩委」均無固定辦公場所，難以滿足「新農保」試點階段「時間緊、任務重」的業務經辦要求。

面對沒有農村基層服務機構、經辦人員捉襟見肘和財政一時難以負擔的現狀，根據精簡高效原則，為了實現降低「新農保」服務成本、提升工作效率的目標，旌陽區政府決定運用政府購買服務方式，將商業保險公司引入「新農保」經辦服務領域。通過公開招標的方式，中國人壽保險股份有限公司德陽市分公司憑藉較高的服務方案評分，以358萬元/年的服務價格成功中標，並與四川省德陽市旌陽區政府就政府採購服務模式經辦村級就業和社會保障公共服務簽訂了協議。服務期限分兩個階段：第一階段為2010—2011年；第二階段為2012—2014年。服務內容包括村勞動保障政策諮詢和勞動維權、村就業服務，村社會保險社會化管理服務以及村新農保經辦服務。

具體來說，村級就業和社會保障公共服務的採購內容包括：

（1）勞動保障政策諮詢和勞動維權。具體服務內容為：開展勞動保障法律、法規政策的宣傳諮詢；協助做好勞動爭議預防、調解和勞動者權益維護工作，並及時、準確報送相關信息。

（2）村就業服務。具體服務內容為：調查掌握村內勞動力資源、勞動者就業與失業、勞動用工、企業退休人員情況，實行實名制動態管理；對申領就業失業登記註冊有關證件進行初審；協助「村兩委」組織創辦服務網點，受理小額擔保貸款申請；發布培訓信息，推薦求職人員參加各類職業培訓；發布用工信息，協助組織勞動力資源有序轉移。

（3）村社會保險社會化管理。具體服務內容為：負責參保對象參加基本養老、基本醫療、失業、工傷、生育等社會保險的資格初審和建檔登記，協助參保人員辦理享受相關社會保險待遇的報批手續並進行跟蹤服務；組織退休人員開展政治學習和文體活動，核實退休人員、工殘人員生存狀況和領取相關待遇的資格，協助退休人員享受基本醫療保險待遇，協助退休人員、工傷人員申請相關待遇。

（4）村「新農保」經辦服務。具體服務內容為：「新農保」服務對象覆蓋全區25萬符合參保條件的人員，其經辦服務主要負責「新農保」參保登記、繳費申報、待遇申請、關係轉移、接續等各業務環節所需材料的收集和檢查；基礎信息錄入並上報（含電子文檔）；負責向參保人員發放有關材料（含參保表冊）；提醒或督促參保人員按時繳費，並進行政策宣傳與解釋、待遇領取資格認證、摸底調查、農村居民基本信息採集等。同時「新農保」制度實施時，對所有參保人員年度繳費情況公示，以及對已年滿60周歲、未享受城鎮職工基本養老保險待遇，符合參保條件的子女參保情況的農村老年人，進行公示等工作。

其中，針對村「新農保」經辦服務，協議規定合作的方式是：中國人壽保險股份有限公司德陽分公司全程提供旌陽區「新農保」項目具體服務，但不參與「新農保」基金運作，不承擔盈虧風險，其服務特點可以概括為一對一上門服務，零現金管理。服務內容和服務質量接受政府監管考核。服務對象覆蓋全區25萬符合參保條件的人員。這種新型農村社會養老保險經辦模式在全國尚屬首創，被媒體稱為「新農保德陽模式」，也是典型的社會保險經辦管理服務公私合作模式，合作方式是政府採購，或稱之為服務外包。

政府採購村級就業和社會保障公共服務的結算方式是：按照自然年度結算，第一個年度的服務合同價款，自合作雙方簽訂合同之日起，一個月以內，德陽市旌陽區人民政府將第一年度服務款的90%劃撥給服務提供商，即中國人壽德陽市分公司，10%留作服務提供商當年履行本合同的履約保證金，履約保證金由德陽市旌陽區人民政府暫存管理，在年末經旌陽區人民政府考核合格後的次月劃撥給服務提供商。第二個年度的服務合同價款，旌陽區人民政府在第二季度內將服務款的90%劃撥給服務提供商，10%留作服務提供商當年履行本合同的履約保證金，履約保證金由旌陽區人民政府暫存管理，在年末經旌陽區人民政府考核合同後的次月劃撥給服務提供商。

6.3.1.2 政府購買服務的實施方案

（1）平臺建設。旌陽區全區共有11個鄉鎮，4個街道辦事處，109個行政

村。通過科學選址，在全區所有行政村均設立了就業和社會保障服務站，機構名稱也進行了規範：街道、鄉鎮勞動就業社會保障公共服務平臺統稱為「××街道（鄉、鎮）就業和社會保障服務中心」，社區、行政村統稱為「××社區（村）就業和社會保障服務站」。此外，統一了便民配置和辦公設備，建立完善的基礎管理平臺和信息系統。總體來看，初步構建起了覆蓋全地區的就業和社會保障服務網路，為全面開展好就業再就業服務、社會保險經辦、勞動關係協調、勞動者權益維護等各項工作奠定了堅實基礎，是維護社會穩定的重要支撐。

在實際運行中，旌陽區人民政府負責轄區內各鄉鎮（含街道、下同）人民政府與服務提供商的協調工作，負責提供必要的辦公場地，承擔村級網路系統運行費用。服務提供商負責做好服務內容的具體承辦工作，履行向旌陽區政府採購中心提供的投標文件中的服務承諾，全力配合旌陽區人民政府、各鄉鎮人民政府全面完成政府下達的各項年度目標任務，提供「新農保」試點過渡性軟件服務系統。

（2）人員配置。為保證勞動就業與社會保障公共服務質量和工作效率，參照組織部門、民政部門對全區農村行政分類界定辦法，中國人壽德陽分公司在村勞動保障服務站聘請專職協理員代辦具體業務，協理員的具體配備原則和數量見表6.5。

表6.5　　　　　　　　　村協理員配備情況

村服務人數	每村協理員配置人數	村數量	所需協理員合計
2,000人以下	1人	30	30
2,000~3,500人	2人	56	112
3,500人以上	3人	23	69

據統計，旌陽區共30個人數在2,000人以下的村（配備協理員30人），56個人數在2,000~3,500人的村（配備協理員112人），23個人數超過3,500人的村（配備協理員69人），按照上述人員配備標準，共需為村級就業和社會保障公共服務項目（主體是「新農保」的經辦服務）首次配備211名協理員①。

為做到「反應迅速，服務入戶」，中國人壽德陽分公司按每村配置協理員

---

① 數據來源：德陽市旌陽區人社局提供。

1~3 人的要求，首批招募組建了 180 余人的隊伍，駐村開展服務。在旌陽區勞動行政部門的統一管理下，鎮政府和村兩委提供支持與配合。國壽德陽分公司負責協理員的培訓和管理，培訓內容包含學習「新農保」政策、操作實務及客戶服務等內容，以適應新農保經辦服務工作的需要。協理員隊伍對公司負責，納入公司管理與考核；公司對政府負責，接受參保群眾與政府的監督考核。

（3）服務流程和風險控制。為了確保「新農保」服務質量，中國人壽德陽市分公司根據初期工作的反饋，著手對整個「新農保」工作服務流程進行細緻的梳理，並制定標準的工作和服務管理體系。

2010 年 7 月初開始，中國人壽與 BSI（英國皇家標準協會）的專家簽訂了諮詢協議，由 BSI 專家實地考察「新農保」服務流程，尋找分析每一個風險點，細化相應的崗位職責、工作標準、關聯結構，建立相應的預警、應對機制，最終建立系統的風險防控標準體系，為「新農保」工作優質、高效、規範地開展建立了重要的保障體系。2010 年年底，公司會同 BSI 專家對業務流程進行了全面梳理，對組織架構和職責進行了確認，共編寫完成《參保登記申請作業標準》《信息錄入作業標準》《個人信息變更作業標準》《保全程序及離職作業標準》《保險關係恢復作業標準》《人員考核作業標準》《養老金領取辦理作業標準》等操作規程 27 個，為「新農保」經辦服務工作提供了規範化、專業化和標準化的指導。此外，還進行了風險因素辨識與評價，識別出風險點 94 個，最大限度地防止管理中出現灰色區域，對服務流程進行規範化和標準化，基本建立了系統的風險防控標準體系。

以參保登記服務流程為例，標準的規範化流程是：①參保申請；②參保資料審核；③參保資料整理；④參保信息錄入；⑤參保資料歸檔。在服務過程中，區社會保障局、鄉鎮保障所、村保障站以及中國人壽協理員多方主體之間既分工明確、又相互合作，具體流程如圖 6.1 所示。

當然，風險點的產生是一個動態過程，風險的識別、分析和監控也必須貫穿於經辦服務業務的整個進展之中，才能確保業務的合規性要求，滿足法規、政府、公司的要求，最終滿足客戶的要求。為此，中國人壽德陽市分公司預設了相應的工作流程，在具體工作中不斷調整與強化對標準的理解，確認控制措施的有效性，並在經辦服務系統持續運行過程中，不斷磨合標準與規範要求。一是將文件標準與執行記錄形成對照，尋找與分析不一致之處；二是與管理顧問一起分析和修訂現有程序和作業規範，上報公司高層批准；三是將文件中的風險點和社保、村鎮管理機構形成對接，實施雙控，確保風險點綜合控制。同

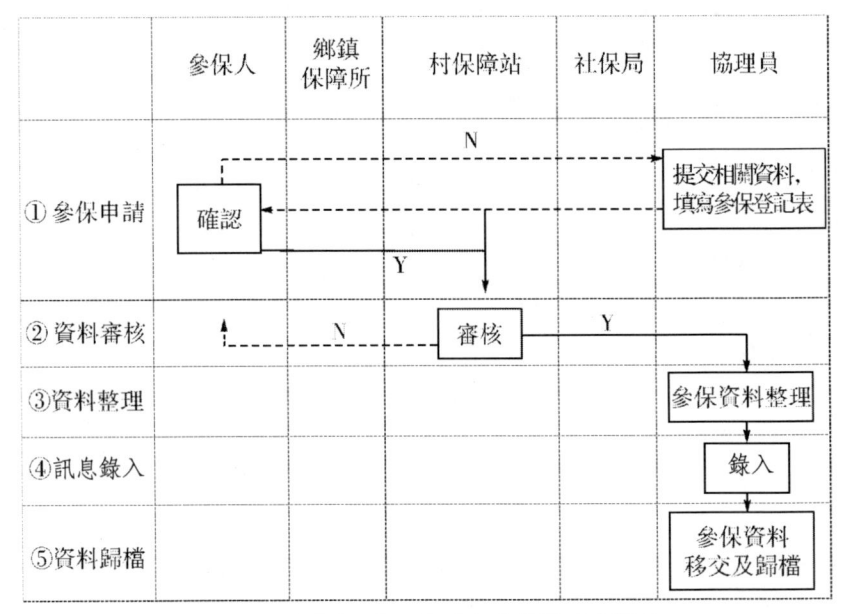

	參保人	鄉鎮保障所	村保障站	社保局	協理員
①參保申請	確認				提交相關資料，填寫參保登記表
②資料審核			審核		
③資料整理					參保資料整理
④訊息錄入					錄入
⑤資料歸檔					參保資料移交及歸檔

圖6.1　德陽市旌陽區新農保參保服務流程圖

時，實施內部稽核，最終確定風險控制要求，優化流程操作規範，從而實施有效管理，最大限度地降低管理與操作風險。

（4）服務與考核標準。

其一，村級就業和社會保障公共服務的標準包括：

①服務人性化。以服務對象為核心，做到接待群眾熱心、解答問題耐心、辦事服務細心、幫助群眾誠心、提供援助貼心，創建基層勞動就業和社會保障公共服務品牌。

②服務規範化。文明服務：工作人員掛牌上崗、儀表整潔、語言文明、熱情周到、誠信可靠；工作場所舒適便利，體現人性化宗旨。公開服務：將服務內容、服務流程、服務時限、服務承諾、服務準則、規章制度、收費標準、投訴電話在服務場所上牆公開，使服務對象一目了然。主動服務：以服務對象為中心，定期、不定期主動上門或主動聯繫參保單位和參保個體，查找問題並解決問題。承諾服務：實行首問負責制、限時辦結制、責任追究制。配套服務：整合服務項目，加強各部門服務項目的相互銜接和配套，提供「一攬子」「一窗口」「一站式」服務。重點服務：對困難人員及特困領取待遇人員實行專人負責，開展「一對一」重點跟蹤幫扶服務。高效服務：組織開展服務質量管理活動，統一服務標準，簡化辦事程序，提供高質、高效服務。

其二，政府對村級就業和社會保障公共服務的考核標準包括：

①村就業和社會保障公共服務機構建設納入鄉鎮、村建設的總體規劃和目標管理的重要內容。

②村就業和社會保障公共服務機構建設做到機構、人員、經費、場地、制度、工作「六到位」，工作職責落實到人，目標任務分解到位。

③按照分級培訓的原則，對工作人員組織開展業務培訓和資格培訓，做到持證上崗。

④本區域內服務對象對勞動就業社會保障政策的知曉率達到90%以上，服務對象滿意率達到90%以上。

⑤勞動保障工作臺帳內容完整、記錄清晰準確、存放有序、手續完備，基礎數據及時錄入計算機，並按月更新，實行實名制動態管理，通過勞動保障網路實現互聯互通和信息共享。

⑥落實就業援助計劃，定期走訪就業困難對象家庭，通過崗位援助、托底安置等形式，確保零就業家庭至少1人實現就業。

⑦對符合申辦條件的勞動保障有關證、卡按時發放率達100%。

⑧按照有關部門的安排，服務對象申請享受稅費減免、社保補貼、崗位補貼、小額擔保貸款等就業再就業扶持政策全面落實到位。

⑨協助完成轄區內新農保經辦服務及參保目標。具體包括：村協理員熟練掌握相關社保政策，政策入戶宣傳率達100%；指導參保人員正確填寫旌陽區新型農村養老保險服務表，對文化程度低的參保人員可幫助填寫，再由參保人員簽字確認。收集身分證、戶口簿、殘疾證複印件，並確認材料無誤；對同一參保人，同一時期或同一次業務辦理時形成的資料，按規定的順序進行歸納整理和信息錄入，錄入信息必須按時，準確率達100%；銀行存折、養老金領取證發放到每位參保人手中，準確率達100%，並將參保人員帳戶信息（轉帳授權信息）錄入新農保系統；履行對參保人員參保關係轉入、轉出應準備資料及辦理程序的一次性告知義務；完成社區（村）符合中斷參保繳費人員的資料收集、上報工作；對不符合中斷條件人員必須履行及時告知繳費義務通知。同時將保險關係中斷信息錄入新農保管理系統和資料按期歸入參保檔案；參保人員保險關係恢復申請只能由參保人本人提出，按照參保登記及信息變更時的資料整理順序要求，對相關資料進行整理；對社區（村）符合領取新農養老金人員的相關資料進行收集、初審，並上報審批，每年定期對養老金領取資格進行年審，年審率為100%，並錄入新農保系統；負責按要求張貼參保人員名單以及符合養老金領取條件人員名單。為參保人員提供信息查詢服務，告知

參保人員繳費情況、養老金領取情況，對於沒有繳納保險費的，提醒或督促其及時將保險費存入銀行帳號。

⑩按職能範圍，做好勞動者權益維護工作和社會穩定工作；設有政務公開欄、意見箱，公布投訴電話，回覆意見及時，整改問題有效。

6.3.2 德陽市旌陽區政府購買社會保障基本公共服務的績效評估

6.3.2.1 服務成本評估

（1）政府直接提供經辦服務的預估成本。如果經辦服務完全由政府部門提供，面向25萬農戶的新農保工作是一項非常龐雜而專業的系統工程。在前期的評估中，德陽市政府結合實際情況，參照組織部門、民政部門對全區農村行政村分類界定辦法，全區需要聘請專職村級勞動保障協理員189名，其經費保障辦法參照「一村一大」經費保障標準，全年所需費用預算為627.05萬元。其中包括人員經費268萬元，社會保險繳費104.44萬元，人員培訓費15.88萬元，辦公費用37.8萬元，目標任務考核94.50萬元，過渡性軟件開發及維護費（可按經辦服務機構年限分攤）80萬元，以及管理費26.05萬元①。

（2）政府購買服務的協議成本。根據旌陽區村級就業和社會保障公共服務政府採購合同中約定，新農保旌陽區服務費358萬元，開發區服務費20萬元，合計378萬元/年。此外，旌陽區政府每年按「新農保」實際完成情況給予中國人壽德陽分公司不超過50萬元的獎勵。按照獲得全額獎勵的情況計算，旌陽區政府每年需支出「新農保」經營成本428萬元。

旌陽區政府實際支付費用包括兩個部分：一是全區所有鄉鎮、行政村信息網路建設及運行費用（納入財政預算，由區人社局承擔），包括定額補助每村工作經費每年2,000元，網路費用72,000元，共計28.40萬元/年；二是政府購買村級就業和社會保障公共服務的實際支付費用：第一階段為2010—2011年，實際支付758.00萬元（含工作經費補貼42.00萬元）；第二階段為2012年至2014年，截至2014年8月底實際已支付766.00萬元。

（3）保險公司提供經辦服務的營運成本。自2010年始，中國人壽德陽市分公司通過政府採購服務方式，承辦了旌陽區村級就業和社會保障公共服務的經辦工作，至今已運行4年有餘。通過對中國人壽德陽市分公司實地調研，獲得了2010—2013年公司經辦村級就業和社會保障公共服務的歷年經營情況數

---

① 數據來源：由德陽市旌陽區人社局提供。

據，如表6.6所示①。

表6.6　　　2010—2013 年保險公司經辦旌陽區村級
就業和社會保障公共服務的收支情況　　　單位：元

收支＼年份	稅後淨收入	各項支出成本	實際超支/結餘
2010	3,573,040	5,661,730.51	-2,088,690.51
2011	3,856,240	3,756,236.23	100,003.77
2012	3,585,312	3,880,745.43	-295,433.43
2013	4,045,040	3,641,016.42	404,023.58

註：上表中各項支出成本未含保險公司員工編製的片區經理及內勤的人力成本。

其中，人力成本占了經辦服務成本絕大部分的比例，詳見表6.7②。

表6.7　　　　2010—2013 年人力成本支出情況

2010 年		2011 年		2012 年		2013 年	
人數（人）	人力成本（元）	人數（人）	人力成本（元）	人數（人）	人力成本（元）	人數（人）	人力成本（元）
179	2,865,670.13	168	3,134,914.95	156	3,484,911.6	140	3,401,087.03

註：上表中各項支出成本未含員工編製的片區經理及內勤的人力成本。

6.3.2.2　服務績效評估

（1）參保人員服務滿意度調查評估③。本次調查採用了重點調查④和抽樣調查⑤相結合的研究方法，在德陽市旌陽區範圍內，樣本的選取採用了分層抽樣⑥的方法。

---

① 數據來源：由中國人壽德陽市分公司提供。
② 數據來源：由中國人壽德陽市分公司提供。
③ 自 2011 年始，項目組先后三次赴德陽市試點地區進行實地調研，並發放問卷評估參保人的服務滿意度。服務滿意度問卷調查所獲得的數據及其分析已先期應用於項目組成員（項目負責人為指導教師）的碩士學位論文。參見：李振文. 公私合作視角下社會保險經辦管理服務供給模式研究 [D]. 西南財經大學，2013.
④ 重點調查指在全體調查對象中選擇部分重點單位進行調查，以取得統計數據的一種非全面調查方法。
⑤ 抽樣調查是從研究對象的整體中選出一部分代表加以調查研究，然后用所得結果推論和說明總體的特性，是一種非全面調查方法。
⑥ 先將總體的單位按某種特徵分為若干次級總體（層），然後再從每一層內進行單純隨機抽樣，組成一個樣本的方法。

首先，關於調查村的選擇，採用了重點調查的方法。從調研可行性以及數據科學性角度進行考慮，在實地調研時，聽取了人社局、國壽德陽分公司以及村協理員的多方建議后，選擇了參保人數較多且富有代表性的兩個村子：廣坪村和石門村。這兩個村的村民數量很多，都達到了 4,000 人，基本能夠滿足調研需要。此外，對村子的選擇採用了重點調查的方法，重在獲得有代表性的數據。

其次，關於問卷調查具體對象的選取，使用了分層抽樣方法。「新農保」制度規定，年滿 60 周歲的農民無須繳費，可直接按月領取養老金；16 歲以上不到 60 歲的農民則處於繳費階段，到期才能領取養老金。這兩個年齡段的參保人員具體的參保義務與權利不相同，對於「新農保」經辦模式的滿意度可能也會有差異。因此，年齡因素是影響「新農保」服務滿意度指標評估的一個重要變量。在確定了樣本選取方法后，考慮到人力和物力的限制，最終發放了 116 份問卷，收回有效問卷 113 份（德陽市旌陽區樣本 N＝113），問卷有效收回率為 97.4%。

同時，項目組採用同樣的方法在簡陽地區也進行了調研，獲得有效問卷 62 份（簡陽地區樣本 N＝62），對其進行整理得到統計表。因為簡陽地區「新農保」制度的實施是採用傳統的經辦模式，經辦服務基本由政府部門提供和生產，因此，可將兩者進行比較研究。

首先對被訪參保農民的主要人口社會特徵進行統計，表 6.8 統計了被訪參保農民的性別和年齡構成情況。

表 6.8　　　　　　被訪參保農民主要的人口社會統計特徵

	廣坪村		石門村		旌陽區		簡陽地區	
	人數（人）	百分比（%）	人數（人）	百分比（%）	人數（人）	百分比（%）	人數（人）	百分比（%）
性別								
男性	16	28.1	31	55.4	47	41.6	32	51.6
女性	41	71.9	25	44.6	66	58.4	30	48.4
年齡組								
≥60 歲	23	40.4	9	16.1	32	28.3	22	35.5
＜60 歲	34	59.6	47	83.9	81	71.7	40	64.5

註：德陽市數據是廣坪村和石門村兩村數據的綜合反應。其中廣坪村收回有效問卷 57 份，石門村收回有效問卷 56 份。簡陽地區收回有效問卷 62 份。后面的表中樣本情況亦是如此。

「百分比」是指某項數據占該樣本總數的比重。如：廣坪村被訪參保農民 57 人，其中男性有 16 人，所以廣坪村男性所占的百分比為 28.1%。

對於服務滿意度的評估可以通過服務態度、服務可及性、辦理業務等待和花費的時間等可操作化的指標來進行。從實地調研和訪談獲得的信息來看，筆者認為，在德陽「新農保」經辦服務模式下，參保農民對「新農保」的服務是比較滿意的，也可以說，「德陽模式」實現了提高「新農保」經辦服務質量的初衷。

首先，服務態度得到了改善。調查結果（見表 6.9）顯示：德陽市旌陽區參保農民中，94.7%的受調查者認為協理員的服務態度「比較好」和「非常好」，而簡陽地區該比例僅為 77.4%；並且德陽市旌陽區受調查的農民中，沒有人選擇服務態度「很差」或「比較差」的選項，這說明政府購買「新農保」經辦服務模式明顯地改善了服務態度。

表 6.9　　　　　　被訪參保農民對新農保服務態度評價情況

	廣坪村		石門村		旌陽區		簡陽地區	
	人數（人）	占比（%）	人數（人）	占比（%）	人數（人）	占比（%）	人數（人）	占比（%）
服務態度								
非常好	3	5.3	52	92.9	55	48.7	27	43.5
比較好	48	84.2	4	7.1	52	46.0	21	33.9
一般	6	10.5	0	0.0	6	5.3	7	11.3
比較差	0	0.0	0	0.0	0	0.0	7	11.3
非常差	0	0.0	0	0.0	0	0.0	0	0.0

其次，服務質量也得到了提升。從表 6.10 來看，雖然德陽市旌陽區參保農民辦理業務前等待時間和辦理業務過程中所花費時間與簡陽情況相比，似乎沒有得到明顯改善，但仔細分析還是可以發現，旌陽區廣坪村作為最早的試點區，業務經辦管理處於試點探索階段，因此，在參保農民辦理業務等待和花費的時間這些指標上沒有明顯改善；但是作為后面逐步推廣的試點地區，石門村農民業務辦理等待和花費的時間明顯縮短。

表 6.10　　　　　　被訪參保農民對新農保服務質量評價情況

	廣坪村		石門村		旌陽區		簡陽地區	
	人數（人）	百分比（%）	人數（人）	百分比（%）	人數（人）	百分比（%）	人數（人）	百分比（%）
等待時間（分鐘）								

表6.10(續)

	廣坪村		石門村		旌陽區		簡陽地區	
	人數(人)	百分比(%)	人數(人)	百分比(%)	人數(人)	百分比(%)	人數(人)	百分比(%)
<30	33	57.9	54	96.4	87	77.0	53	85.5
30~60	17	29.8	1	1.8	18	15.9	6	9.7
60~90	2	3.5	1	1.8	3	2.7	3	4.8
90~120	3	5.3	0	0.0	3	2.7	0	0.0
≥120	2	3.5	0	0.0	2	1.8	0	0.0
花費時間(分鐘)								
<30	20	35.1	56	100.0	76	67.3	46	74.2
30~60	27	47.4	0	0.0	27	23.9	14	22.6
60~90	2	3.5	0	0.0	2	1.8	1	1.6
90~120	3	5.3	0	0.0	3	2.7	1	1.6
≥120	5	8.8	0	0.0	5	4.4	0	0.0
服務站點數量								
足夠	25	43.9	56	100.0	81	71.7	49	79.0
不夠	32	56.1	0	0.0	32	28.3	13	21.0

表6.11　被訪參保農民對新農保服務的整體滿意度評價情況

	廣坪村		石門村		旌陽區		簡陽地區	
	人數(人)	百分比(%)	人數(人)	百分比(%)	人數(人)	百分比(%)	人數(人)	百分比(%)
總體評價								
非常滿意	20	35.1	45	80.4	65	57.5	18	29.0
比較滿意	21	36.8	8	14.3	29	25.7	12	19.4
一般滿意	16	28.1	3	5.4	19	16.8	30	48.4
比較不滿意	0	0.0	0	0.0	0	0.0	0	0.0
非常不滿意	0	0.0	0	0.0	0	0.0	2	3.2

最后，農民對「新農保」服務的總體滿意度評分得到顯著改善。詳見表6.11，簡陽地區受調查農民對「新農保」服務「非常滿意」和「比較滿意」只占48.4%，而德陽市旌陽區該比例高達83.2%，無論是從旌陽區的整體情況，還是從單個樣本調查結果來看，農民對「新農保」經辦服務德陽模式的整體滿意度都非常高。

綜合上述分析，筆者認為，從調研結果來看，「新農保」經辦服務德陽模式關於服務滿意度指標評估結果，可以用優秀來形容。參保農民對這種公私合作的服務提供模式整體是比較滿意的。

（2）「新農保」目標完成情況。

①參保及徵繳情況。基於旌陽區人社局提供的統計數據，如表6.12所示，2010—2013年，每年度「新農保」參保率和徵繳率均達90%以上，較好地完成了政府下達的當年度任務目標。

表6.12　　2010—2013年旌陽區新農保參保與繳費情況

年度	年末參保人數（萬人）	參保率（%）	繳費人數（萬人）	徵繳率（%）
2010	16.1	90	11.16	91
2011	15.85	95	10.89	91
2012	15.7	93	10.68	93
2013	15.28	92	10	93

②按時、按規定完成「新農保」個人帳戶對帳工作，對帳率達100%。以2013年度為例，在2013年對2012年度全區「新農保」參保繳費人員的繳費情況、個人帳戶明細情況開展對帳工作，村協理員將「新農保」個人對帳單發放到參保人員手中，讓每個參保人員能對自己的繳費情況進行核實，共完成10.89萬人的個人帳戶對帳工作。

③按時、按規定完成領取養老金人員資格認定工作。2013年對領取「新農保」養老金人員4.71萬人開展資格認定工作，發現有已死亡人員及時上報，所有資格認定登記資料已按規定報送區社保局農保股，資格認定率達100%。

④基礎管理工作。中國人壽德陽市分公司嚴格按照管理要求對各村協理員進行指導、監督、管理，協理員能切實履行其職責，業務檔案進行規範整理，紙質檔案裝訂整齊、編號統一，各種報表、參保信息、變更信息等業務資料上報及時準確。

（3）政府購買「新農保」經辦服務模式取得的主要成效。

德陽市旌陽區通過採用政府購買服務的模式，運用專業化的管理服務，不僅使「新農保」經辦服務能力建設成效明顯，而且以實際行動為政府贏得了百姓的口碑。

①提高「新農保」覆蓋面。從簽訂採購服務合同到 2013 年年底，德陽市旌陽區每年「新農保」參保率和徵繳率均達 90% 以上，普遍高於全國平均水平。截至 2013 年 12 月 31 日，全區完成「新農保」符合條件人員登記參保 16.14 萬人，其中：60 周歲以上人員 4.71 萬人，60 周歲以下人員 11.43 萬人，目標任務完成率 96.97%。2013 年已參保繳費人數為 10.70 萬人，續期繳費率達 95.78%，徵收「新農保」養老保險費 2,326.02 萬元，「新農保」供養比達 2.27∶1，遠高於德陽市其他地區，保證了旌陽區「新農保」基金的平穩運行。專業機構提供經辦服務的模式在德陽其他「新農保」試點地區如什邡、綿竹等地推廣，顯示了內在機制創新的活力。比如，2011 年新試點的什邡市「新農保」參保人數 20.3 萬人，參保率達到 93.26%。

②提高「新農保」服務效率。中國人壽德陽分公司制定並施行了《新型農村社會養老保險服務方案》《新型農村社會養老保險服務工作實施方案》等 14 項指導性、規範性文本，用規範化的流程、精細化的管理提高了「新農保」的服務效率和質量。一是參保繳費的實際推進效果比原先的計劃翻了一番；二是比同類試點地區在養老金發放、摸清家底、數據錄入等方面的實際效率提高 50% 以上；三是專業化的管理服務提升了「新農保」后續服務的專業能力。就經辦服務人員的隊伍建設而言，基層業務協理員中 38% 為大專及以上學歷，能熟練掌握相關政策和業務經辦規範；能熟練使用信息系統，及時受理「新農保」各項業務，並嚴格按操作規程辦理各項業務；協理員對群眾諮詢耐心、細心，使用文明語言，使得業務經辦流程暢通，經辦效率顯著提高。就經辦服務信息化建設而言，依託於村級就業和社會保障公共服務項目，開發「新農保」信息管理系統，以 VPDN 無線網路為核心，搭建起覆蓋到村一級的信息化管理網路系統，提高了信息化效率。

③節省「新農保」運行成本。在德陽市旌陽區，「新農保」的開展工作涉及全區 11 個鄉鎮 109 個行政村，共約 25 萬農村群眾。根據旌陽區社保局的估算，如果完全由政府獨自承擔，參考鄰近區縣社保部門自辦「新農保」的投入標準，旌陽區社保局投入人員、薪金、辦公場所及用品耗材等至少需要 627 萬元。而採用政府購買服務的方式，商業保險公司的中標價格僅為 358 萬元。相比較而言，政府採購服務模式能更好地控制成本支出，節約資金並收到更好的效果。

④培養本土化后備專業人才。商業保險公司通過系統的培訓體系，對「新農保」協理員進行「新農保」政策、計算機操作、信息系統操作、隊伍管理、執行力、禮儀等方面的培訓。「新農保」協理員在數據錄入、「新農保」知識普及、參保繳費、政策業務宣傳等方面工作優勢明顯。同時，協理員大多是當地農村大專畢業生，對本村的鄉土人情較為瞭解，在走村串戶的基層工作中鍛煉了組織協調能力和細緻的工作作風，為「新農保」的可持續發展提供了堅實的專業人才保障。此外，協理員隊伍建設不僅在一定程度上緩解了農村的就業壓力，還提升了基層行政管理水平。截至2011年年底，旌陽區已經有13名協理員走上了村支書、婦女主任和民兵連長的崗位。

⑤產生了改革的聯動效應。一是政府採購服務模式實現了基層社會保障管理平臺的延伸。目前，德陽市旌陽區已將政府購買服務模式擴展到就業服務、農村低保以及殘疾人服務等領域，有利於農村基層社會保障管理服務的整合和機制創新。二是政府購買服務模式有利於農村金融服務平臺的延伸。如金融機構人員定期下村鎮，郵政儲蓄流動車的直接進村，為金融服務平臺在農村地區的延伸發展創造了條件。三是推進了行政體制改革方面的有益探索。旌陽區試點探索傳統公共服務實施第三方管理方法和路徑的做法，為構建「小政府大社會」治理模式、健全完善農村基層社會管理提供了新思路，累積了新經驗。

6.3.3 德陽市旌陽區政府購買就業和社會保障公共服務模式有待破解的難題

德陽市旌陽區政府購買包括「新農保」經辦服務在內的村級就業和社會保障公共服務模式表現出很強的活力和廣泛的適應性、可推廣性，對國內其他地區亦具有較強的借鑑和推廣價值。然而，政府購買就業和社會保障公共服務模式目前還處於探索期，在實際運行過程中還面臨諸多需要破解的難題。

6.3.3.1 合作各方職責邊界不夠明晰

在德陽市旌陽區政府購買村級就業和社會保障公共服務模式的探索實踐中，政府和商業保險公司之間的職責邊界還不夠明晰，容易導致就業和社會保障公共服務供給和遞送環節合作雙方的「越權」現象。一方面，「新農保」經辦業務涉及政府多個部門，由於缺乏有效的溝通機制和風險控制機制，容易造成管理上的混亂，政府的「越位」和「缺位」並沒有從根本上得以消除。另一方面，「新農保」經辦管理服務職能外包後，政府作為「新農保」制度的建立者、監督者責任的體現和落實尚有待進一步清晰化。在「新農保」試點推進及制度全覆蓋過程中出現的問題，需要政府與合作企業共同解決，畢竟政府

才是制度的推進主體，是最終的責任主體，而合作企業只是經辦主體，只是對提供的經辦服務質量負責。

6.3.3.2 績效評價體系不完善

政府購買包括「新農保」經辦服務在內的村級就業和社會保障公共服務，政府對合作企業的績效評價體系仍不完善和具體。目前，德陽市旌陽區政府對合作企業的績效評價主要是依據「德陽市旌陽區村就業和社會保障公共服務經辦服務協議」，通過實施政府和參保群眾的雙重評價來進行。就經辦服務的績效評價而言，政府主要以年度任務完成量為主要考核依據，考核的重心在於是否完成目標任務，在經辦服務的過程控制方面基本上還是停留在感性認知的層面，對績效評價的指標設計、具體標準和內容均缺乏科學合理的設計。

6.3.3.3 利益制衡與激勵機制不健全

作為政府主導的公共服務項目，商業保險公司在「新農保」經辦服務中基本不賺錢。如果長此以往，沒有政策的引導、支持，商業保險公司參與經辦服務的積極性和主動性必定會大打折扣。特別是在缺乏有效激勵機制的情況下，合作各方利益制衡機制不健全，容易導致商業保險公司利用信息優勢開展「搭便車」的商業活動。調查發現，商業保險公司在農村除開展「新農保」工作外，還承接了部分商業保險銷售工作、信用聯社 EPOSE 機業務以及移動公司鄉村網路建設和移動送保險業務。若無完善的監管和利益制衡機制，政策性業務和商業性業務的疊加，利益目標的不同引致的衝突不能得到有效化解，不利於中國社會保障制度的健康可持續發展。

6.3.3.4 參保農民個人信息安全保護不足

德陽市旌陽區政府與中國人壽德陽分公司簽訂的村級就業和社會保障公共服務協議中規定，中國人壽提供的服務內容包括初期「新農保」信息管理系統的研發和實施，「新農保」個人信息的採集、核實、登記及數據庫建設與維護。實際操作中，協理員的主要工作之一，就是做好參保農民的個人信息採集、系統錄入和維護工作。雖然信息系統建好后完全由人社局在管理和維護，但保險公司在這一過程中已經掌握了參保農民的個人信息，如身分信息、繳費記錄等。中國現行法律法規對社會保險個人權益信息的使用和保管都有明確規定，目的是為了保障社會保險參保人員的信息安全。但在政府購買「新農保」經辦服務模式下，對參保人個人信息的安全性提出了新的挑戰，目前國家對此還沒有專門的法律保障條款，如果保險公司自行將這些信息用於商業用途，參保農民的權益將有可能會受到侵害。

7 城鄉社會養老保險基金管理體制和機制創新

養老基金是為保障勞動者年老失去勞動能力后的基本生活需要而募集的資金，是實現人人「老有所養」和確保養老保險制度可持續運行的物質基礎。近年來，得益於城鄉社會養老保險擴面工作的突飛猛進和參保人數的持續增加，中國城鄉社會養老保險基金規模激增，客觀上要求養老基金實現保值增值。而現實情況則是，受制於城鄉社會養老保險基金管理體制和投資營運機制尚不完善，以及后金融危機時代金融市場特別是資本市場震盪加劇，城鄉社會養老保險基金投資營運並沒有產生規模效益，投資收益低且缺乏穩定性。因此，建立並完善城鄉社會養老保險基金管理體制和投資營運機制，一直以來備受政府和社會各界的關注。比如，黨的十八大報告中明確提出「建立社會保險基金投資營運制度，確保基金安全和保值增值」；《中共中央關於全面深化改革若干重大問題的決定》中亦明確指出，「加強社會保險基金投資管理和監督，推進基金市場化、多元化投資營運」。

如何實現養老基金的保值增值，一直以來均是學界普遍關注的研究主題。彭浩然、岳經綸（2013）基於中國大部分省、市、區公共養老基金的債務風險分析，認為投資運作是減輕公共養老基金債務風險的有效途徑，並從治理主體和投資主體兩方面對公共養老基金的運作治理方式進行了探索。熊軍、季宇（2013）則從長期投資的角度，認為提高養老基金的長期收益水平，不僅需要完善投資環境，更需要健全包括投資管理制度在內的基金治理，並對養老基金治理包含的基本內容和責任主體進行了詳細分析。鄭秉文（2009）和封進、何立新（2012）也認為投資體制和治理結構的差異是導致各國養老基金在金融危機中受損程度不同的關鍵，完善的基金治理是養老基金保值增值的基本要件。王亞柯、呂慧娟（2013）認為應該注重養老金多元化體系的構建，強調分散化投資策略和生命週期投資策略，以及最低收益擔保機制的應用。

儘管良好的治理結構和投資營運體制是養老基金進行長期有效投資的前

提，但學者們對其具體的投資營運模式選擇卻出現了分歧。周志凱、孫守紀（2011）認為中國個人帳戶基金適宜採取相對集中的投資管理模式和集體決策投資模式，即在中央層面成立個人帳戶基金投資理事會，在其下成立多家個人帳戶基金投資公司，具體負責個人帳戶基金的投資管理。趙妮娜、魏鵬（2012）從個人帳戶養老基金的產權屬性出發，構建了信託營運管理模式的基本框架，並提出政府角色轉變、監管原則和信息披露等方面的政策建議。魯全、蔡澤昊（2012）從中國養老基金貶值原因入手，深入分析養老保險基金管理體制的內容框架，即投資管理主體要從央地分責到專業化管理、投資渠道要厘清基金性質實行分類、投資管理模式要逐步建立健全委託代理模式、監督與風險控制要多方參與合力監督。韓立岩、王梅（2012）通過對國際養老基金投資管理模式和中國資本市場的分析，認為法人機構投資者模式更有利於養老基金的保值增值，並對中國養老基金入市及其投資監管提出政策建議。熊軍、季宇（2014）提出建立委託投資制度，分離養老基金的行政管理和投資管理職能，成立省級社會保險基金理事會，同時為該制度的有效運行給出相應的政策建議。夏榮靜（2012）基於養老基金投資管理的國際比較，從養老保險基金投資策略、投資管理模式、投資績效評價體系提出推進中國養老基金投資管理的具體思路。

就中國養老基金的運行現狀而言，鄭秉文（2014）從宏觀效率和微觀效率兩方面全新審視了中國養老保障制度運行的績效問題，認為它已經影響到當下的制度收入狀況、基金增值能力和未來的財務可持續性，將是新一輪深化改革的重中之重。孫祁祥、王國軍和鄭偉（2013）基於發展戰略的視角，認為中國養老金市場發展緩慢是因為宏觀層面的戰略規劃嚴重缺失，未來十年應分三個發展階段實施五大戰略，即養老保障體系的支柱調整戰略、稅制改革戰略、監管優化戰略、技術革新戰略和產品優化戰略。若未來養老基金實行市場化投資，必將更強調投資渠道、投資策略和風險管控方面的創新。張占力（2012）認為個人帳戶養老基金投資營運的改革和創新主要體現在新型投資渠道以及多元化投資策略和多種基金制投資策略的興起。葉錦麗（2013）依據全球養老基金的投資趨勢，認為未來養老基金的投資領域應該擴展到包括新興市場在內的海外市場，投資工具應該包括對沖基金、商業貸款、私募股權投資、基礎設施等另類投資。基於中國養老基金的風險屬性，鄭秉文（2009）認為中國統籌基金應採取持有「特種國債」投資方式，帳戶基金應採取市場化投資方式，但需引入補償機制。劉雲龍、肖志光和鄭偉（2013）認為應該建立合理機制引導養老金進入資本市場，比如發行長期限的債券品種或優先

股,借助機構投資者來推動金融創新,並在適當的時候成立統一的養老金監管機構,出抬《中國養老金監管法》。陳志國、楊甜婕(2014)則從綠色投資的角度,認為中國養老基金未來可以投資太陽能、風能、水能等新型能源項目。而在風險管控方面,劉雲龍、肖志光和鄭偉(2013)認為應該在適當的時候由國務院成立「中國養老金監管委員會」,負責對養老金進行統一監管,並出抬《中國養老金監管法》。沈澈(2014)依據 SWOT 模型,識別出在內部優勢和劣勢、外部機遇和挑戰的影響下,養老基金投資營運中可能面臨的多種風險,進而提出各種相應的風險規避策略。

綜上所述,在基礎性養老金全國統籌的背景下通過市場化投資營運實現養老基金的保值增值,已是理論和政策研究者的普遍共識。進而言之,養老保險基金營運管理的有效性既需要重視機制與技術層面,如養老保險基金投資工具的創新性、投資方式的多樣性、投資組合的科學性等,更需要在制度構建、模式選擇、治理結構、管理能力等方面給予高度重視。

本章將重點討論五個問題:①基於全球的視野,分析后金融危機時代養老基金投資營運面臨的新挑戰,並從養老基金負債和資產兩端,梳理全球養老金管理及其投資營運的政策調整;②中國城鄉社會養老保險基金累積和投資營運現狀分析;③中國城鄉社會養老保險基金市場化投資的 SWOT 分析;④中國城鄉社會養老保險基金管理體制和機制創新的決策要點,包括投資管理模式、投資管理體制、投資營運機制三個方面;⑤保證收益約束下養老基金資產結構的動態優化問題。

7.1 后金融危機時代全球養老基金投資營運的新挑戰和新變革

7.1.1 后金融危機時代全球養老基金投資營運的新挑戰

由於金融自由化、金融創新以及金融混業經營的推進,國際資本的結構、流向以及投資品種和方式發生了重大變化。而網路信息技術革命更為金融投資創造了更加廣泛的活動空間和嶄新的運行形式,導致金融市場的波動更加頻繁,金融危機層出不窮。例如,20 世紀 30 年代初發生的金融大危機幾乎摧毀了整個資本主義經濟體系,80 年代發生的拉美國家金融危機致使拉美國家經濟瀕臨破產的邊緣,而 90 年代末發生的東南亞金融危機使亞洲國家經濟遭受了巨大損失。2007 年,由美國次貸危機引發的全球金融危機,幾乎無一國家

幸免。其影響甚至由金融領域蔓延擴散到了實體經濟，不僅使得全球金融業不斷收縮，更讓世界經濟發展減緩。雖然 2012 年後世界經濟呈現出復甦跡象，但金融危機的影響在短期內還難以消除，世界經濟和金融市場發展的不確定性使得全球養老基金的投資營運面臨新的挑戰。

首先，從世界經濟發展格局看，各國經濟復甦緩慢，世界經濟將處於低速增長期，經濟運行的下行風險仍將持續存在。根據 IMF 於 2014 年 1 月發布的《世界經濟展望——最新預測》，2014 年和 2015 年世界經濟預計將分別增長 3.7% 和 3.9%。2014 年比 2013 年回升 0.7 百分點，其中發達國家增長加快 0.9 個百分點，發展中國家提高 0.4 個百分點，絕對增速仍處於危機以來的低位。而且新興市場經濟體增速總體放緩，部分國家面臨的風險上升。根據 IMF 統計，2013 年主要新興市場和發展中經濟體 GDP 增長 4.7%，比上年有所放緩，不同國家經濟走勢出現分化；其中，印度、巴西 GDP 增速比上年分別上升 1.2 個和 1.3 個百分點，而俄羅斯和南非 GDP 增速比上年分別回落 1.9 個和 0.7 個百分點。

其次，從國際金融市場的發展形勢看，歐洲部分國家的主權債務危機並沒有得到根本解決，美、日、歐等發達經濟體的貨幣政策調整前景亦不明朗，國際金融風險和不確定仍將長期存在。此外，新興經濟體內部的增長動力疲弱、結構性矛盾突出的問題仍將存在，使得新興經濟體很可能成為世界金融市場中的新風險源①。

最後，從國際金融市場運行情況看，全球金融市場波動較大，發達經濟體和新興市場經濟體表現分化。一方面，後金融危機時代市場投資者對歐美經濟復甦信心有所增強，風險偏好提高，推動主要發達國家股市連創新高。2013 年年末，道瓊斯工業平均指數、歐元區 STOXX50 指數、日經 225 指數分別收於 16,576.66 點、2,919.42 點和 16,291.31 點，較 2012 年末分別上漲 26.5%、13.3% 和 56.7%。另一方面，由於自身存在經濟結構問題，且受美國推出量化寬鬆政策預期影響，一些新興市場經濟體股市波動加大，比如印度尼西亞、土耳其和印度在 2013 年 6~9 月股指波幅較大，分別達到 20.4%、23.0% 和 15.3%②。因此，國際資本在各經濟體之間的流動將更加頻繁，金融市場的流動性預期和投機性風險將進一步增加。

---

① 趙碩剛. 國際金融市場形勢分析展望 [J]. 宏觀經濟管理，2014（1）：80-82.
② 中國人民銀行. 中國金融穩定報告（2014）[EB/OL]. http://www.pbc.gov.cn/publish/goutongjiaoliu/524/2014/20140429162156125254533/20140429162156125254533_.html.

7.1.2 后金融危機時代全球養老保險制度的新變革

在 2008 年金融危機期間,世界主要金融市場的資產價格暴跌,導致絕大多數國家的養老基金資產價值大幅縮水,投資收益率嚴重下跌。2007 年全球養老基金資產規模已達 31.4 萬億美元,2008 年則下降為 25 萬億美元,全球養老基金在 2008 年的平均收益率為-18%,這對養老基金累積的充足性和養老保險制度的可持續性形成巨大挑戰。后金融危機時代,人口老齡化風險和金融風險對養老保險制度的影響更是引起社會各界廣泛關注,人們開始重新審視 20 世紀 80 年代以來養老保險制度私營化改革的政策取向,反思養老基金投資運作的理論和實踐,積極調整養老基金的資產配置和監管政策,甚至對養老保險的制度模式亦提出質疑。

7.1.2.1 養老保險制度的結構調整

自 20 世紀 80 年代以來,全球養老保險制度改革的重心是應對人口老齡化的衝擊,儘管發達國家和發展中國家在這場改革中位於不同起點,選擇了不同的路徑,但改革的最終方向都是發展 DC 型養老保險計劃和建立多層次的養老保障體系。

首先,按照養老保險制度繳費與給付之間精算關聯的不同,養老保險計劃可以分為待遇確定型(DB 型)和繳費確定型(DC 型)兩大類,二者的風險承擔主體和風險分擔機制有很大區別。在 DB 型養老保險計劃中,養老保險的待遇水平主要取決於參保人的繳費年限和繳費期間的薪金收入;養老保險計劃的發起人將承擔向參保人給付確定水平養老金的最后財務責任。而在 DC 型養老保險計劃中,養老保險的待遇水平主要取決於參保人及其雇主繳費的總額及累積基金的投資收益狀況,參保人要承擔養老基金的投資風險。20 世紀 80 年代以前,養老保險計劃主要以 DB 型為主,但隨著人口壽命延長和老年人口撫養比的上升,DC 型養老保險計劃的比重逐步上升。據華信惠悅統計,全球 DB 型養老保險計劃資產的占比從 2003 年的 62%下降到 2013 年的 53%,而 DC 型養老保險計劃資產的占比從 2003 年的 38%上升到 2013 年的 47%。但從金融危機前后的對比來看,各國存在顯著差異。例如,在 DB 型計劃為主的國家中,日本和荷蘭的 DC 型計劃養老金資產成倍增長,而加拿大卻大幅縮水;在 DC 型計劃為主的國家中,澳大利亞 DB 型計劃養老金資產的占比增長了 23.08%;在混合型養老保險計劃的國家中,英國 DC 型養老保險計劃資產占比減少了 17.65%,而美國卻增加了 5.45%。由此可見,各國不同類型養老保險計劃資產的變動並無規律可循,但任何養老保險計劃都會受金融動盪的影響,都不能

減少整體的養老風險，養老負擔最終都會落在勞動者身上（見表7.1）。

表7.1　　部分國家DB和DC型養老保險計劃資產占比情況　　單位:%

國家	DB型計劃資產占比			DC型計劃資產占比		
	2007年	2013年	增長率	2007年	2013年	增長率
澳大利亞	13	16	23.08	87	84	-3.45
加拿大	85	96	12.94	15	4	-73.33
日本	99	97	-2.02	1	3	200.00
荷蘭	99	95	-4.04	1	5	400.00
瑞典	45	NA	NA	55	NA	NA
英國	66	72	9.09	34	28	-17.65
美國	45	42	-6.67	55	58	5.45
世界	57	53	-7.02	43	47	9.30

資料來源: Towers Watson, Global Pension Assets Study 2008 & Global Pension Assets Study 2014, http://www.towerswatson.com/en/Insights/IC-Types/Survey-Research-Results/2014/02/Global-Pensions-Asset-Study-2014.

其次，各國積極推進和完善多層次養老保障體系的建設。①重視非繳費型養老保障制度的發展。尤其是金融和經濟危機以來，許多國家通過建立和完善非繳費型養老保障制度來解決老年人口退休收入的充足性問題。例如，澳大利亞、加拿大、韓國、比利時、法國、西班牙等一次性地增加了第一層次的基於經濟調查的養老金待遇，芬蘭和瑞典給予老年人額外的稅收減免，智利、芬蘭、希臘等則引入了新的定向計劃。2008年1月，智利建立了新的團結養老金制度（SPS）以替代原來的社會救助養老金計劃和最低保障養老金計劃。該制度中的基礎團結養老金制度主要是對65歲以上無任何養老金來源的人提供全民性的基礎養老金，而團結養老金繳費制度主要是對月養老金收入在5萬～15萬比索的老年人提供團結儲蓄補充年金。自2010年3月起，澳大利亞開始提高國民養老金待遇水平，其中全額領取的單身人士每兩週可增加國民養老金最多60澳元，部分領取的單身人士每兩週至少可以增加20澳元，無論是全額還是部分領取的夫妻每兩週都增加20澳元，且國民養老金標準根據CPI以及男性平均周薪每年自動調整兩次①。②鑒於累積基金保值增值的難度較大，許

---

① 孫博.澳大利亞「安全和可持續」的國民養老金改革及啟示[J].社會保障研究，2011（4）：84-89.

多國家開始調整養老保險制度改革的方向，放棄基金累積制養老保險制度改革的政策取向，重新回到過去的現收現付制養老保險制度或至少是減少向基金制私人養老保險計劃的繳費。比如，2010年11月，匈牙利暫停向私人DC型養老金計劃繳費，並從2011年起所有向私人DC計劃的繳費以及此前DC帳戶下累積的養老基金都轉到公共養老金計劃中。2011年，波蘭個人帳戶養老金的繳費從7.3%降到2.3%，到2017年開始才又增至3.5%。最具爭議的是，2007年1月阿根廷政府出抬了第26.222號法令允許加入個人帳戶計劃的成員退回到現收現付計劃中去，而新參加工作者在未選擇加入何種計劃時系統會自動將其劃入現收現付計劃。2008年11月，阿根廷政府宣布取消養老金市場化投資營運體制，正式將全國300億美元公共養老基金資產收歸國有，並轉入現收現付制度下的「可持續性保障基金」。原先個人帳戶計劃下由養老基金管理公司（AFJP）管理和支付的養老金則統一轉由國家社會保障局負責管理和支付。在2010年12月簽署的《阿根廷統一養老金法》（NO. 26.425）中甚至取消了第二層次中的個人帳戶養老金計劃，要求建立統一的現收現付養老保險制度①。③簡化和整合公共養老保險制度結構。比如，英國在2012—2017年模仿新西蘭的「KiwiSaver方式」引入自動註冊制度，實施「自動註冊」的退休儲蓄計劃，以「強制性」第二層次的形式提高新就業群體的養老保險覆蓋面，督促就業者為自身的退休收入進行儲蓄。2013年，英國提出合併國家基本養老保險和國家第二養老保險，建立單一的國家基本養老保險計劃，所有雇員將繳納同樣的國民保險，以同樣的形式擁有國家養老金資格，養老金的保障水平高於最低收入水平。此項改革將於2017年4月開始實施，到2060年最後完成②。

7.1.2.2 養老保險制度的參數調整

養老保險作為一種化解老年風險的制度安排與機制設計，其可持續發展的關鍵在於根據經濟社會環境的變化調整繳費和給付階段的制度參數，以維持長期資產和長期負債的動態平衡。各國養老保險參數改革的措施主要包括：提高繳費水平、鼓勵延遲退休、嚴格受益條件、提高退休年齡、降低養老金指數化的慷慨程度等。

（1）提高繳費水平。在養老基金償付能力顯著下降的情況下，提高養老保險的繳費水平無疑是一種簡單直接的開源方法。2008年10月1日，俄羅斯普京政府宣布了養老保障制度的最新改革方案：「取消統一社會稅，改為強制

---

① 鄭秉文，房連泉. 阿根廷私有化社保制度「國有化再改革」的過程、內容與動因[J]. 拉丁美洲研究，2009（2）：7-24.

② Pension Facts 2012. UK: Pensions Policy Institute, 2012.

性養老保險繳費。2010年對於年工資收入低於41.5萬盧布的職工，繳費率為工資總額的26%。」① 而英國從2012年4月開始，通過3年左右時間逐步將高收入雇員的養老保險繳費率平均提高3.2%。以地方政府雇員為例，其繳費率將由現行5.5%～7.5%提高至5.5%～12.5%。其中，收入在150,000英鎊以上的高收入雇員的繳費率將從7.5%提高到12.5%，收入在21,101～32,400英鎊之間的中等收入雇員的繳費率從6.5%提升至8.3%，收入在15,100英鎊以下的雇員繳費率仍為5.5%②。同樣，法國奧朗德政府在最近的養老保險改革方案中提出：從2014年起，提高在職人員和雇主的基本養老保險繳費率，2014年增加0.15%，2015—2017年每年增加0.05%，4年共提高0.3個百分點，這將使在職人員的基本養老保險繳費率由目前的6.75%提高到2017年的7.05%，雇主由目前的8.4%提高到8.7%③。2013年，德國政府在新的養老保險改革方案中也提出，到2030年把養老保險繳費比例從目前占工資的19.5%提高到22%。此外，義大利、捷克和法國的養老保險繳費率也有較大幅度增長，分別由原來的28.30%增加至32.7%、26.90%增加至28%、21.5%增加至24%。

（2）鼓勵延遲退休。為了確保勞動力市場供給的充足性和養老基金的財務可持續性，大多數國家鼓勵「活得更長、工作更長」，採取各種舉措鼓勵延遲退休。比如，2013年始，澳大利亞對年滿領取國民養老金年齡而繼續工作者實施延長工作獎勵計劃（work bonus）。也就是對於超過領取國民養老金年齡的人，每兩週賺取500澳元內的，其收入的一半可在收入評估之前扣除，即如果每兩週稅前工作收入400澳元，只有200澳元將進入收入評估。而俄羅斯政府在個人養老金帳戶中還以30年工齡為儲存期限，對不足30年工齡的，財政基金補貼份額每年減少3%，而多於30年工齡的則每年補貼增加6%。厄瓜多爾則在2009年規定繳費年限低於40年的退休者其獲得的最低養老金也相應減少，而減少的幅度在50%～90%不等。

（3）嚴格養老受益條件。為了減少養老金支出，許多國家在領取養老金的最低繳費年限和最低工作年限方面進行了更加嚴格的規定。比如，法國2010年改革將獲得全額養老金的年齡從之前的65歲推遲到了67歲，並且政府還調整了獲得全額基本養老金的最低繳費年限，2003年改革計劃在2012年將

---

① http://www.government.ru/content/governmentactivity/mainnews/archive/2008/10/01/1254237.htm.
② 李貴強. 英國公共部門養老金改革及其啟示［J］. 社會科學家，2014（4）：37-41.
③ 歐洲養老制度改革浪潮持續［EB/OL］，新金融觀察報，2013-10-13，http://finance.eastmoney.com/news/1351, 20131013328652524.html.

最低繳費年限調整為 40 年，此次進一步規定最低繳費年限在 2020 年將逐步調整為 41.5 年①。2010 年，俄羅斯的新改革方案中也規定，只有養老保險繳費期達到 30 年以上者，才可以獲得不低於退休人員最低生活保障線的退休金，而且從 2015 年起，對於工齡低於 30 年的公民，基本養老金減少 3%，工齡超過 30 年的，每超過一年基本養老金增加 6%。2011 年，義大利政府規定在資歷退休金方面逐步緊縮領取資格，要求女性和男性的繳費年限必須分別滿 41 年和 42 年，並在 2018 年廢除資歷退休金。同時，為了減少領取高額養老金的人數，要求從 2012 年 1 月開始所有的養老金將根據繳費情況計算待遇，而不是根據收入來計算②。2013 年 1 月 14 日，英國再次公布了養老金改革方案，決定逐步提高領取國家養老金的最低年齡，2026—2028 年間從 66 歲提高到 68 歲。從 2014 年 7 月 1 日起，德國的新養老金政策則要求年滿 63 歲且繳費滿 45 年的參保人才可以提前退休並可獲得全額養老金。

（4）提高退休年齡。退休年齡（通常就是法定領取養老金年齡）將同時影響參保人的繳費年限和給付年限，其是決定養老保險制度財務可持續性的主要參數。2008 年金融危機爆發後，各國都面臨著嚴峻的財政赤字、人口老齡化和經濟政治體制轉型，為緩解養老保險的財務危機，各國紛紛提出調整退休年齡的政策。2008 年，德國政府決定把退休年齡在 2012—2029 年間從 65 歲調高至 67 歲。同年，捷克也重新修訂法案，明確規定男性退休年齡必須達到 65 歲，而女性退休年齡則提高到 62~65 歲（按照孩子撫養數量確定）。2009 年 1 月，波蘭規定男性退休年齡必須達到 65 歲，女性至少達到 60 歲。同年，澳大利亞規定從 2017 年 7 月 1 日開始領取國民養老金的年齡從 65 歲提高到 65.5 歲，隨後將每兩年提高 6 個月，在 2023 年達到 67 歲為止。2010 年 10 月，法國通過退休改革法案規定最低退休年齡將從之前的 60 歲提高至 62 歲，每年延后 4 個月，預計 6 年完成。2011 年 10 月，義大利政府宣布將女性退休年齡提高到 62 歲，男性提高到 66 歲，到 2018 年統一為 66 歲。2011 年 6 月，英國政府提出 2020 年將國家養老金領取年齡提高到 66 歲，2026—2028 年提高到 67 歲，最終目標是 68 歲退休③。同年，羅馬尼亞規定退休年齡男性為 64 歲，女性為 59 歲，且法定退休年齡與平均壽命掛勾。2014 年逐漸增加到男性 65 歲，

---

① 陳天昊. 法國養老保險制度改革對中國的啟示 [J]. 行政管理改革，2013 (4)：50-56.
② 孫守紀. 歐債危機背景下的義大利養老金制度改革——碎片化養老金制度的分析視角 [J]. 中國地質大學學報，2013 (4)：91-98.
③ 趙志泉. 后危機時代國際退休年齡制度改革及其對中國的啟示 [J]. 改革與戰略，2012 (5)：209-210.

女性60歲,並且女性以后的退休年齡每年增加3個月,到2030年提高至63歲。2012年1月,保加利亞提出新法案規定,男性退休年齡由原來的63歲逐步提高到65歲,女性從60歲逐步提高到63歲,增長幅度為每年增加4個月。由此可見,各國提高退休年齡的背景、意願、目標大致相同,但因具體國情不同而採取的政策略有差異,主要體現在確定的退休年齡不同和調整的幅度不同。

(5) 降低養老金指數化的慷慨程度。養老金指數化是指調整養老金待遇給付水平的方式,目的是讓養老金待遇反應成本和生活標準的變化,通常的調整依據是物價指數、工資指數或者二者的結合,不同的指數化方式的慷慨程度也不相同。在實際的制度設計中,各國通常會在財務可持續性和政治穩定性等目標的權衡下選擇或調整指數化方式。比如,英國過去的基礎養老金是根據最高的物價通脹(即以零售價格指數衡量,RPI)而增加,但在2013年4月24日英國頒布的《2013年公共養老金法》將養老金指數調整標準由商品零售價格指數(RPI)改為消費者物價指數(CPI)。因為從長期來看CPI比RPI增長率低,這項措施將在中長期大大緩解養老金的支付壓力。英國預算責任辦公室(OBR)預計:到2016年,CPI(2%)將與RPI(3.8%)相差1.8個百分點,如果按照新措施執行,則政府養老金補貼將減少17%[1]。同時,為了增加養老金制度的橫向再分配功能,部分國家還實施了分段指數化。比如,義大利對較高的養老金以低於物價通脹水平(通脹率的75%~90%)進行指數化,而對較低和中等水平的養老金則根據物價通脹水平進行指數化。

7.1.3 后金融危機時代全球養老基金投資營運的新變革

7.1.3.1 養老基金投資理念的變化

為順應世界經濟格局和國際金融體系發展趨勢,各國養老基金的投資理念也逐漸向「責任投資、綠色投資、實業投資和長期投資」轉變。

首先,養老基金在后金融危機時代更加重視可持續責任投資(Sustainable and Responsible Investment,簡稱 SRI),即注重投資的社會影響,將環境、社會和治理因素融入企業投資理念。歐洲可持續投資論壇 Eurosif 首次對12個歐洲國家的169家養老基金投資企業就其如何以及在多大程度上將 SRI 理念融入其投資戰略中展開詳細調研,並於2011年10月發布了《2011年度企業養老基

---

[1] 李貴強. 英國公共部門養老金改革及其啟示 [J]. 社會科學家,2014 (4):37-41.

金暨可持續投資研究》報告①。該報告的數據顯示，在進行投資決策時歐洲的養老基金投資者們越來越傾向於充分考慮其所涉及的環境、社會和治理因素。目前已有 94 家企業制定了 SRI 政策，所占比例為 56%，而約 25% 的其他企業計劃在 2012 年迎頭趕上。同時，102 家企業（約 60%）認為環境、社會、治理因素影響著養老基金的長期投資成效，66% 的企業表示將環境、社會、治理因素融入投資決策過程是投資者踐行責任信託的應有之義。此外，為恢復此次金融危機所導致的信用危機，聯合國發起制定了《良心投資準則》（PRI），獲得了很多國家的積極支持。例如南非的政府雇員養老基金（GEPF）在 2009 年 6 月 2 日正式表示在其投資決策中努力遵循「環境、社會和公司治理」這三個要素，成為繼巴西和韓國之后第三個加入《良心投資準則》網路的國家。

其次，養老基金在后金融危機時代更加重視綠色投資。由於以新能源為首的綠色投資項目具有資源消耗低、潛在市場大、帶動能力強、價值增值快、綜合效益好的優勢，其較大的融資缺口也為養老基金提供了新的投資機遇。各國開始意識到應堅持養老基金綠色投資導向，體現和發揮其作為重要的機構投資者在社會責任、生態保護、綠色發展方面的引導作用和實際投資作用，漸進實現綠色養老基金、綠色投資和綠色增長的良性互動。根據彭博新能源財經數據庫的資料顯示，在 2002—2010 年間，養老基金通過私募股權基金大約共投資 210 億美元，儘管投資份額占養老基金投資組合的平均比例還很低，但個別大型養老基金增加該領域投資的傾向已十分明顯。比如，荷蘭的 APG 養老金集團已通過基礎設施基金、合作投資、對沖基金、私募股權基金和上市股票投資了 50 億歐元在可再生能源（太陽能、風能、生物燃料）、環境技術（污水和垃圾處理、軌道交通）、木材和社會基礎設施（醫院、養老院、學校），而且提高不動產的能源效率一直是其主要關注領域之一。丹麥最大的養老基金 ATP 在 2009 年的聯合國氣候變化大會上承諾用 10 億歐元設立新的氣候變化基金以投資新興經濟體，並公開邀請歐洲其他投資者加入。加州公務員退休基金（CalPERS）作為美國最大的公共退休基金，也通過私募股權基金為那些生產更有效率或更少污染的技術創新型企業提供融資。截至 2011 年 9 月，CalPERS 另類資產投資管理（AIM）項目已投資 12 億美元在太陽能、生物燃料等可替代能源部門，包括 AIM 環境技術項目的清潔技術投資 2 億美元，CalPERS 清潔能源和技術基金 4.8 億美元，以及超過 5 億美元的清潔能源和技術的公司合作

---

① 歐洲養老基金企業責任投資趨於主流 [EB/OL]. 經濟導刊，http://www.docin.com/p-792757943.html.

投資。此外，還有加州教師退休基金（CalSTRS）、荷蘭養老基金 PGGM 和一些養老儲備基金都在可再生能源、環保技術和林地等綠色投資方面進行了長期探索。

最后，養老基金在后金融危機時代更加重視實業投資和長期投資。為加快經濟復甦和促進經濟增長，「再工業化」「再實體化」的發展模式受到高度重視。尤其是投資於那些能夠提高生產力的基礎設施項目，將有利於推動經濟結構調整和發展方式轉變，拉動投資和消費增長，擴大就業，促進節能減排。然而由於政府公共預算有限、銀行缺乏放貸能力及面臨更加嚴格的管制，各國紛紛呼籲以養老基金為首的長期資本進入基礎設施領域。比如，英國財政部在 2011 年表示將推出 1 個 300 億英鎊的項目為修築公路、鐵路以及基礎設施提供融資，其中 200 億英鎊將來自養老基金，並與英國養老基金聯合會以及養老金保護協會共同簽署了一項協議，以使養老基金更多投資於基礎設施①。奧巴馬也在 2013 年表示基礎設施對吸引投資和振興美國經濟至關重要，並鼓勵國內外養老基金參與美國地方的基礎設施建設。日本的安倍政府也允許養老基金投資基礎設施，並敦促政府養老基金在 2015 年 4 月前增加在日本和海外的基礎設施建設融資。2013 年 6 月，俄羅斯養老基金首次向國有企業投資，購買鐵路公司出售的 250 億盧布（約合 8 億美元）的 30 年期基礎設施建設債券②。此外，荷蘭、印度、澳大利亞、南非等國的養老基金也進一步增加其在機場、鐵路、港口、電力和新型能源等基礎設施領域的投資。

7.1.3.2 養老基金投資模式的變化

金融危機后，養老金融的發展使得養老基金參與金融市場的深度和廣度將超過以往任何時代。養老基金之間以及養老基金與政府、企業之間以合作方式進行共同投資無疑可共同獲利，它們可以分享非對稱的信息、匯集高端人力資源、整合交易渠道和網路，比服務外包的模式更好地實現利益的一致性。一般而言，合作投資的模式具有六大優勢：①更高的投資回報。基於全球視角看，共同投資雙方在理論上可以利用各自的本地優勢幫助提高投資收益率。比如，科維爾和馬思科威茨（Coval and Moskowitz，2001）的研究發現，挖掘當地知

---

① 英國將投 300 億英鎊用於基礎設施建設以刺激經濟 [EB/OL]. 搜狐新聞，2011-11-28，http://news.sohu.com/20111128/n327192078.shtml.
② 俄養老基金首次向國有企業投資 [EB/OL]. 商務部網站，2013-06-07，http://ru.mofcom.gov.cn/article/jmxw/201306/20130600155283.shtml.

識至少可以轉化成每年2%的額外收益①。②成本節約。通過合作投資匯集各種資源是分擔成本的一種有效方式，比如盡職調查和人力資本。③開拓交易渠道。共同投資的平臺可以提供單個的養老基金難以尋找或實現的交易。④投資組合多樣化。共同投資可以提供更多的資產類別和投資項目選擇，使投資者通過持有更廣泛的投資組合而獲得直接投資的好處，同時有效地實現風險轉化和風險分擔。⑤保持治理和控制權。共同投資允許投資者繞過傳統的仲介機構，而對投資產品或項目保持一些額外的控制權。⑥減輕政治風險。共同投資可以通過集體的政治遊說活動影響政府的政策制定，使其向有利於各成員的方向發展②。

從具體的投資實踐看，養老基金在合作投資領域可謂是不斷推陳出新。首先，在養老基金之間的合作方面，加拿大養老基金為了開拓基礎設施的投資，創新性地推出了由渥太華大學養老基金和教師退休津貼基金領導的基礎設施聯合計劃，該計劃是加拿大中小型機構投資者的一種合作，通過匯集資金、雇傭經驗豐富的投資管理者而為其量身定制專門的基礎設施投資計劃。合作投資者共籌集到期限為20年的1.05億美元長期資金以投資OECD國家的核心基礎設施資產，並選擇安魁拉（Aquila）基礎設施管理公司作為資產管理者，由其負責構建地域、部門和成熟度等多樣化的投資組合以投資於能夠提供穩定收益的基礎設施資產。安魁拉（Aquila）是一個獨立的資產管理者，不僅最大限度地減少衝突，而且在投資計劃交易中獲得具有共同投資權利的基礎設施基金的結構優勢。除了明顯改進治理結構外，該合作投資計劃中競爭性的收費結構也促進了投資者與管理者之間利益的一致性。更特別的是，管理費用是採用基於預算的方法構建的，承諾投資增加將會使管理成本相對下降，不論投資規模的大小如何，投資者都會相應地增加收益。同時，該費用結構的設計也激勵管理者長期持有該資產並提供穩定的收益。其次，在養老基金與政府之間的合作方面，英國電信養老金計劃（BTPS）和英國政府分別出資7.5億英鎊和5.0億英鎊成立愛馬仕GPE環保創新基金，以投資英國本地的低碳和清潔能源基金或與提高資源利用效率的企業進行合作投資。最後，在養老基金與企業之間的合作方面，2012年，加拿大安大略省公務員養老基金（OMERS）與日本企業年金聯合會、三菱商社合作，共同出資設立全球最大投資基金（GSIA），總投

---

① Coval, Joshua D. and Tobias J. Moskowitz（2001），「The geography of investment: Informed trading and asset prices」，JournalofPoliticalEconomy109，811–841.

② Bachher, J. S and A. H. B. Monk（2013），「Platforms and Vehicles for Institutional Co-Investing」，Available on SSRN: http://ssrn.com/abstract=2174696.

资规模达75亿美元，其中OMERS出资50亿美元，日方两企业各出资12.5亿美元共25亿美元。投资方向主要集中在民间资金利用率不断提高的北美和欧洲，投资领域为机场、铁路、港口、电力等单一投资规模超过20亿美元的基础设施建设项目。该联合基金拟将吸纳更多日本年金基金参与，并计划未来3年把基金规模扩大到200亿美元①。2012年，丹麦养老基金（Pension Danmark）、PKA公司、荷兰养老金集团PGGM，以及包括丹麦玩具制造商Lego、日本贸易商行Marubeni等在内的私营业主给DONG能源公司风电项目投资约45亿克朗②。2014年，加州公共雇员退休基金（CalPERS）和瑞银集团建立全球基础设施建设合作关系。该合夥协议按5亿美元成交，其中瑞银集团将向新成立的公司注入1,500万美元，剩下的4.85亿美元由CalPERS注入，投资方向主要集中在美国市场的战略性基础设施投资以及全球其他发达国家市场的基础设施投资③。2014年，加拿大退休金计划投资委员会（CPPIB）也表示将与中国最大的房地产开发商万科地产成立合资公司，并在未来18个月内向该合资企业投资2.5亿美元，同时CPPIB还保留了在此期间继续增资的权利。

7.1.3.3 养老基金资产配置的变化

在2008年金融危机的影响下，各国养老基金纷纷意识到宏观经济变化、通货膨胀、利率波动等系统风险无疑将使养老基金市场价值严重缩水，而且世界经济的全球化、一体化也使得各国股市表现出高度相关性，于是养老基金被迫进行投资组合的调整，开始寻找新的投资领域和机会。根据现代资产组合理论，多元化的投资策略才能有效降低养老基金投资过程中的系统性和非系统性风险，这种多元化策略在投资范围和投资工具上体现得尤为明显。

华信惠悦《2008—2014年的全球养老金资产调研》显示，全球养老金资产配置自1995年以来发生了显著变化。股票类投资从1995年的49%上升到2013年的52%，债券类投资从40%降低到28%，其他另类资产投资从5%提升到18%，现金类投资则从6%降低到1%。在此期间，全球养老基金的资产配置于2008年在股票投资和债券投资方面出现了大幅调整。与2005年年底相

---

① 三菱商社等日企与加拿大官方养老基金合作成立全球最大基建投资基金 [EB/OL]. 商务部网站，2012-04-27，http://www.mofcom.gov.cn/aarticle/i/jyjl/j/201204/20120408092942.html.
② 养老金投资转向风能领域情况分析 [EB/OL]. 中国行业研究网，2012-08-20，http://www.chinairn.com/news/20120820/977230.html.
③ 瑞银集团：与加州公共雇员退休基金建立合作关系 [EB/OL]. 和讯网，2014-08-06，http://forex.hexun.com/2014-08-06/167298086.html.

比，2008年年底養老基金股票配置從60%下降到42%，債券配置從24%增長到40%，而現金類投資和另類資產投資基本保持不變，這主要是因為許多養老基金為了保持有效償付能力而主動減少股票投資、增持債券。由此可見，養老基金的資產配置組合在過去的近20年中僅有另類資產投資的占比呈上升趨勢，增長近3倍。其中，另類資產占全部養老基金的份額變化最明顯的是澳大利亞，從2003年的3%提升到25%，其次是加拿大從8%提升到21%，英國從3%提升到14%，日本則從2%提升到6%。各國之所以增大不動產、基礎設施、風險投資、林業投資、對沖基金、私募股權、大宗商品、農田等另類投資的比重，主要是這些另類資產與傳統金融資產的相關係數小，利於降低整個資產組合的系統性風險，提高養老基金的投資收益。從實踐結果來看，全球投資於另類資產的養老基金普遍獲得了較好的收益。以養老基金投資基礎設施類資產為例，根據2007年OECD對歐洲100個養老金計劃所做的調查報告顯示：投資基礎設施的平均回報率為9.5%左右，僅次於PE類11.3%，而同期股票類投資收益為9.0%，債券為5.1%，現金為3.7%。此外，投資地域的分散化（養老基金全球範圍投資）不僅能夠分散各經濟體內的系統性風險，而且還能分享不同地區（如新興市場國家）發展不均衡所帶來的投資機會。因此，養老基金對新興市場的投資額度也將有大幅增加的趨勢，比如2012年挪威政府養老基金（GPFG）將其40%（約2,760億克朗）的資產用於新興市場投資（見表7.2）。

表 7.2　1995—2013年全球七大主要養老金市場的資產配置變化　單位：%

年份 資產類別	1995	1999	2000	2003	2005	2007	2008	2009	2010	2011	2012	2013
股票	49	61	60	51	60	55	42	54	47	41	47	52
債券	40	30	30	36	24	28	40	27	33	37	33	28
其他	5	6	7	12	15	15	16	17	19	20	19	18
現金	6	3	3	1	1	2	2	1	1	2	1	1

資料來源：Towers Watson. Global Pension Assets Study 2008&2012 &2014.

受養老基金多元化投資策略的影響，各國紛紛探索拓寬其投資渠道的辦法。首先，逐步放開或取消養老基金海外投資的限制。比如，2008年，哥倫比亞個人帳戶養老基金投資於國外股票市場的比例從20%提高到40%，烏拉圭允許養老基金管理公司向國外投資，但投資額不超過全部養老基金資產的15%。2010年，智利允許個人帳戶養老基金國外投資的比例從60%提高到

65%，此後每3個月增加5%，直至2011年9月增加至80%。2013年，日本政府也開始允許養老金基金參與國內外基礎設施投資。其次，提高養老基金投資各類資產的限制比例，增強投資組合的彈性。2008年，挪威政府允許全球養老基金投資不動產，上限為5%。2013年3月，英國全國養老金基金協會表示從4月1日起將地方政府養老基金在基礎設施建設方面的投資比例由15%提高至30%。最後，實施多種基金投資策略。比如，2009年哥倫比亞根據1328號法案建立了多種基金制度。該制度要求在累積階段必須有低、中、高三種類型的風險基金運行，參保人按各自的風險偏好對養老基金資產進行自由選擇投資。但在女性50歲或男性55歲時，參保人個人帳戶餘額的20%必須投資於低風險基金，這一比重將隨著年齡的增長而逐步提高，直至女性54歲或男性59歲時達到100%。由此可見，全球養老基金在繼續尋找新的投資機遇和投資渠道，不動產、私募股權基金、私募股權、對沖基金、基礎設施投資、流動性較差的信貸及大宗商品等另類投資一直並將繼續是其資產配置比例較大的領域。養老基金將通過增加另類資產投資實現投資組合的多樣化，從而幫助整體基金實現更可靠的風險調整後收益。根據華信惠悅2014年的數據顯示，在百強另類資產管理公司所管理的資產中，養老金資產佔到了1/3（33%），其後依次為財富管理公司（18%）、保險公司（9%）、主權財富基金（6%）、銀行（3%）、母基金（3%）及捐贈金與基金會（3%）①。

7.1.3.4 養老基金監管的變化

從短期來看，養老基金應對金融危機的及時反應是進行適當的、有彈性的和基於風險的監管政策調整。比如，德國聯邦金融監管局（BaFin）增加了對養老基金的壓力測試，並以週為單位報告養老基金的流動性、償付能力及其他主要風險。葡萄牙和斯洛伐克的監管機構則引入了更加嚴格的情景測試。而為了加強對國外資產、離岸投資和交易對手風險的監管，泰國和西班牙的監管當局提高了現場和非現場監管的頻率。同樣，瑞典提高了養老基金償付能力分析的頻率。立陶宛則在2009年初安裝了新的IT系統以幫助信息收集。此外，哥斯達黎加和阿爾巴尼亞開始引入基於風險的監管方法②，美國臨時放寬了《2004年養老金保護法案》中對雇主養老金計劃的資金要求，加拿大則將養老

---

① 全球另類資產規模飆升養老金資產占比最高 [EB/OL]. 金融時報，2014-08-06，http://www.financialnews.com.cn/gj/hqcj/201408/t20140806_60717.html.

② Antolín, P. and F. Stewart (2009)，「Private Pensions and Policy Responses to the Financial and Economic Crisis」，OECD Working Papers on Insurance and Private Pensions, No. 36, OECD Publishing. http://dx.doi.org/10.1787/224386871887.

基金償付能力的融資期限從 5 年增加到 10 年。

從長期來看，金融危機后進一步加強金融監管成為各國對危機影響全面反思后的共識，安全已經超越效率而成為國際銀行監管的核心價值觀。尤其是 2011 年后，《國際會計準則第 19 號——雇員福利》《歐盟償付能力二號——Solvency Ⅱ》和《巴塞爾協議Ⅲ》的出抬，使得養老基金的監管體制正在向建立一套協調一致的、以風險度量為基礎的償付能力監管體制進行一場重大的歷史變革。據 OECD 統計，許多國家正逐漸由「基於投資規則的監管體制」向「基於風險的償付能力監管體制」轉變。該體制主要包括三大支柱：①定量要求，即對風險和資本充足性的量化和建模，比如償付能力資本要求和最低資本要求。②監管評估，即對養老基金內部治理體制和風險管理的要求。③市場紀律，即對公眾和監管者就養老基金的資本、風險和管理實務等進行信息披露的要求[1]。但由於投資限制和監管環境的差異，各國轉變的時點和方式也存在較大差異。丹麥（2001 年）、德國（2003 年）、荷蘭（2007 年）、芬蘭（2006 年）、澳大利亞（2003 年）、加拿大（2001 年）等都是基於風險的養老金監管體系的領先者，智利則是從 2011 年才開始引入。從基於風險的償付能力監管形式來看，丹麥主要體現在投資收益和待遇給付的擔保機制方面，芬蘭和荷蘭則採用基於風險的融資監管（risk-based funding regulation），即針對養老基金的投資組合設定最低的資金要求。而荷蘭的償付能力管理體制採用在險價值作為度量工具來預防資金不足，這與償付能力二代對保險業的原則要求基本相同。荷蘭的養老基金必須以至少 97.5% 的概率為其來年的養老金債務提供百分之百的資金準備，它既可採用由監管者確定的標準方法，也可採用自己的內部模型。基於該融資測試的結果，養老基金有 15 年的期限為資金缺口進行融資。同樣，荷蘭也有 105% 的最低融資率要求，且該恢復期從 2008 年前的 3 年延長至 5 年。在芬蘭的養老基金監管體系中，償付能力計算與荷蘭類似，要求養老基金必須以至少 97.5% 的概率為其超過一年的養老金債務提供百分之百的資金準備。由於計算公式中包含各種不同的風險因素，股票等風險資產的配置比例越高，對養老基金償付能力的緩衝要求就越高。2008 年 12 月，芬蘭頒布新的養老金法案允許養老金提供者進入某些緩衝儲備基金以提高自身的償付能力水

---

[1] Tony Randle and Heinz P. Rudolph (2014),「Pension Risk and Risk-Based Supervision in Defined Contribution Pension Funds」, The World Bank Working Paper NO. 6813.

平，避免在不利的市場環境下出現股票減價出售的情況①。

然而，隨著養老基金投資限制的逐步放寬或取消，一些監管機構開始增加壓力測試技術的使用，將在險價值 VaR 作為一種監管工具以控制投資風險。根據養老基金監管國際機構 IOPS 最近對其成員的調查顯示，40%的養老金監管機構對養老基金實施了壓力測試，而一半的成員表示它們所管理的養老基金實施的是自己的壓力測試，但其中 DC 型養老金計劃的占比僅為 1/3。同時，各國所實施的壓力測試也存在盡較大差異，具體情況如表 7.3 所示。比如，墨西哥沒有建立養老金投資收益擔保機制，但要求養老基金管理公司（AFOREs）必須進行每日的在險價值測度，必須擁有當損失超過特定水平時即觸發的止損措施，並按其所管理資產額度的 0.8%建立儲備基金以補償違反投資限製造成的損失。但在險價值 VaR 只是針對投資波動的短期測量，對退休時能否擁有充足的養老金的概率僅提供很少的信息，如果根據在險價值 VaR 的結果採取了不恰當的措施很可能反而增加養老基金的風險。而在澳大利亞，作為對金融危機造成的衝擊和不確定性的反應，澳大利亞審慎監管局（APRA）對超級年金引入了壓力測試要求。這種新的壓力測試目標在於流動性風險，他們構建了更加嚴格、合理的情景，並用它們來評價投資組合中持續的流動性。不僅如此，澳大利亞監管局還對投資風險的壓力測試提供指導，針對投資管理頒布了《審慎人標準 SPS 530》，並從 2013 年 7 月 1 日開始生效。根據該文件，申請超級年金許可證的受託人必須提交一個投資戰略，由它決定適當的壓力情景，而這些情景中包含一系列能夠造成特大損失或增加風險控制難度的因素。受託人必須在實施前基於前面所提到的情景進行壓力測試，測試結果的報送程序也應該遵守審慎人標準中所設定的要求②。由此可見，創新以壓力測試為主的風險監管方法，構建基於風險的償付能力監管體制將成為國際養老基金監管的首要目標。未來的發展方向應該是通過完善組織構架、制定監管規則、創新監管方法、改進評估模型、加強信息披露、完善調整及溝通機制，形成穩健、公平、有彈性的養老基金監管平臺。

---

① Severinson, C. and J. Yermo (2012),「The Effect of Solvency Regulations and Accounting Standards on Long Term Investing: Implications for Insurers and Pension Funds」, OECD Working Papers on Finance, Insurance and Private Pensions, No. 30, OECD Publishing. http://dx.doi.org/10.1787/5k8xd1nm3d9n-en.

② Liviu Ionescu and Juan Yermo, (2014),「Stress Testing and Scenario Analysis of Pension Plans」, IOPS Working Papers on Effective Pensions Supervision, No. 19。http://www.oecd.org/site/iops/researchandworkingpapers/.

表 7.3　　　　　　　　部分 IOPS 成員實施的壓力測試類型

國家	養老金 計劃類型	壓力測試類型
智利	DC	最低投資收益，在險價值 VaR
捷克	Hybrid	包含宏觀經濟變量的基準情景分析
德國	DB	四種情景的壓力測試：只有債券、只有股票、債券和股票、股票和房地產
冰島	DB	針對 10 個關鍵變量的融資比例
以色列	DC	為無風險利率、股票市場和匯率確定市場風險的主要來源
墨西哥	DC	在險價值 VaR
挪威	DB	針對市場風險、保險風險、交易對手風險、操作風險等提早進行預警分析和運行測試

資料來源：Liviu Ionescu and Juan Yermo，（2014），「Stress Testing and Scenario Analysis of Pension Plans」, IOPS Working Papers on Effective Pensions Supervision, No. 19. http：//www. oecd. org/site/iops/researchandworkingpapers/.

7.2　中國城鄉社會養老保險基金累積及其投資營運的現狀分析

7.2.1　中國城鄉社會養老保險基金的累積規模

7.2.1.1　從全國總體看城鄉社會養老保險基金穩定增長

首先，從城鎮職工基本養老保險制度來看，隨著繳費工資的上漲和制度覆蓋面的增加，其養老基金收支和結餘的資金規模日益擴大。《2013 年度人力資源和社會保障事業發展統計公報》顯示，2013 年城鎮職工基本養老保險基金總收入 22,680 億元，是 2003 年的 7.07 倍，年均增長率為 20.6%。其中，各級財政補貼基本養老保險基金 3,019 億元，是 2003 年的 5.54 倍，年均增長率為 19.1%。而全年基金總支出 18,470 億元，是 2003 年的 6.86 倍，年均增長率為 19.9%。2013 年年末城鎮職工基本養老保險基金累計結存 28,269 億元，是 2003 年的 16.03 倍，年均增長率為 32.2%。儘管總收入和累計結餘的增長率有小幅下降趨勢，但總體來看由於人口紅利、制度紅利、財政補貼等因素的存在仍然使得城鎮職工基本養老保險基金總收入在過去 10 年間的平均增長率

略高於總支出的平均增長率。更重要的是，城鎮職工基本養老保險基金在經濟增長和社會發展中的地位也日益上升，如養老基金占GDP的比例就從2003年的1.30%提高到2013年的4.97%。此外，2013年年末遼寧、吉林、黑龍江、天津、山西、上海、江蘇、浙江、山東、河南、湖北、湖南、新疆13個做實企業職工基本養老保險個人帳戶試點省份共累積基本養老保險個人帳戶基金4,154億元，比2012年增加22.32%，表明中國城鎮職工基本養老保險個人帳戶做實工作也正穩步推進（見表7.4）。①

表7.4　　2003—2013年全國企業職工基本養老保險基金累積情況

單位：億元

年份	總收入		財政補助		總支出		累計結餘		累計結餘占GDP(%)
	收入額	增長率	補助額	增長率	支出額	增長率	結餘額	增長率	
2003	3,209	—	544	—	2,716	—	1,764	—	1.30
2004	3,728	16.2	568	4.3	3,031	11.6	2,499	41.7	1.56
2005	4,492	20.5	649	14.3	3,495	15.3	3,507	40.3	1.90
2006	5,633	25.4	941	44.9	4,287	22.7	4,869	38.8	2.25
2007	7,011	24.5	1,103	17.3	5,154	20.2	6,758	38.8	2.54
2008	8,800	25.5	1,356	22.9	6,508	26.3	9,241	36.7	2.94
2009	10,421	18.4	1,538	13.5	7,887	21.2	11,774	27.4	3.45
2010	12,218	17.2	1,815	18.0	9,410	19.3	14,547	23.3	3.62
2011	15,485	26.7	2,096	15.5	11,426	21.4	18,608	27.9	3.93
2012	18,363	18.6	2,430	15.9	14,009	22.6	22,968	23.4	4.42
2013	22,680	13.4	3,019	24.3	18,634	18.7	28,269	23.1	4.97

資料來源：（1）2013年人力資源和社會保障事業發展統計公報［EB/OL］. http://www.mohrss.gov.cn/SYrlzyhshbzb/zwgk/szrs/.

（2）人社部. 2003—2012年全國企業職工基本養老保險基金情況［EB/OL］. http://www.mohrss.gov.cn/SYrlzyhshbzb/dongtaixinwen/shizhengyaowen/201311/t20131126_118037.htm.

其次，從城鄉居民基本養老保險制度來看，由於「新農保」和「城居保」制度建立的時間較晚、繳費水平低，總體養老基金累積規模呈現總量小、增速快的特點。據《2013年度人力資源和社會保障事業發展統計公報》顯示，

---

① 人社部. 2013年度人力資源和社會保障事業發展統計公報［EB/OL］. http://www.mohrss.gov.cn/SYrlzyhshbzb/dongtaixinwen/shizhengyaowen/201405/t20140528_131110.htm.

2013年全國城鄉居民基本養老保險基金累計結餘3,006億元,占GDP的比例僅為0.53%,但相對於2010年來說幾乎以每年翻一番的速度增長。其2013年的總收入和總支出分別是2010年的4.75倍和7.25倍,而且總收入每年的增長率也明顯低於總支出的增長率。尤其值得注意的是,每年各級財政的補助額與養老基金的總支出十分接近。具體從基金的收入結構來看,財政補助收入所占比重持續加大。2013年,城鄉居民基本養老保險基金收入中:個人繳費收入647.33億元,占基金總收入的30.05%;集體補助收入11.75億元,占基金總收入的0.55%;財政補助收入1,341.69億元,占基金總收入的62.29%;利息及其他收入153.19億元,占基金總收入的7.11%[1]。由此可見,財政補助收入仍然是城鄉居民基本養老保險基金收入的主體,所占比例也是逐年增加,財政補助資金的實際到帳情況對城鄉居民基本養老保險基金的整體收支和運行情況起著決定性作用(見表7.5)。

表7.5 2010—2013年全國城鄉居民基本養老保險基金累積情況

單位:億元

年份	總收入		財政補助		總支出		累計結餘		累計結餘占GDP(%)
	收入額	增長率	補助額	增長率	支出額	增長率	結餘額	增長率	
2010	453.39	—	216.72	—	200.39	—	423	—	0.11
2011	1,110.04	144.83	606.08	179.66	598.26	198.55	1,231	191.02	0.26
2012	1,829.24	64.69	1,104.86	82.29	1,149.73	92.18	2,302	87.01	0.44
2013	2,153.96	17.75	1,341.92	21.46	1,453.67	26.44	3,006	30.58	0.53

資料來源:(1)人社部.人力資源和社會保障事業發展統計公報[EB/OL]. http://www.mohrss.gov.cn/SYrlzyhshbzb/zwgk/szrs/.

(2)人社部.城鄉居民養老保險基金運行態勢良好[J].中國人力資源社會保障,2014(4):19-21.

7.2.1.2 分地區看城鄉社會養老保險基金累積情況差異較大

首先,從城鎮職工基本養老保險制度來看,由於各地不同的經濟發展水平、歷史債務、制度覆蓋面和老年人口撫養比、勞動力流動的空間分佈等的差異,導致養老基金的收支和結餘出現了嚴重的不平衡。截至2012年年底,廣東省的基本養老保險基金結餘全國最高,已達3,879.61億元,幾乎是最低省

---

[1] 人社部.城鄉居民養老保險基金運行態勢良好[J].中國人力資源社會保障,2014(4):19-21.

份西藏 24.56 億元的 158 倍。其次是江蘇，也超過了 2,000 億元。此外，浙江、山東、四川、北京、遼寧也都超過 1,000 億元，這七個省份的城鎮職工基本養老保險基金累計結餘占到全國總額的 55.86%。而在 2003—2012 年的 10 年間，基金收入和基金支出的年均增長率位列前三位的分別是重慶、內蒙古、四川，但基金結餘的年均增長率位列前三位的卻是西藏（9,455.81%）、青海（1,183.77%）和北京（313.42%），它們的增長率均遠遠超過全國的平均水平（98.50%）。從理論上講，城鎮職工基本養老保險基金的累計結餘和當期結餘這兩個指標與各地區的人口數量、經濟總量有關係，不能很客觀地反應各地區養老保險基金的償債能力。因此，筆者為更準確地反應各地區城鎮職工基本養老保險制度的償債能力，計算了各地區城鎮職工基本養老保險基金累計結餘與當期養老保險基金支出的比值，將其定義為償債能力指數。如表 7.6 所示，2012 年償債能力最強的是廣東省，償債能力指數是 4.31。浙江和山西的償債能力指數也分別達到了 2.51 和 2.46。而黑龍江的基金結餘在 2012 年僅以 0.63% 艱難地實現了正增長，總體償債能力嚴重不足，其以 0.66 償債能力指數位列全國最低水平。

表 7.6　　部分地區城鎮職工基本養老保險基金累計結餘情況

地區	2012 年（萬元）			償債能力指數（降序）	2003—2012 年平均增長率（%）		
	基金收入	基金支出	基金結餘		基金收入	基金支出	基金結餘
廣東	16,809,262	9,008,626	38,796,116	4.31	45.02	35.68	74.94
浙江	12,272,196	7,835,088	19,638,640	2.51	46.46	42.47	87.87
山西	5,630,536	3,915,775	9,633,086	2.46	49.84	45.23	127.42
西藏	182,187	120,454	245,591	2.04	27.93	14.98	9,455.81
雲南	2,984,770	2,113,252	4,230,168	2.00	31.51	24.27	83.05
貴州	2,169,403	1,530,728	2,934,113	1.92	42.17	33.94	81.52
北京	9,950,957	6,401,624	12,247,777	1.91	49.83	33.39	313.42
江蘇	16,299,255	11,421,298	21,457,944	1.88	52.33	38.96	169.76
新疆	4,012,987	3,204,566	5,469,794	1.71	38.57	38.30	91.36
四川	11,320,054	9,277,164	14,643,263	1.58	55.46	53.90	121.73
山東	13,166,070	10,590,294	16,394,660	1.55	39.93	38.34	83.42
全國	200,010,000	155,618,000	239,413,000	1.54	44.35	39.84	98.50
甘肅	2,338,942	1,932,051	2,882,947	1.49	39.44	35.23	134.06
安徽	5,156,755	4,066,624	5,940,032	1.46	53.49	44.93	230.33

表7.6(續)

地區	2012年（萬元）			償債能力指數（降序）	2003—2012年平均增長率（％）		
	基金收入	基金支出	基金結餘		基金收入	基金支出	基金結餘
湖南	6,078,375	5,027,531	6,859,274	1.36	34.58	32.25	80.56
青海	717,729	649,610	787,886	1.21	35.12	31.47	1,183.77
內蒙古	4,058,163	3,435,985	4,058,933	1.18	57.53	54.70	141.22
河南	7,287,693	6,120,430	7,176,756	1.17	40.55	40.86	63.87
湖北	7,642,861	6,477,541	7,545,962	1.16	53.82	45.07	163.53
重慶	5,358,316	4,126,643	4,580,692	1.11	83.11	66.95	284.15
吉林	3,905,810	3,775,997	4,070,566	1.08	32.30	36.55	147.17
河北	7,929,965	7,234,809	7,551,049	1.04	43.30	48.78	76.57
遼寧	12,122,969	10,525,661	10,548,788	1.00	36.22	38.42	57.71
陝西	4,805,745	4,010,819	3,389,152	0.85	54.71	48.52	153.70
福建	3,220,211	2,733,312	2,262,243	0.83	34.02	31.21	38.67
海南	1,230,257	1,143,554	940,719	0.82	43.95	44.43	78.56
天津	4,204,939	3,650,161	2,792,278	0.76	39.31	34.67	116.31
上海	13,916,033	11,277,397	8,215,037	0.73	37.30	28.94	100.52
黑龍江	7,201,548	7,172,231	4,699,238	0.66	36.53	43.06	54.16

資料來源：2003—2012年中國統計年鑒［EB/OL］.http：//www.stats.gov.cn/tjsj/ndsj/.

其次，從城鄉居民基本養老保險制度來看，儘管各省、市、區幾乎是同步建立該制度，但由於各地經濟發展水平、居民繳費能力、制度覆蓋面以及繳費檔次設置的差異，導致各地區城鄉居民基本養老保險基金累計結餘情況也存在較大差異，而且基金結餘中98％為個人帳戶基金的結餘。據人社部統計，截至2013年年底全國已有12個省份城鄉居民基本養老保險基金累計結餘超過100億元，其中最高的是山東和江蘇，它們的基金累計結餘已經超過300億元，其次是四川和廣東超過200億元，而且這種地區間基金累積規模差異仍在持續擴大。由於城鄉居民基本養老保險的基金結餘主要存在於個人帳戶中，個人繳費收入是影響基金累積規模的關鍵。2013年，城鄉居民基本養老保險個人繳費收入比2012年增加53.53億元，增長9.01％。其中，2013年個人繳費收入較多的省份有山東、四川、江蘇、河南、天津、廣東和安徽，上述7省共收入個人繳費金額335.65億元，超過全國個人繳費總收入的一半（見表7.7）。

表 7.7　2013 年部分地區城鄉居民基本養老保險基金累計結余情況

單位：億元

地區	基金 累計結餘	個人帳戶 累計結餘	地區	基金 累計結餘	個人帳戶 累計結餘
山東	358.31	341.76	安徽	129.64	124.15
江蘇	337.38	306.01	浙江	124.00	116.55
四川	213.81	174.20	湖南	110.77	107.43
廣東	213.12	205.31	天津	106.40	104.55
河南	189.64	188.75	湖北	104.15	101.37
河北	133.09	124.49	北京	101.42	99.53

資料來源：人社部. 城鄉居民養老保險基金運行態勢良好［J］. 中國人力資源社會保障，2014（4）：19-21.

7.2.2　中國城鄉社會養老保險基金投資營運中存在的問題

7.2.2.1　養老保險基金管理主體分散

由於各種歷史原因的影響和現實條件的制約，儘管中國已經通過創設「城職保」、「城居保」和「新農保」形成了全覆蓋的城鄉基本養老保險體系，但制度創設之初就沒有經過系統設計，缺乏整體性和前瞻性，城鄉社會養老保險基金管理也存在「多元化、碎片化」等種種漏洞。比如，在社會保險費徵繳階段，根據1999年發布的《社會保險費徵繳暫行條例》，社會保險費的徵繳機構由省級人民政府規定，可以由稅務機關徵收，也可以由勞動保障行政部門按照國務院規定設立的社會保險經辦機構徵收，由此形成了社會養老保險費的二元徵繳機制。在養老基金管理階段，城鎮職工基本養老保險基金多以市或省為單位管理，而「城居保」和「新農保」的基金卻多以試點縣為單位管理。同時，由於各項養老保險基金的平均管理規模較小，各方責、權、利不清，缺乏有效的風險分擔和權利制約機制，難以形成龐大的養老金資金池、建立完善的治理結構、優化基金的投資策略、降低營運的風險成本。在養老基金投資營運階段，個人帳戶養老基金的投資營運主體也存在分化。中央財政補助的資金由省級政府委託全國社會保障基金理事會投資營運，並由全國社會保障基金理事會承諾較優惠的收益率；中央財政補助之外的個人帳戶基金由省社保局按報經省人民政府批准的方案投資營運。此外，統籌基金也存在對外委託管理的情況，比如2012年3月20日，國務院批准全國社保基金理事會受廣東省政府委

託投資營運廣東城鎮職工基本養老保險結存資金 1,000 億元，資金分批到位，委託期限暫定兩年。① 由此可見，雖然在財務管理方面，《中華人民共和國社會保險法》要求所有的養老保險基金納入社會保障基金財政專戶，實行收支兩條線管理，單獨記帳、獨立核算。但這些都只是原則性的規定，具體管理辦法和投資辦法由國務院另行規定，進而加劇了養老保險基金的制度風險和投資風險。因此，從現行的制度框架來看，中國城鄉社會養老保險基金的專業管理機構是社會保險經辦機構、人力資源和社會保障部門以及全國社會保障基金理事會等。其中，人力資源和社會保障部是社會保險行政部門，主要負責社會保險有關法規和政策的制定；社會保險經辦機構是其下屬的事業單位，主要負責承辦具體業務，包括徵收繳費、權益記錄和待遇支付等；全國社會保障基金理事會則是主要的養老基金委託投資機構，負責基金的保值增值。同時，地方政府在養老基金的投資營運方面還具有很大的決策權。

7.2.2.2 養老保險基金缺口逐年擴大

養老保險基金累積的充足性和養老保險制度的償付能力始終是社會各界關注的焦點，養老金缺口也就成為社會各界熱議的話題而浮出水面，但關於是否存在養老基金缺口以及缺口是多少的問題卻一直沒有統一的結論。比如，1994年，世界銀行以政府對老職工的債務保守評估出中國養老基金存在 1.9 萬億元的缺口。2012 年，曹遠徵以現有給付水平計算出未來數十年老齡化社會的養老金收支缺口的貼現值，得出到 2013 年中國養老基金的缺口將達到 18.3 萬億元。而人社部卻從全國當期的收支平衡出發，堅稱中國養老基金「沒有缺口」。因為 2013 年中國城鎮職工基本養老保險基金收入是 22,680 億元，支出是 18,634 億元，累計結余 28,269 億元。實際上從長期資本與長期負債的角度看，中國養老基金缺口的確是存在的。它主要來自兩個方面：一是轉制成本和歷史欠帳帶來的，二是人口老齡化帶來的，分別存在於統籌帳戶和個人帳戶中。

統籌帳戶的養老基金缺口包含了基礎養老金當期和未來收不抵支的部分，許多學者將其稱為隱性養老金債務，並對債務規模進行過大量測算。比如王燕等（2001）、王曉軍（2002）、高建偉（2004）、彭浩然等（2009），但由於採用的假設條件和測算口徑不一樣，測算結果差異很大，很難進行比較分析。而個人帳戶的養老金缺口主要是統籌帳戶挪用個人帳戶的部分，也是通常所說的

---

① 聚焦養老金入市 [EB/OL]. 新浪財經網，http://finance.sina.com.cn/focus/focus_pension/.

「空帳」。據《2013年中國養老金發展報告》的最新數據顯示，2012年年底中國基本養老保險個人帳戶的累計記帳額已達到29,543億元，做實部分只有3,499億元，空帳規模達到26,044億元。即使把所有基本養老保險基金累積23,941億元全部用於填補個人帳戶，個人帳戶仍然會有2,103億元的空帳①。更重要的是，由於沒有明確的個人帳戶累積基金投資營運體制，政府、企業和個人對做實個人帳戶的積極性不是很高，個人帳戶空帳規模已從2007年的1.1萬億元擴大2012年的2.6萬億元（見表7.8）。

表7.8　　　　2006—2013年個人帳戶記帳額和空帳額的情況

年份	2007		2008		2009		2010		2011		2012		2013	
	a	b	a	b	a	b	a	b	a	b	a	b	a	b
記帳額	11,743	17.5	13,837	17.8	16,557	19.7	19,596	18.4	24,859	26.9	29,543	18.8	—	—
做實額	786	—	1,100	39.9	1,569	42.6	2,039	30.0	2,703	32.6	3,499	29.4	4,154	18.7
空帳額	10,957	—	12,737	16.0	14,988	17.7	17,557	17.1	22,156	26.2	26,044	17.5	—	—
養老基金餘額	7,391	34.7	9,931	34.4	12,526	26.1	15,365	22.6	19,497	26.9	23,941	22.8	28,269	18.1

註：a代表總額，單位億元；b代表增長率，單位%。
資料來源：鄭秉文.中國養老金發展報告（2013）[M].北京：經濟管理出版社，2013.

7.2.2.3 養老基金的統籌層次低、管理效率差

關於養老保險制度統籌層次的問題，國務院早在1991年就發文要求「各地由目前的市、縣統籌逐步過渡到省級統籌」。據《2013年度人力資源和社會保障事業發展統計公報》的數據顯示，全國31個省份和新疆生產建設兵團已建立養老保險省級統籌制度。但由於各地區養老基金累積規模、制度贍養率以及中央和地方在養老保險事業上責任劃分的差異，真正意義上提高養老保險制度的統籌層次一直舉步維艱。目前，只有北京、上海、天津、陝西省、青海省等少數地區實現了垂直管理模式，廣東、雲南、山東等大部分省份均採用分級管理的模式。而青海、陝西、天津、寧夏、海南、雲南、甘肅、新疆生產建設兵團等採取統收統支養老金調劑模式，北京、上海、黑龍江、吉林、河南、江西等採取的是差額結算模式。因此，按照省級統籌的衡量標準，中國僅有北京、天津、上海、陝西等部分省市實現了真正意義的省級統籌，大部分省市由於調劑基金上解困難、制度實施不到位、管理辦法不規範等原因，仍未實現真正意義上的省級統籌②。因此，中國基本養老保險基金沿襲著「收支以縣市級統籌為主、各地分散管理」的狀況，分佈在2,000多個縣市級統籌單位，呈現

---

① 鄭秉文.中國養老金發展報告（2013）[M].北京：經濟管理出版社，2013：82.
② 鄭秉文.養老金全國統籌為何舉步維艱？[N].第一財經日報，2013-6-21.

出嚴重「碎片化」狀態。這一方面導致養老保險基金「跑、冒、滴、漏」，比如2012年部分地區擴大範圍支出或違規營運企業職工基本養老保險基金1.97億元，4個省本級、39個市本級和160個縣220.67億元企業職工基本養老保險基金未納入財政專戶管理等;① 另一方面導致養老基金形不成規模效應，最終使得養老基金投資營運的效率低下。

7.2.2.4 養老基金的投資渠道少、投資收益低

就現有的法律法規和相關部委的政策文件來看，並沒有頒布養老基金投資營運的具體規範，只是簡單地「將其納入社會保障基金財政專戶，按照國家統一規定投資營運，實現保值增值」。到底國家統一規定是什麼、何時出抬卻不得而知，而按照中國《社會保障基金財政專戶管理暫行辦法》（財社字〔1999〕117號）的規定：「養老保險基金結余除按規定購買國債和轉存定期存款以外，全部結轉下年度繼續使用，不得改變用途。」由此可見，中國養老保險基金的主要投資渠道仍然是銀行存款和政府債券。但自2007年開始，部分養老基金也開始探索市場化投資營運渠道。比如財政部、勞動和社會保障部2007年頒布的《做實企業職工基本養老保險個人帳戶中央補助資金投資管理暫行辦法》規定，將中央財政給予做實基本養老保險個人帳戶省份的補助資金統一交由全國社會保障基金理事會並入全國社保基金營運與管理。此後，廣東省政府也在2012年3月將其基本養老保險基金結余中的1,000億元委託全國社會保障基金理事會投資營運。具體的養老基金資產配置情況如表7.9所示，截至2013年年底，城鎮職工基本養老保險基金中財政專戶存款和協議存款分別為24,218億元和1,285億元，占基金總額的85.21%，而債券投資和委託營運投資的部分僅占0.18%和2.1%。同樣，居民基本養老保險基金中財政專戶存款為2,829億元，占基金總額的90.56%，而債券投資的部分僅占0.8%。

從投資收益看，在以銀行存款為主的投資體制下，個人帳戶養老基金的投資收益率多參照一年期銀行存款利率計息，各省的記帳利率多在3%~4%之間。但據鄭秉文（2012）推算，2001—2011年中國養老保險基金總體獲得的年均收益率不到2%，但年均通貨膨脹率卻高達2.47%，以此推算，養老保險基金的損失約6,000億元②。而從市場化的投資結果看，全國社會保障基金自成立以來的累計投資收益額為4,187.38億元，年均投資收益率為8.13%，超

---

① 全國社會保障資金審計結果公布 [EB/OL]. 鳳凰網, http://news.ifeng.com/mainland/detail_2012_08/02/16498042_5.shtml.

② 資料來源：養老金十年「縮水」近6,000億元 收益跑不過CPI [EB/OL], 中國網, http://finance.china.com.cn/news/gnjj/20121121/1145145.shtml.

過同期 2.46%的年均通貨膨脹率 5.67 個百分點。而 2012 年和 2013 年全國社保基金理事會的投資收益分別為 7.01%和 6.2%，遠高於同期的銀行存款利率和通貨膨脹率，為養老基金保值增值開闢了新渠道。

表 7.9　　　　　　　2013 年全國社會保險基金資產情況　　　　　單位：億元

資產項目	城鎮職工基本養老保險	居民基本養老保險	職工基本醫療保險	居民基本醫療保險	工傷保險	失業保險	生育保險	合計
財政專戶存款	24,218	2,829	7,406	966	923	3,495	474	40,311
支出戶	1,234	145	730	83	73	121	41	2,427
暫付款	2,544	124	197	28	4	94	2	2,993
債券投資	54	26	15	—	4	16	1	116
委託營運	595	—	—	—	—	—	—	595
協議存款	1,285	—	—	—	—	—	—	1,285
基金資產總額	29,930	3,124	8,348	1,077	1,004	3,726	518	47,727

註：1. 暫付款，反應尚未收回的社會保險基金暫付款項（如週轉金等）；債券投資，反應期末持有的用社會保險基金購買的國家債券的帳面價值；委託營運，反應委託全國社會保障基金理事會營運的個人帳戶資金餘額；協議存款為做實后的個人帳戶基金的一種投資方式，反應個人帳戶基金在商業銀行的協議存款餘額。

2. 表中基金資產含工傷保險儲備金。

資料來源：人社部發布 2013 年全國社會保險情況［EB/OL］．人民網，http：//politics.people.com.cn/n/2014/0624/c1001-25194397-2.html．

7.2.2.5　養老金替代率降低、財政壓力大

由於中國基本養老保險基金缺乏健全的投資營運體制，導致企業職工基本養老保險金與社會平均工資的替代率從 1997 年的 76%下降為 2011 年的 44%，已經大大低於制度最初設計的目標，即養老金社會平均工資替代率為 59%，其中基礎養老金為 35%，個人帳戶養老金為 24%[1]。而且從中國 2000—2012 年的實際情況看（如圖 7.1 所示），t 時期平均養老金增長率均低於 t-1 時期平均工資增長率，若按現行制度運行下去，養老金替代率的下降已無法避免。所以，在 2005—2013 年間，國家按每年 10%的比例提高企業退休人員基本養老金水平。此外，收不抵支的省、市、區當期的支付缺口也只能由財政轉移支付予以解決。比如上海市養老保險基金的缺口從 2010 年起已經突破 100 億元，

---

[1] 胡曉義．關於逐步提高養老保險統籌層次——十六屆三中全會決定學習札記之二［J］．中國社會保障，2004（1）：18．

而其財政每年補貼也超過 100 億元。據《2012 年中國養老金發展報告》的統計顯示，1998—2010 年間中國養老保險制度的財政補貼逐年增加，到 2010 年已累計高達 1 萬多億元。在 2013 年中央財政預算中，基本養老金和低保等轉移支付預算額為 4,342.51 億元，比 2012 年執行數增加 579.57 億元，增長率為 15.4%[①]。

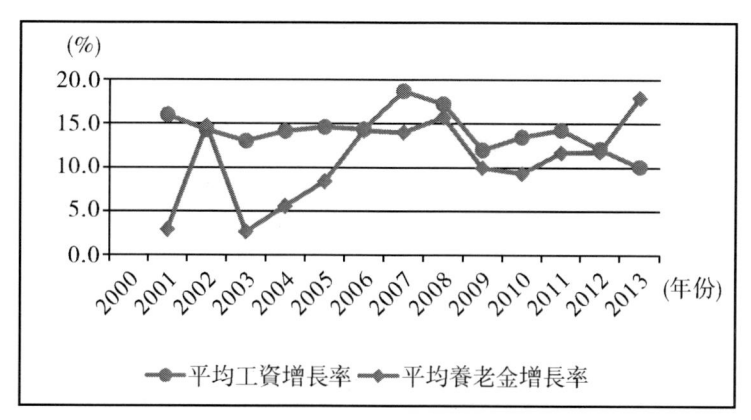

圖 7.1　2000—2013 年中國平均工資增長率與平均養老金增長率情況

資料來源：根據國家統計局 2000—2013 年的統計數據計算而得。

在城鄉居民社會養老保險制度中，考慮到參保人員的繳費能力和參保激勵問題，制度設計中財政補貼採用了「補入口+補出口」相結合的模式。據統計，2013 年全國「城鄉居保」財政補助收入為 1,341.69 億元，比 2012 年增長 21.47%。其中，中央財政、省級財政、市級財政、縣級財政、其他財政補貼的數額分別占 48.22%、17.55%、10.64%、21.79%、1.78%。從補助方向看，基礎養老金補助收入 1,165.84 億元，占財政補助總收入的 86.89%，比 2012 年增長 22.73%。其中，中央財政補助占 55.49%，省級財政占 15.32%，市級財政占 9.24%，縣級財政占 19.95%。4 年來，中央財政補助收入始終為主要部分，其能否及時到位，對基礎養老金能否確保當期支付具有較大影響；而 2013 年繳費補助收入為 151.93 億元，占財政補助總收入的 11.32%，比 2012 年增長 10.39%。其中，省級繳費補助收入占 37.53%，市級繳費補助收入占 23.06%，縣級繳費補助收入占 39.42%[②]。4 年來，縣級繳費補助收入所占比

---

①　多個省份反對提高養老金統籌層次，以免補貼窮省 [EB/OL]. 騰訊網，http://finance.qq.com/a/20130502/004526.htm.

②　人社部. 城鄉居民養老保險基金運行態勢良好 [J]. 中國人力資源和社會保障，2014（4）：19-21.

例平均為 42.75%，縣級和省級財政在繳費補助方面承擔的責任仍然略高於市級財政。從補助來源看，儘管市級財政補貼收入所占比例和增速均有所提高，但中央財政仍是主要來源。由此可見，隨著制度全覆蓋的實現和人口老齡化的加劇，若不提高全國基本養老保險制度的運行效率，各級政府所承擔的財政兜底責任將日益增大（見圖 7.2）。

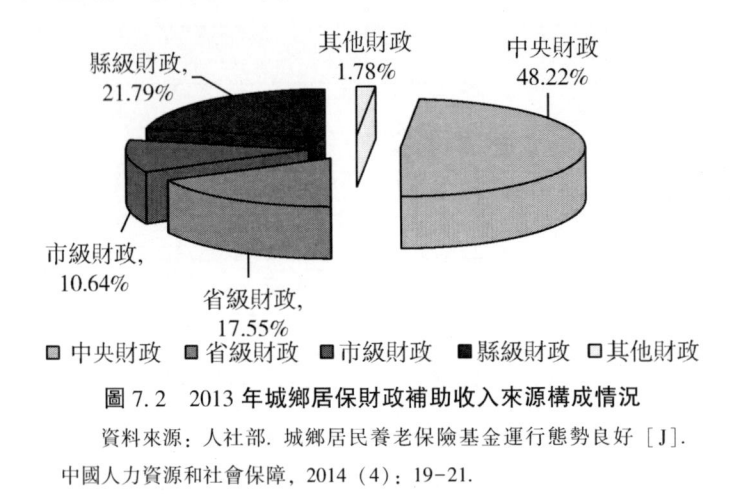

圖 7.2 2013 年城鄉居保財政補助收入來源構成情況

資料來源：人社部. 城鄉居民養老保險基金運行態勢良好 [J]. 中國人力資源和社會保障，2014（4）：19-21.

7.3 中國城鄉社會養老保險基金市場化投資營運的 SWOT 分析

7.3.1 城鄉社會養老保險基金市場化投資營運的優勢（Strengths）

7.3.1.1 政府決心與政策支持

儘管 2011 年 7 月 1 日正式施行的《中華人民共和國社會保險法》中沒有養老基金投資營運的具體規定，但養老金入市很早就成為「兩會」關注的焦點。黨的十八大報告和十八屆三中全會《中共中央關於全面深化改革若干重大問題的決定》都提出把「推進社保基金市場化、多元化投資營運制度」作為政府今後的工作重點，充分體現了中央政府對社保基金投資的重視和決心。而且，各級政府對社會保險基金的財政補貼逐年增加。財政部公布的《2013 年全國社會保險基金預算情況》顯示，全國社會保險基金收入 32,829 億元，

其中財政補貼收入7,180億元,約占21.87%[①],強有力地增加了基金來源,亦將有利於提高養老基金的累積規模。此外,中國政府在大型基礎設施項目、新興產業等重點項目的投資和社會保險基金管理中都起著主導性作用,這意味著具有政府背景的社會養老保險基金在進入以上投資領域比其他的長期資本擁有便利的先天條件,更容易獲得政府的政策支持和稅收優惠。

7.3.1.2 其他長期累積基金投資營運的經驗

經過多年的實踐探索,全國社會保障基金、企業年金基金、保險資金等長期資本在「市場化、多元化」投資理念的指導下初步形成了完整的投資體制和治理機制。它們不僅取得了較好的投資業績,而且在投資模式、資產配置、風險管控等方面累積了豐富經驗,為城鄉社會養老保險基金市場化投資運作提供了巨大的參考價值。從投資模式看,全國社會保障基金理事會是負責管理營運全國社會保障基金的獨立法人機構,採用由社保基金理事會直接運作與社保基金理事會委託投資管理人運作相結合的方式。經國務院批准,還可以投資經國家發改委批准的產業基金和在國家發改委備案的市場化股權投資基金,以及進行信託和實業投資。而企業年金的運作模式主要採取法人受託和理事會受託等兩種方式,截至2013年年末,採取法人受託模式管理的企業年金資產達

表7.10　2007—2013年中國各種長期性資金的投資收益率情況　　單位:%

年份	全國社會保障基金	企業年金基金	保險資金	一年期銀行存款	CPI
2007	43.19	41.00	12.17	4.14	4.80
2008	-6.79	-1.83	1.91	2.25	5.90
2009	16.12	7.78	6.41	2.25	-0.70
2010	4.23	3.41	4.84	2.75	3.30
2011	0.84	-0.78	3.57	3.50	5.40
2012	7.00	5.68	3.40	3.25	2.60
2013	6.29	3.67	5.04	3.50	2.60
7年平均值	10.13	8.42	5.33	3.09	3.41
7年標準差	16.13	14.76	3.34	0.71	2.25

資料來源:長江養老.企業年金市場發展趨勢分析[J].上海國資,2014(8):91-93.

[①] 財政部公布2013年全國社會保險基金預算情況[EB/OL].人民網,http://politics.people.com.cn/BIG5/n/2013/0507/c1001-21397328.html.

3,545.73億元，占整個企業年金市場的58.7%。從投資收益看，從2007—2013年全國社會保障基金、企業年金基金、保險資金的年均收益率分別為10.13%、8.42%、5.33%，遠高於同期3.41%的通貨膨脹率和3.09%的一年期銀行存款利率，體現出了良好的保值增值能力（見表7.10）。

7.3.1.3 金融機構和產品日益豐富

自2005年開展股權分置改革以來，中國資本市場正向更加成熟的方向發展。從量的指標來看，截至2014年6月，中國境內上市公司（含A&B股）2,540家，股票總發行股本42,284.66億股，股票市場總市值244,129.67億元，比2000年年分別增加了133.5%、1,015.2%和407.6%[①]。證券投資基金數達1,257只，約為2002年的37倍。而且金融機構數量持續增加，根據《中國金融穩定報告（2014）》統計，2013年年末全國共有城市商業銀行145家、證券公司115家、基金管理公司89家、保險機構174家。其專業化的服務優勢和相對穩健的投資能力為維持金融市場發展的競爭性和穩定性發揮了重要作用，也為養老基金選擇投資理念清晰、投資策略合理、投資決策科學、交易流程簡單、風險管理體系全面的投資管理人提供了選擇空間。同時，金融市場的改革和完善亦促使金融投資產品日益豐富。從中國債券市場的發展看，投資工具已從1998年的國債和政策性銀行債券擴展到2013年的金融債、企業債、地方債、中期票據等12個種類，總融資規模增加10倍以上。此外，2014年5月9日國務院發布了《關於進一步促進資本市場健康發展的若干意見》（即「新國九條」），允許上市公司發行優先股，鼓勵發展適合中小微企業的債券品種和私募股權投資基金，積極推進商品期貨和金融期貨市場建設，繼續推出商品期權、股指期權、股票期權、商品指數、國債期貨、股指期貨等交易工具，為養老基金進行多樣化資產配置提供了可能（見圖7.3）。

---

① 證監會. 2014年6月統計數據 [EB/OL]. http://www.csrc.gov.cn/pub/zjhpublic/G00306204/zqscyb/201407/t20140714_257716.htm.

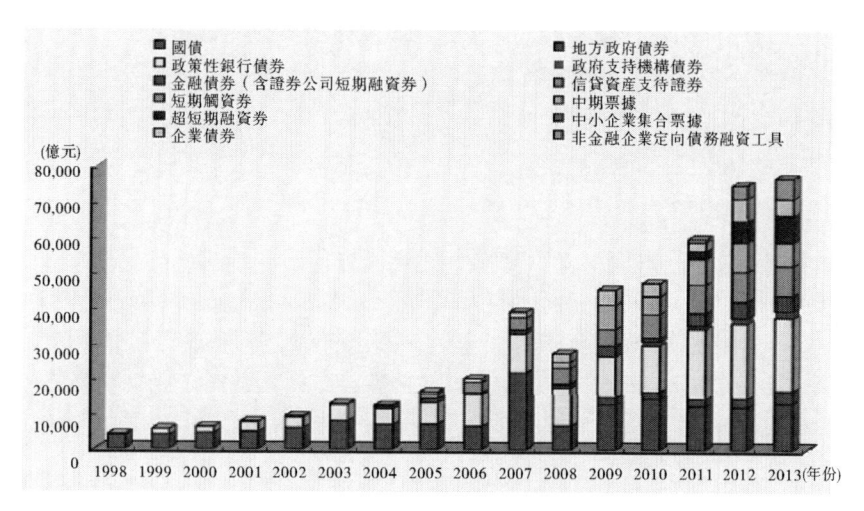

图例：
- 國債
- 政策性銀行債券
- 金融債券（含證券公司短期融資券）
- 短期融資券
- 超短期融資券
- 企業債券
- 地方政府債券
- 政府支持機構債券
- 信貸資產支持證券
- 中期票據
- 中小企業集合票據
- 非金融企業定向債務融資工具

圖7.3　中國債券市場的發展規模和投資工具種類

資料來源：中國人民銀行. 中國金融穩定報告（2014）[EB/OL]. http：//www. pbc. gov. cn/publish/goutongjiaoliu/524/2014/20140429162156125254533/20140429162156 125254533_. html.

7.3.2　城鄉社會養老保險基金市場化投資的劣勢（Weaknesses）

7.3.2.1　缺乏規模效應和長期投資理念

雖然政府一直強調積極提高養老基金的統籌層次，但在目前階段新農保基金收、管、支的權力大都掌握在縣級政府手裡。目前2,000多個統籌單位既缺乏完善的法人治理結構，又沒有專業投資人才，尚不具備實行市場化投資的基本條件。首先，城鄉社會養老保險基金處於屬地分散管理的狀態，分割管理的小規模養老基金無法形成規模效應，難以進行多樣化的投資組合，從而降低了基金的抗風險能力；其次，過多的管理機構必然產生大量的管理費用，也增加了養老基金投資策略的執行風險，而且市場談判過程中容易形成惡性競爭。更重要的是，資本市場是一個信息效率極高的市場，資產價格在政治、經濟、金融、市場等信息的作用下不斷波動，投資者只有在對資產的內在價值有著深刻的認識後，才能在價格迴歸價值的過程中獲得較好的投資收益。但小規模的管理機構往往在人才、技術、信息、投資能力等方面受到限制，導致養老基金管理體制不健全，資金流失和損耗現象嚴重；最後，養老基金缺乏長期投資理念，基金監管的短期化色彩很濃。政府監管只注重防範短期風險，避免基金出現短期虧損和流動性不足，常常對養老基金投資加以過多限制和過度干預，有

時甚至用監管部門的行政決策來替代養老基金管理機構的投資決策，養老基金的投資決策必須事先得到監管部門的批准才能具體實施。這樣容易忽略養老基金投資的長期目標，不能建立長期績效評價機制，勢必導致養老基金資產配置以短期波動較小的固定收益類產品為主，使得基金收益水平過低，潛在地造成巨額老年福利損失。

7.3.2.2 缺乏健全的法律法規體系

現階段關於養老保險制度的法律法規體系中，並沒有對養老基金的投資營運做出具體的規定，也沒有出抬《全國養老保險基金投資管理暫行辦法》和《投資風險管理暫行辦法》等之類的專門文件，而且其投資範圍也僅限銀行存款和國債。因此，養老基金很難形成完善的治理體制和較強的資產配置能力，更難以達到精細化管理和高效營運的目標。縱覽全球，養老基金投資營運是一項專業性很強的業務，專業化和市場化是其發展方向，在法律法規的指引下形成完善的養老基金治理是其進行市場化投資的先決條件。其重點包括：確認、任命和終止養老基金受託人；養老基金管理過程中受託人決策層、管理層和員工的職責分配，受託人、託管人、投資管理人、投資顧問等服務提供商在養老基金投資營運過程中的角色和關係；委託授權的程序、章程和規則；內部控制制度；信息披露等。雖然全國社會保障基金和企業年金的投資管理體制已相對成熟，但城鄉社會養老保險基金在風險偏好、風險承擔能力以及社會敏感度方面與之有較大差別。若不專門出抬有針對性的法律文件明確其管理體制和投資機制，必然為其市場化投資營運帶來巨大的潛在風險。

7.3.2.3 人口結構老化，人口紅利正在逐步消失

人口和資本一直是世界經濟發展的兩大永恆的主角，但人口增長過緩、人口老齡化將導致社會人口的撫養比率失調，對資本流動、技術進步、經濟增長以及社會福利等產生負面影響。事實上，無論是 NDB 模式、FDC 模式還是 NDC 模式的養老保險制度都無法避免人口老齡化對其財務平衡的衝擊。前文已經對中國人口老齡化的發展進程及其未來趨勢進行了詳盡地分析，在此不再贅述。伴隨人口老齡化進程的加速發展，老年人口的撫養比必將不斷攀高，中國的人口紅利正在逐步消失。儘管有學者提出第二次人口紅利，認為理性的經濟主體為應對人口年齡結構的預期變化，將一生的收入和消費在生命週期內進行平滑以獲得自身效用最大化，新的儲蓄動機將進一步提高國民儲蓄率，而這些金融資本不論投資於國內或國際金融市場，都將對經濟增長產生巨大的推動

作用。① 養老基金在投資過程中，也將分享經濟發展成果，從而獲得較高的投資收益率。但第二次人口紅利的實現取決於參保人的儲蓄行為、就業選擇、人力資本投資以及金融市場的發展等，只有可能性沒有必然性。對於養老基金而言，人口紅利的消失不僅將減少繳費收入、增加給付支出，而且降低其風險偏好、減少對投資收益波動的承受能力、影響養老金資產的市場價格以及養老金的實際購買力。

7.3.3　城鄉社會養老保險基金市場化投資的機會（Opportunities）

7.3.3.1　經濟結構的轉型升級

2008 年金融危機后，發達國家實體經濟的迴歸和再工業化具有第三次工業革命來臨前的重要轉折意義。隨著信息技術和先進製造技術的深度融合，柔性製造、網路製造、智能製造日益成為世界先進製造業發展的重要方向。全球化生產方式的變革可能絞殺中國出口導向型的經濟增長模式，要求加速轉變經濟增長方式、實現產業結構升級。因此，中國必須通過深化改革和加快轉變經濟發展方式來實現經濟的突破發展，挖掘新的制度優勢，以改革促進發展並形成「制度紅利」。事實上，2013 年 7 月國務院辦公廳發布了《關於金融支持經濟結構調整和轉型升級的指導意見》，已經進一步為城鄉社會養老保險基金實現保值增值指明了方向。

7.3.3.2　新型城鎮化發展加速

諾貝爾經濟學獎獲得者斯蒂格列茨認為：21 世紀影響人類的有兩件大事，一是美國的高科技，二是中國的城鎮化。的確，中國的城鎮化在工業化中後期有著其他國家難以比擬的優勢。一方面，城鎮化率有倍增的空間。自 1996 年以來，中國城鎮化加速發展的特徵十分明顯，「九五」至「十一五」期間，城鎮化率年均分別遞增了 1.43%、1.35% 和 1.39%。截至 2012 年，中國城鎮化率已達 52.57%，但實際的人口城鎮化率僅為 35%，遠低於 2011 年世界 52%的平均水平。如果能打破政策與體制掣肘，推進規模城鎮化向人口城鎮化轉型，以人口城鎮化為主要載體、以政策和體制創新為重點，每年就有可能提高 1.5~2.0 個百分點。到 2020 年，人口城鎮化率就有可能接近目前的世界平均水平②。另一方面，城鎮化的內需潛力巨大。因為人口城鎮化將改變人們的生活

---

①　蔡昉. 勞動力無限供給時代結束 [J]. 企業經濟，2008（2）：16-17.
②　遲福林. 推進規模城鎮化向人口城鎮化的轉型——在第 77 次中國改革國際論壇開幕式的主旨演講 [EB/OL]. 2013-04-07. 中國改革論壇網，http://people.chinareform.org.cn/C/chifulin/Article/201304/t20130427_165887.htm.

方式,從「吃、穿、用、住、行、學」等帶來消費需求的大幅增加和消費方式的升級,同時還產生了龐大基礎設施、公共服務設施以及住房建設等投資需求。不僅能夠推動以教育、醫療、就業、社會保障等為主要內容的公共服務發展,也能夠推動以商業、貿易、餐飲、旅遊等為主要內容的消費型服務業和以金融、保險、物流等為主要內容的生產型服務業的發展。據初步估算,到 2020 年中國人口城鎮化將帶來百萬億之級別的內需規模,成為 GDP 實現 7%~8%增長的重要支撐①。尤其是在統籌城鄉發展的背景下,新型城鎮化道路將把均衡發展、包容發展、和諧發展、低碳發展、綠色發展、循環發展作為指導性原則,為城鄉社會養老保險基金提供大量的實業投資機會(見表 7.11)。

表 7.11　　「六五」至「十二五」期間中國城鎮化率及其增速

	六五 (1981—1985)	七五 (1986—1990)	八五 (1991—1995)	九五 (1996—2000)	十五 (2001—2005)	十一五 (2006—2010)	十二五 (2011—2015)
期初城鎮化率(%)	19.39	24.52	26.94	30.48	37.66	44.34	47.5
期末城鎮化率(%)	23.71	26.41	29.04	36.22	42.99	49.95	51.5
年均城鎮化率(%)	0.86	0.54	0.53	1.43	1.35	1.39	1.0

資料來源:《2011 年中國統計年鑒》;「十二五」的數據是來自:國民經濟和社會發展「十二五」規劃草案[EB/OL]. http://www.china.com.cn/2011/2011-03/05/content_ 22065177.htm.

7.3.4　城鄉社會養老保險基金市場化投資的威脅(Threats)

7.3.4.1　資本市場還不夠完善

對養老基金而言,結構合理、功能完善、規範透明、穩健高效的多層次資本市場體系是其實現保值增值的基本條件。但長期以來,以銀行為主的間接金融在中國居於主導地位,資本市場結構比較單一,資本市場支持實體經濟發展的程度與國外成熟資本市場相比還存在功能未能全面發揮、整體效率不高、系統性風險突出的問題。

首先,直接融資占比較低。截至 2013 年年底,中國的(債券餘額+股票餘額)/貸款餘額為 67%。債券融資規模雖然已經顯著超過股票融資規模,但是其在社會總融資規模中的占比僅約 10%。相反,間接融資的占比過高導致風險

---

① 遲福林. 城鎮化是中國的最大潛力[EB/OL]. 人民網, http://theory.people.com.cn/n/2013/0503/c148980-21350834-2.html.

過度集中於銀行體系，宏觀金融風險較大。

其次，中國債券市場相對規模偏小，且結構不合理。截至 2013 年年底，中國債券存量為 30 萬億元，債券餘額/GDP 為 53%，顯著低於國外成熟市場的水平。債券餘額/股票市值約為 1 倍，跟國外成熟市場 2~4 倍的平均水平相比明顯偏小。同時，債券品種結構失衡現象明顯，地方政府債券、資產證券化債券發展嚴重滯后。從期限結構看，中國債券總體剩餘年限偏短，為 5.8 年，相對德國的 6.5 年和英國的 14.7 年而言長期債券品種十分欠缺。

再次，股票市場波動性大。因為發展較晚、基礎薄弱、金融監管以及法律制度不完善等原因，滬深股指經常出現非理性的暴漲暴跌現象。2008 年金融危機后股市整體呈現震盪下行格局，上證指數和深圳成指分別從 2007 年 12 月 28 日的 5,320 和 17,200 下探至 2014 年 6 月 23 日的 2024 和 7192，股市場波動幅度超過歐美主要國家資本市場的波動幅度，「單邊市」的特徵依然明顯。雖然融資融券、股指期貨等做空機制已經推出，但受證券公司融資融券規模以及市場主體投資意識等因素限制，兩種產品規模仍偏小，功能尚未全面發揮。

最後，資本市場仲介機構的資本實力整體偏小，公司治理體制不完善，自我風險控制能力與業務創新能力不足，難以為投資者提供全面、綜合的金融服務。同時，會計師事務所、資產評估機構、信用評級機構等市場服務機構獨立性不強，未能切實履行資本市場「守門人」的角色，仍需要從制度設計層面對市場仲介機構進行鼓勵、規範和引導，以達到促進市場經濟和金融市場發展的目的。

7.3.4.2 通貨膨脹壓力大

2008 年金融危機后，為恢復經濟和減緩失業，歐盟、美國、日本等相繼實施量化寬鬆貨幣政策和投資刺激政策，導致全球流動性過剩，未來中國面臨的輸入型通脹壓力在很長時間內都將揮之不去。另外，內生性通脹壓力持續存在。一是勞動力市場供求狀況正在發生變化，工資繼續上漲，勞動力成本不斷提升將是大勢所趨，國民經濟和社會發展「十二五」規劃建議中已提出要顯著提高低收入者收入；二是從日本和韓國經濟轉型的經驗看，經濟轉型也將推升通脹水平；三是 2009—2010 年銀行體系投放了大量信貸，M2 和 M1 連續高速增長，為物價上升提供了貨幣基礎。此外，資產泡沫引致的通脹預期、資源稅和物業稅改革等也將給物價上漲形成正面傳導①。因此，很多經濟學家相信

---

① 2011—2013 年中國銀行業發展環境及趨勢 [EB/OL]. 中國金融四十人論壇，http://www.cf40.org.cn/plus/view.php?aid=3572.

中國未來十年是通貨膨脹的十年。對擁有長達 30~40 年累積期的養老基金來說，通貨膨脹在迫使名義工資上升的同時也增加了養老基金的債務規模。如果養老基金的投資收益率不能趕上通貨膨脹率，則養老基金處於顯性貶值；如果養老基金的投資收益率不能趕上工資增長率，則養老金的替代率將受到侵蝕。根據中國養老基金的實際情況，儘管 2005—2013 年月人均養老金已從 713 元上升到 1,893 元，但養老金替代率卻從 57.7%下降到 44.1%。不但低於城鎮職工基本養老保險制度規定的 58.5%的目標替代率，甚至低於國際勞工組織在《社會保障最低標準共約》中規定的55%的最低替代率，這意味著中國社會養老保險制度的經濟保障功能一直處於不斷萎縮狀態。由此可見，取得不低於同期通貨膨脹率的投資收益是養老基金市場化投資營運的基本要求（見表 7.12）。

表 7.12　2005—2013 年城鎮職工基本養老金替代率與相關指標的比較

年份	2005	2006	2007	2008	2009	2010	2011	2012	2013
GDP 增長率（%）	9.9	10.7	11.4	9.0	8.7	10.4	9.2	7.8	7.7
城鎮居民 CPI 增長率（%）	1.6	1.5	4.5	5.6	-0.9	3.2	5.3	2.7	2.6
城鎮居民 PCDI 增長率（%）	9.6	10.4	12.2	8.4	9.8	7.8	8.4	9.6	9.7
月人均養老金（元）	713	826	940	1,108	1,234	1,368	1,516	1,721	1,893
養老金替代率（%）	57.7	57.5	57.3	55.9	52.4	51.1	50.3	48.6	44.1

註：1. GDP 是國內生產總值，CPI 是消費價格指數，PCDI 是人均可支配收入。
　　2. 基本養老金替代率為月人均基本養老金/上年度城鎮在崗職工的月平均工資。
數據來源：前三項來自國家統計局歷年的《統計公報》，後兩項轉引自：房連泉. 中國、美國和智利三國養老金制度的再分配效果比較［J］. 黑龍江社會科學，2013（3）：77.

7.4 城鄉社會養老保險基金管理體制和投資營運機制創新的決策要點①

隨著城鄉社會養老保險基金累積規模的迅速擴大，養老基金管理體制和投資營運機制創新日益成為一個全球範圍內的前沿問題。由於養老基金投資營運的高度複雜性、社會公眾的高度敏感性以及其對經濟金融穩定的高度重要性，許多國家在實踐探索中逐步認識到養老基金管理的有效性在於立足於本國實際、進行適合本國制度文化環境的體制和機制創新。近年來，OECD、國際社會保障協會（ISSA）、世界銀行等國際機構就如何完善養老基金治理、強化風險分散及控制能力等問題提出了養老基金治理的核心原則及投資指導原則，這些指導原則對於推進中國城鄉社會養老保險基金管理的制度構建也具有積極的作用。

7.4.1 城鄉社會養老保險基金管理模式創新

7.4.1.1 中央成立專門機構集中管理

借鑑新加坡、加拿大、瑞典等國家的經驗，可由中央政府成立專門機構集中管理營運城鄉社會養老保險基金。該模式的主要優勢體現在：①具有規模經濟效應，通過形成巨大的資產池進行集中投資、差額劃撥，可有效降低整個投資運作過程中的交易成本和制度的行政管理成本。②政府完全擁有養老基金的投資決策權，可以兼顧經濟效率與社會公平，將其更多的用於社會責任投資，從而提高整體社會福利。同時，數額龐大的養老基金可成為政府宏觀經濟政策中重要的調控工具，用以引導國內資金的流向和產業發展的方向，從而為實現產業結構的轉型和升級及經濟的可持續增長作出重要貢獻。③中央集中管理是

---

① 養老保險基金管理體制和投資營運機制創新是實現城鄉社會養老保險制度可持續發展的重要保障。項目組從2010年開始，即組織專門團隊對此問題展開系統而深入的研究。2011年，以項目負責人作為第一作者，分別在《保險研究》《投資研究》上公開發表階段性論文2篇。同年，項目負責人指導的2名研究生以此為主題完成其碩士學位論文，均獲評校級優秀碩士學位論文，其中1篇論文還榮獲2013年省級優秀碩士學位論文，很好地實現了科研項目與人才培養質量提升的良性互動。本節部分內容已收納於上述兩篇碩士學位論文。請參考：袁中美. 中國社會養老保險個人帳戶基金管理制度研究——基於新加坡、中國香港和瑞典的比較制度分析（校級優秀碩士學位論文）[D]. 成都：西南財經大學，2011；遲超. 中國城鎮職工基本養老保險個人帳戶基金管理模式研究（校級和省級優秀碩士學位論文）[D]. 成都：西南財經大學，2011.

中央政府公信力與最終責任承擔的體現。在東方文化背景下，國民對中央政府的信任也可以減輕中央集中管理的障礙，增強參保人員對制度的信心，從而有利於進一步擴大城鄉社會養老保險制度的覆蓋面。

當然，中央政府集中管理營運養老基金也會存在一些問題：①權力過於集中，容易引起瀆職和效率低下。特別是監督權和管理權沒有分離，在基金監管的體制、機制不完善的情況下，容易出現養老基金的濫用和挪用，影響基金的安全性和完整性，增加基金保值增值的潛在風險。同時，政府集中管理容易形成行業壟斷，不能充分發揮競爭機制在提高養老基金管理效率和投資收益中的作用。②利益衝突。政府易於從自身利益或社會整體利益的角度出發，而不按參保人利益最大化原則進行投資決策，導致投資收益率較低。比如，政府傾向於將大部分養老基金進行政策性投資或國債投資，從而盲目擴大政府的消費和投資支出，甚至讓全體國民為巨額的公共財政赤字買單。

況且，就目前中國城鄉社會養老保險制度發展現狀而言，中央政府成立專門機構集中管理營運養老基金還存在很多制約因素：首先，養老基金統籌層次低。全國共有 2,000 多個統籌單位，各省、市、區社會養老保險制度的隱性債務和基金累積規模存在較大差異，這就為養老基金的資金歸集造成了障礙。即使能夠將所有的養老基金上解到中央，龐大的資金規模將使中央政府面臨巨大的管理壓力和投資壓力。其次，不利於激發省級以下政府做實基本養老保險個人帳戶的動力。因為從地方利益的角度，中央政府集中管理營運將使地方政府喪失對龐大的個人帳戶基金的投資使用權，甚至出現養老基金在各省、市、區劫富濟貧的現象，最終可能導致做實基本養老保險個人帳戶工作無法繼續進行。最後，對中央政府的公共管理能力和政策執行能力亦是一個巨大的考驗。在專業性的養老基金管理機構成立初期，中央政府需要投入大量的人力、物力、財力，因此改革成本較高。隨著財稅體制改革和央地兩級政府分權的推進，地方政府對中央政策執行不力的傾向亦有可能顯現出來，這自然成為統一管理養老基金的重大障礙。何況當前中國社會保障信息化建設滯后，各統籌區域的制度設計和管理體系自成系統，難以實現社會保險關係信息庫在地市間、省市間乃至全國範圍的聯網與信息共享，難以做到流動人員隨到、隨交、隨記帳、隨辦轉移，這也成為中國實行中央政府集中管理基本養老基金的現實制約因素。

7.4.1.2 省級社保經辦機構集中管理

自 1998 年國務院發布 28 號文件要求各地盡快建立城鎮職工基本養老保險省級統籌制度以來，該項工作一直是中央政府改革和完善社會養老保險制度的

重中之重。在《國民經濟和社會發展第十二個五年規劃綱要》《社會保障「十二五」規劃綱要》《社會保險法》等法律和政策文件中都明確規定：「全面落實城鎮職工基本養老保險省級統籌，實現基礎養老金全國統籌。」按照這種政策思路，由省級社保經辦機構作為受託人來管理和營運養老保險基金就顯得順理成章。該模式的主要優勢在於：其一，制度改革的阻力和行政成本較低。目前，中國城鎮職工基本養老保險基金的業務管理（包括預算管理、收支管理、營運管理、結余管理等）都是以省級政府為中心開展各項治理工作。而且在當前以及今後很長一段時間內，各省級行政區間的巨大經濟發展水平差距和社保基金累積規模的差距將繼續存在，社保基金投資的外部經濟效應也使得各地對自身利益的爭奪與保護將繼續存在，中央政府很難在短期內完全協調好各省級行政區的利益訴求。因此，由省級社保經辦機構集中管理基本養老保險基金既符合中國行政體制的特點，又能夠減少政策執行的阻力和行政成本，從而提高制度運行效率。其二，有利於落實各省省政府的社會養老保障責任。基於中國特定的財稅體制，在逐步做實社會養老保險個人帳戶的過程中，中央和地方政府各自承擔相應的財政補貼責任。若省級政府成為個人帳戶累積基金的掌管者，並將個人帳戶的做實工作納入政府的績效考核，就能促使省政府加大財政補貼額度，積極推進個人帳戶的做實工作，並有效地建立起實現個人帳戶累積基金保值增值的激勵機制。

然而，在中國逐步推進真正意義上的省級統籌過程中，這種管理體制看似可行，但仍然存在以下問題：首先，基本養老保險個人帳戶基金的管理權、投資權、監管權集中在同一機構，極容易出現基金的挪用、濫用和違規投資等現象，基金的安全性難以保障。在各省、市、區的統籌帳戶資金缺口存在較大差異的情況下，能否在做實個人帳戶的過程中真正做到「帳人相符、帳帳相符」還很難說。其次，省級社保經辦機構同時擁有雙重身分，一方面是基本養老保險個人帳戶所有者的受託人，另一方面又是個人帳戶基金投資的委託人，既負責養老基金的行政管理工作，又負責投資營運工作。省級社保經辦機構能否充分代表參保人的意願和利益還很難保證，而且在由誰承擔投資風險方面也存在分歧。目前，中國的基本養老保險是由中央政府承擔最後的財政兜底責任，這就使得省級社保經辦機構的權利和義務失衡，從而易引發道德風險，不僅難以實施行政問責制，還可能加劇中央政府的財政風險。最后，各省份的基本養老保險基金累積規模存在較大差異，省級分散管理與養老保障制度「公平、普惠」的建制理念相違背。因為在分散管理體制下，即使國家統一制定相同的養老基金投資策略，各地區由於人才儲備、管理手段、執行力度以及投資能力

的差異也可能使得投資收益率產生較大差異，容易導致參保人遭遇「繳費相同、保障不同」的不公平待遇，甚至引發養老金福利誘導下的勞動力不合理流動。同時，分散化地投資營運將進一步加大區域間經濟發展不平衡的風險。在市場經濟和資本逐利性的驅使下，發達省份往往具有更多的投資機會和談判能力，從而吸引外省資金的流入，以較低的成本獲得更優的投資管理服務，進一步加劇與貧困省份的經濟增長和養老規模的差距。從長遠發展來看，既難以在全國範圍內建立一個統一的基金調劑機制、風險控制機制和風險補償機制，又為基礎性養老金全國統籌的實現增加了障礙，這些都有損制度公平和制度效率。

7.4.1.3　委託全國社保基金理事會管理

自2006年全國社保基金會先後接受天津、山西、河南、新疆、吉林、黑龍江、山東、湖南、湖北、廣東等省市的基本養老保險個人帳戶基金委託投資營運後，其所管理的個人帳戶基金權益已經從2006年的45.67億元增長到2013年的921.93億元，廣東省專項委託資金權益1,094.50億元。很多研究人員認為該方式是實現基本養老保險基金保值增值的有效探索，也為其進行市場化投資開闢了新道路。該模式的主要優勢體現在：①全國社會保障基金理事會一貫堅持審慎投資方針，執行長期投資、價值投資、責任投資的理念，與養老保險基金投資營運的基本原則相一致。同時，理事會對受託營運的個人帳戶基金承諾比較優惠的記帳收益率，當經營收益率低於承諾收益率時可動用全國社會保障基金風險準備金實現預先承諾的收益率，相當於建立了一種最低收益率擔保機制，給委託人吃了一粒定心丸。②全國社會保障基金理事會堅持市場化和專業化的運作模式，充分發揮直接投資和委託投資各自的優勢。一方面利用自身資源條件努力實施投資營運科學精細管理，另一方面選擇優秀的境內外投資管理人投資複雜多變的金融市場。如圖7.4所示，自2006年以後全國社會保障基金委託投資比重一直穩定在40%以上，委託投資的範圍主要在股權投資基金、非上市股權、商品期貨、股指期貨、房地產、海外資產、對沖基金等高風險的資產類別，充分體現了其利用專業投資機構的優勢彌補自身投資能力不足的趨勢；③全國社會保障基金理事會堅持資產配置多元化、分散化原則，將基金配置到固定收益類產品、權益類產品和實業投資中去，合理編製各類資產配置計劃，及時根據市場變化進行動態調整。在減少投資風險的同時，使社保基金的投資收益率超過同期通貨膨脹率。據統計，2000—2013年全國社會保障基金的年均收益率為8.13%，遠高於年均2.46%的通貨膨脹率，達到國內資產管理行業先進水平，這也是該模式獲得各界支持的關鍵所在。

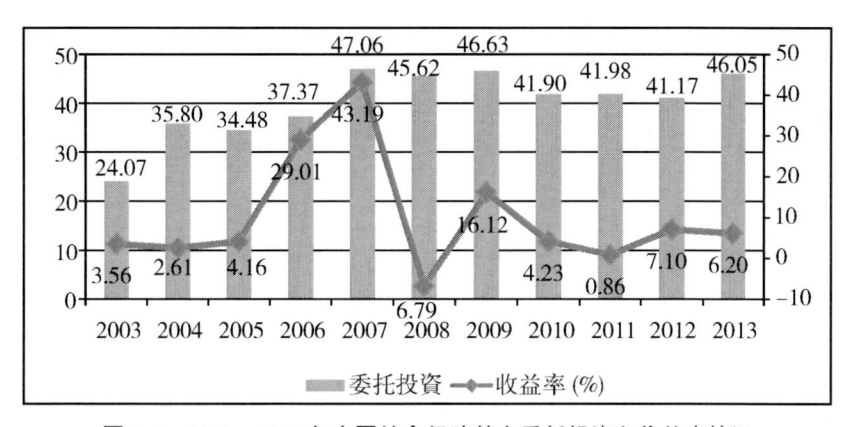

圖 7.4　2003—2013 年全國社會保障基金委託投資和收益率情況

資料來源：2003—2013 年全國社會保障基金年報 [EB/OL]. http://www.ssf.gov.cn/.

但是，從兩種基金各自的屬性來看，城鄉社會養老保險基金和全國社會保障基金在籌資來源、投資期限、資金用途、風險承受能力以及社會敏感度等方面有所不同，因此在理事會的治理結構上也會有所差異。而且目前全國社會保障基金理事會的治理結構本身也存在較多問題。首先，目前 21 位理事均來自政府各部門，代表多方利益相關者，很難有效履行基本養老保險基金受託人的職責。其次，缺乏公開透明的選拔任免、業績考察、行為規範等監管措施，缺乏完善的績效考核和激勵約束機制，難以形成健全的崗位廉政風險防控體系。最後，投資政策缺乏透明性。隨著投資範圍的拓寬，全國社會保障基金理事會 2005 年開始信託投資，主要投資於基礎設施，同年被允許直接投資央企，投資額不超過總資產的 20%，2008 年進入風險投資和私募基金，2009 年著手境外投資，2011 年涉足保障房投資，但從未披露評選投資項目所遵循的過程及使用的標準①。雖然全國社會保障基金理事會自 2001 年以來每年公開出具一份全國社會保障基金年報，披露當年全國社會保障基金總體的資產負債情況、投資業績、權益變動等關鍵信息，但這些信息對實施社會監管來說還遠遠不夠。此外，全國社會保障基金理事會近年來在取得較高投資收益的同時，其管理費用相對於戰略性投資較為活躍的主權養老基金的管理費用而言也顯得比較高，幾乎是挪威主權養老基金管理費用的 3 倍，是愛爾蘭主權養老金管理費的 1.5 倍。

---

① 封進. 中國養老保險制度改革的政策選擇——老齡化城市化全球化的視角 [J]. 社會保障研究，2012（3）：29-41.

7.4.1.4 金融市場的投資機構分散管理

從個人帳戶養老基金的基本特徵看，借鑑智利、英國、中國香港特區等的經驗，採用商業化的私營競爭型管理模式，讓多家符合條件的投資機構分散管理基本養老保險個人帳戶基金，並由其負責個人帳戶基金的籌集、管理、投資營運和發放似乎才是個人帳戶養老基金投資管理的最優選擇。這種管理模式的主要優勢體現在：①專業化管理。將個人帳戶養老基金的投資管理權移交到獨立於政府體系的、具有專業投資能力的市場化運作的私營機構——如證券公司、養老金公司、基金管理公司等，不僅能夠分散管理避免風險過於集中，而且能夠根據參保人自身偏好設計相應的投資產品和資產配置組合，滿足不同年齡層次參保人的多樣化需求。②市場化選擇。為預防私營機構在獲得養老基金投資管理權后惡意損害參保人利益的道德風險，該模式賦予委託人或參保人按照市場自由競爭法則自由選擇投資管理人的權利，即資產贖回權①。這迫使養老基金管理者實施動態優化投資組合，自覺提高管理效率，以實現預期回報的最大化。③所有者約束機制強化。該模式給予參保人適度的投資選擇權，有利於參保人選擇適合自身風險承受能力的投資組合，實現參保人在其個人帳戶養老基金投資營運過程中的參與、管理和監督。為了實現個人利益最大化，參保人有足夠的激勵監督個人帳戶養老基金管理者並提高管理效率，從而解決政府集中管理模式下所有者主體缺位問題。但是，這種模式存在的最大問題就是使規模經濟效應消失，還可能由於各管理主體間的過度競爭導致管理成本上升，從而降低個人帳戶養老基金的投資回報。而且，在風險分散機制和收益保障機制不完善的情況下，當養老基金管理主體過於追求高投資回報時，可能由於參保人缺乏相關的金融知識而承擔過大的投資風險。此外，管理主體和參保人面臨複雜多變的金融市場，有時難以作出理智而有遠見的投資決策，從而給未來的老年經濟保障帶來更大的不確定性。

更重要的是，考慮到中國金融市場和金融機構的發展現狀，採用私人機構分散管理基本養老保險個人帳戶基金還面臨以下方面的制約：①信託意識薄弱，信託制度發展滯后。中國信託業從 1979 年才開始發展，2001 年才頒布《信託法》，同時信託產業資產較少。而且在中國這樣一個非普通法系的國家裡，信託公司的職能常常變成純粹是形式上的受託人，難以真正履行其受託職

---

① 註：資產贖回權是指參保人在把個人帳戶養老基金委託給某私營公司管理以後，當該私營公司無法提供高效的服務，或者參保人自身偏好發生變化，現有基金管理機構無法滿足其要求時，參保人可以憑藉所有者身分以退還本金和收益的方式隨時贖回委託給該私營公司管理的個人帳戶養老基金，並轉移到另一家機構管理。

責，中國企業年金制度中的受託人「空殼化」就是最好的例證。②資本市場的發展不完善。在市場結構方面，現階段中國股票市場、債券市場、期貨市場、黃金市場等發展不平衡，難以提供有效的投資工具以滿足基本養老保險個人帳戶基金的投資需求。在市場效率方面，根據法馬（Fama, 1970）提出的資本市場有效性檢驗，大量研究顯示中國股市基本只達到弱勢有效的程度。股票指數的大幅度震盪不僅使股價嚴重背離其真實價值，還加劇了投資決策和風險控制的難度，這些都在很大程度上制約了信託投資淨收益率。③金融行業的自律制度與傳統缺乏，行業自律意識較弱。良好的行業自律意識和內部控制機制能夠有效降低風險，同時提高制度的社會信譽，對信託業的發展有重要推動作用。同時，個人帳戶基金投資管理制度的發展與證券業完備的自律型監管體系也密不可分。以英國為例，在英國的行業自律制度下，政府不設立專門的監管機構，由證券交易所、證券商協會等組織進行自律監管，它是以非獨立性的證券立法為基礎，以自律組織為中心，以自律監管為特色的體系。英國沒有獨立性的證券監管法規，也沒有設立全國性的監管主體（直到1997年才設立金融服務管理局）。正是金融行業的自律制度與傳統為信託業和整個金融業的發展奠定了良好的信用基礎。而中國金融行業的信譽相對較差，「老鼠倉」問題更使基金行業名譽掃地。因此，若這三方面的問題不能得到有效解決，個人帳戶養老基金由私人機構分散管理將難以獲得長期、穩定、客觀的投資收益。

7.4.1.5　中國城鄉社會養老保險基金投資管理主體的選擇

縱覽國內外養老保險制度，養老基金的管理模式不外乎以下三種：以智利為代表的分散化的私營競爭性管理、以新加坡為代表的集中化的公共統一管理和以瑞典為代表的適度的集中化管理和分散化投資的融合。由於中國基本養老保險制度實行社會統籌帳戶與個人帳戶相結合的模式，且兩個帳戶在融資機制、產權屬性、支付依據、風險特徵、責任主體等方面差異顯著，因此中國城鄉社會養老保險基金的投資管理應該遵循兩大原則：一是將養老基金的行政事務管理、投資管理、監督管理相分離；二是減少和避免省級政府和中央政府對養老基金投資管理的不合理干預，對其實行「分帳管理、分別投資、獨立核算」。目前，按照建立相對集中的社會保險垂直管理體制目標，中國應當盡快明確中央政府對社會統籌結余基金的管理主體地位和地方政府對個人帳戶結余基金的管理主體地位。

首先，社會統籌結余基金來源於現行政策中企業養老保險繳費、國有資產劃撥、各級財政補貼等，是由中央政府提供、體現勞動者國民身分的基礎養老金的資金池，具有典型的公共物品特徵。由「地方管理、中央兜底」很難調

動省級以下政府對其進行投資管理的積極性，必須由中央政府負責集中管理。一方面，從制度屬性上看，統一的勞動力市場和公平、普惠的養老保險制度必然要求基本養老保險實現全國統籌，這就客觀上要求由中央政府在全國範圍內對不同地區的養老保險社會統籌基金進行調劑使用。當基金收不抵支時，由各級財政進行補貼。當存在基金結餘時，也應由中央政府負責管理並用於下一年度的基金支出。另一方面，社會統籌基金的性質要求其只能作短期投資，採取活期存款、短期債券、短期固定收益產品等投資方式，在確保流動性與安全性的同時實現保值增值。因此，社會統籌結餘基金投資管理的專業化程度要求相對較低，可以由政府機構（如人力資源和社會保障部）或社會保險經辦機構（比如全國社會保險事業管理局集中管理）[①] 負責進行直接投資。

其次，個人帳戶結餘基金來源於參保人個人繳費、各級財政補助、投資收益等，是體現勞動者參保資格和個人帳戶養老金權益的資金池，具有絕對的私人產權屬性。個人帳戶養老金的權利與義務相對應的原則也十分明確，促使參保人員更加關注自己的切身利益，關注資金的收益和損失，因此這部分基金對投資收益的波動高度敏感。同時，考慮到各省、市、區基金結餘的差異，以及避免投資風險過於集中的現實要求，建議基本養老保險個人帳戶結餘基金採取委託—代理的模式，由省級社會保險經辦機構負責進行集中管理與投資。在短期內，可借鑒企業年金的經驗，由中央政府出抬個人帳戶養老基金投資管理辦法和有關機構投資者資質認定的辦法，依據投資能力而不是歷史業績的好壞從眾多的市場專業機構中選擇投資管理人，各省份則在合格的機構投資者名單中進行自主選擇，中央政府只從宏觀層面進行監管。這種方式通過中央政府對機構投資者的市場准入門檻嚴格把關，從客觀上形成了一個競爭性的市場，有利於提高養老保險基金的投資收益（見表7.13）。

表7.13　　社會養老保險基金帳戶的基本屬性和管理主體

	社會統籌帳戶基金結餘	個人帳戶基金結餘
籌資來源	企業繳費、國有資產劃撥、各級財政補貼等	個人繳費、各級財政補貼、投資收益等
產權屬性	公共產權	私人產權
支付時間	當期收支出現缺口時	參保人退休時

[①] 魯全. 養老保險基金投資管理體制改革及其影響 [J]. 重慶社會科學，2012（4）：14-21.

表7.13(續)

	社會統籌帳戶基金結餘	個人帳戶基金結餘
風險偏好	較低	較高
收益要求	較低	較高
敏感程度	較低	較高
管理主體	中央社保經辦機構	省級社保經辦機構
投資主體	中央社保經辦機構+專業投資機構	省級社保經辦機構+專業投資機構

7.4.2 城鄉社會養老保險基金投資營運體制創新

借鑑發達國家的實踐經驗，將體現養老基金所有者意志和利益的信託制度引入中國基本養老保險基金投資營運模式中不失為實現其保值增值的一大良策。信託制度所具備的「信託財產的獨立性、所有權與利益相分離以及財產管理的長期性和穩定性」等特徵決定了其與養老保險制度存在著共通性。因此，整個養老保險基金投資營運體制可由所有參保人充當委託人，分別將統籌帳戶基金和個人帳戶基金分別委託中央和省級社保經辦機構進行投資，並由它們擔任帳戶管理人。統籌帳戶基金的投資管理人由中央社保經辦機構和外部資產管理機構擔任，而個人帳戶基金的投資管理人則由省級社保經辦機構和外部資產管理機構擔任，但所有的養老基金資產必須委託合格的商業銀行保管。

因此，在中央相對集中管理體制下，中國城鄉社會養老保險基金的投資營運體制中包括以下機構：

首先，在管理統籌帳戶基金的中央社保經辦機構中成立一個養老基金投資理事會，作為治理主體來代替全體參保人行使投資監管職責，它是養老保險統籌帳戶基金的行政管理機構。理事會的主要職責就是在風險可承受的範圍內制定投資策略來最大化參保人利益，並提供充分的流動性滿足養老金發放要求。具體來說，理事會應向基本養老保險計劃的參保人或納稅人負責，制定統籌帳戶養老基金的投資策略，決定其資產配置和投資主體，並及時向公眾公開一切必要的與投資有關的財務信息，提高透明度。理事會成員一般由政府官員、專家和利益相關者共同組成。但為了防止政府將統籌帳戶養老基金用於滿足某些社會政治目標，理事會成員不應全部由政府指定，而應經過嚴格的公開選拔。具體而言，可先由31個省（直轄市、自治區）和中央政府的相關部委（如財政部、人保部）推薦人選組成提名委員會，然後提名委員會根據投資理事會法案規定的資格和技能等標準推薦適合的人選，最後由相關部委從提名委員會

推薦的人選中挑選相應數量的人員組成投資理事會。

其次，在管理個人帳戶養老基金的省級政府設立養老保險基金投資管理委員會，作為基金營運管理的決策機構，決定基金營運的重大事項。該委員會具體負責研究提出個人帳戶養老基金的投資策略建議，對部分基金進行收益安全穩定的直接投資。並在國家公布的具有資質的投資機構和託管機構範圍內，根據其投資取向、以往業績和量身定做的投資方案通過競標方式進行選擇，依據合同規定對基金託管、投資情況進行監督檢查，聽取營運管理機構的工作報告，評估基金營運管理狀況，定期公布個人帳戶養老基金投資營運管理情況和投資營運收益等。該委員會可由分管社會保障工作的省長任主任，人社廳、財政廳等行政部門的主要領導任副主任，同時包括人民銀行、證監會、保監會、銀監會在省一級的分支機構、審計、監察、工會等部門的代表、投資營運方面的專家、市級政府的有關領導等。而省級社會保險經辦機構作為日常辦事機構，具體負責全省統籌養老基金和個人帳戶養老基金投資營運管理的日常工作（見圖 7.5）。

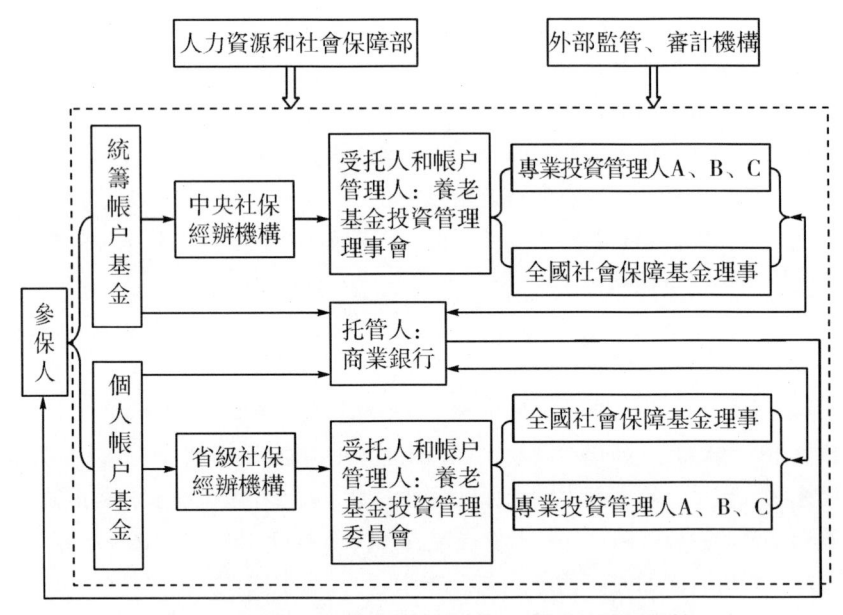

圖 7.5　城鄉社會養老保險基金投資營運的體制設計

7.4.3 城鄉社會養老保險基金投資營運機制創新

7.4.3.1 投資決策機制

對養老保險基金而言，其投資決策模式依據籌資來源和制度設計可分為集體決策投資和個人決策投資兩種。就中國城鄉社會養老保險制度的現狀來看，由於社會統籌基金結餘是由參保人共同所有，財產所有權具有不可分割性，很難說其屬於哪位具體參保人，必須採取集體決策投資。而個人帳戶基金即使具有私人產權性質，但政府對養老金替代率水平有最低要求，並承擔最終的兜底責任，因此參保人對個人帳戶基金並不具有任意的處置權，不能自由進行交易和轉讓，與一般意義上的私人產權有很大區別。從國外實踐經驗來看，個人投資選擇權的設立可謂是個人帳戶制養老保險計劃的一項重要創新。它主要是指在養老基金的投資營運中，賦予參保人對養老基金管理主體、投資工具、投資策略及給付方式等方面的自主選擇權。從設立至今，個人投資選擇權的發展路徑為「投資機構選擇——投資基金選擇——投資產品選擇」。然而，無論智利的 AFP 投資機構還是瑞典的 AP 投資機構，機構之間的投資模式和資產配置都具有趨同效應，導致其投資收益也沒有較大的差別。此外，從智利、新加坡、瑞典、英國的實踐經驗看，參保人的收入水平、年齡、性別、婚姻和職業等方面的差異都會對其個人投資選擇權的實施產生較大影響，並且在制度建立初期，個人參與意願都較高。但是從近幾年制度運行穩定後的數據來看，個人帳戶積極投資的參與率都呈現降低的趨勢。如在瑞典，當參保人可以進行投資選擇的第一年（2000 年）有 67% 的人選擇積極投資，但 2001 年就急遽下降到 17.6%，隨後幾年繼續下降：2002 年為 14.1%，2003 年為 8.4%，2004 年為 9.4%，2005 年為 8.0%，2006 年為 7.5%。因此，在美國、澳大利亞、瑞典、新加坡、中國香港、智利等國家和地區，考慮到參保人可能因為信息過載、拖延和慣性、專業知識匱乏等而不去積極選擇，都非常注重默認基金的設置，以迎合大多數人的投資需求，而且默認基金的收益率未必低於積極投資的收益率。比如截至 2012 年 6 月 30 日，在新加坡中央公積金裡的 CPFIS-OA（普通帳戶投資計劃）和 CPFIS-SA（特殊帳戶投資計劃）項目中分別有 71.2% 和 70.8% 的資金並未進行自主投資選擇。原因是 2011 年 CPFIS-OA 僅有 17% 的投資者實現的收益超過了 2.5% 的默認基金收益率，另有 45% 的投資者實現的收益率是負的。

隨著中國資本市場的快速發展和參保人投資意識的增強，設置適度投資選擇權將成為一種必然趨勢。如何設計有效的個人帳戶投資選擇權應主要考慮制

度設計因素（包括制度設計中的個人投資選擇範圍、默認基金設置、收益保證等因素）和社會環境因素（包括經濟發展水平與金融市場效率、人口結構以及成員風險認同度）。鑒於個人的非理性行為和金融知識的匱乏，參保人並不能理性地使用自己的投資選擇權，實現資產組合的最優化和經濟福利的最大化。況且在制度建立初期，受政府推動、媒體宣傳、過度自信等的驅動，參保人的積極投資比例較高，很可能在投資機構、投資基金、投資產品間較為頻繁的轉換，巨大的制度運行成本使得個人投資選擇權的設立單從提高投資收益波動的角度評價顯得並不十分有必要。因此，在設立中國基本養老保險個人帳戶基金投資選擇權的初期，仍應該實行集體決策投資，設置合理的收益保證——生命週期型基金和指數基金作為參保人的投資選擇或默認選擇，並限制每年基金轉換的次數和每次基金轉換的費用，投資收益按照每個參保人的實際收益分別記帳。

7.4.3.2 基金監管機制

鑒於目前中國社會保險基金的管理工作主要由社會保障、財政和審計等部門共同負責的現狀，養老基金的監管應遵循「審慎人監管」和「數量限制監管」相結合的原則，從法律監管、內部監管和外部監管入手建立完善的監管體系。

首先，加快養老基金信託營運的法律法規體系建設。特別是要加緊制定《個人帳戶養老基金信託管理法》《個人帳戶養老基金投資管理辦法》《個人帳戶養老基金監管條例》等法律法規，要對個人帳戶養老基金的產權屬性進行明確的法律界定，對個人帳戶養老基金信託化營運的治理結構、風險控制、信息披露、信用擔保額度、審計監察等各方面作出較為細緻的安排，並結合中國個人帳戶養老基金管理的實際情況，地方政府也應出抬相關的過渡性法規和文件。

其次，加強養老基金的內部監管主要是完善內部治理結構和治理機制。主要措施包括：①採取中央垂直監管模式，成立一個有權威、有協調能力的全國社會保險基金監督委員會，在省級層面採取派駐的方式實施監督。監督委員會由用人單位、勞動、財政、中央銀行、民政、人事、審計、保險公司、職工代表組成。其主要職責包括：定期聽取社會保險經辦機構的工作報告，審查社會保險政策、法規、制度的執行情況，監督檢查社會保險基金預算和資金營運計劃執行情況，審查社會保險基金徵收、存儲情況，評估經辦機構的管理工作和投資人的服務工作等。②建立健全養老基金投資營運的績效考核機制。在國家和省級分別成立由政府相關部門、專家、企業和職工組成的績效考核委員會，

考核對象主要是省級經辦機構管理養老基金個人帳戶情況、委託代理機構及相關基金經理人的投資營運業績情況等。考核的主要內容應包括機構的制度建設、個人帳戶養老基金投資組合情況、收益情況、機構資產負債情況、管理費的提取和使用情況等。③完善養老基金管理失責追究機制，規範責任認定和追責的程序。在國家層面盡快制定養老基金管理的失責追究制度，對失責追究的步驟、順序、形式等作出相互銜接的制度性規定。對於失責人員，要視造成危害的情節嚴重程度給予相應的黨紀、政紀處分；構成犯罪的，移交司法機關依法處理①。④建立健全養老基金風險預警指標體系，包括養老基金管理風險指標體系、養老基金投資營運風險指標體系和養老基金管理過程中的違法犯罪風險指標體系。此外，還需要對預警指標之間的相互關係、指標之間的層次安排、指標權重等方面作出科學、合理的設計與安排，同時利用金融工程方法、網路技術等，開發各種風險測評模型，對養老基金的風險進行分析、預警和預測，在此基礎上，提高養老基金監管的準確性、有效性和科學性。⑤建立養老保險基金投資的信息披露機制。中央和地方的社會保險經辦機構都要對自己負責營運及其委託其他投資機構營運的養老保險基金的收支情況、投資狀況、收益情況以及其他財務數據等予以定期公布。並成立由經辦人員、參保人和雇主各占1/3的常設機構，由其履行包括公布年報、內部審計和定期監督在內的日常職責，由其確保信息披露內容的真實性、準確性和完整性。與此同時，建立健全全國統一的社會保障信息系統使參保人能及時瞭解到自己的養老金權益並有效地參與監督。

最後，外部監管主要是專門監管、市場監管和社會監管。其中，專門監管是指國家財政部進行的養老基金財務監管和國家審計署進行的養老基金財務審計。市場監管是指國家銀監會、證監會和保監會等對養老基金的市場化投資運作的專業機構和投資環節進行的監管。而社會監管一方面包括設立社會保險基金監事會，監事會成員由政府、用人單位和職工三方代表組成。其性質為非常設性機構，具體辦事機構可設在社會保險主管機構內，如在人力資源和社會保障廳（局）及基金管理中心的監督部門內建立對外窗口——接待和申訴處，接受各種查詢、諮詢和申訴，並將申訴分門別類，涉及管理機構及其工作人員的行政申訴，留下調查處理，其他申訴交有關部門處理②。社會保險基金監事會的主要職責有：聽取和審議社會保險管理機構關於基金的收支狀況，以及基

---

① 趙應龍. 完善養老基金監管機制探析 [J]. 中國社會保障，2012（12）：40-41.
② 丁康. 完善社會保險基金監管制度的幾點思考 [J]. 社會保障研究，2010（3）：69-72.

金的投資、營運、增值情況的報告，並就社會保險基金預決算情況、經辦機構服務費和管理費使用情況、社會保險基金的投資營運和支付情況提出改進建議。另一方面，政府還應當聘請獨立的第三方機構對投資機構進行定期的投資績效評估，特別是加強對個人帳戶養老基金投資營運的長期績效評估（見圖7.6）。

```
                        養老保險基金監管
         ┌───────────────────┼───────────────────┐
      內部監管              法律監管             外部監管
    ┌────┴────┐                         ┌────────┼────────┐
  行政監管  內部控制                  專門監管  市場監管  社會監管
    │         │                         │        │         │
 全國社會   經辦機構績效考核機制      財政部   銀監會    第三方專業機構
 保險監督   經辦機構失責追究機制      審計署   證監會    社會保險基金監事會
 委員會     投資運營的風險預警機制             保監會    新聞媒體
 省級社會   投資運營的信息披露機制
 保險監督                              省級財政廳
 委員會                                省級審計廳
                                       省級銀監局
                                       省級證監局
                                       省級保監局
```

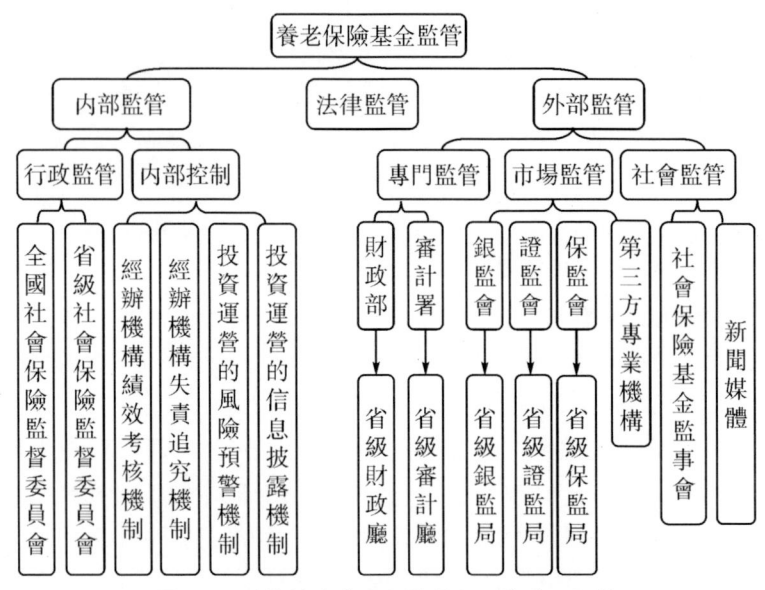

圖 7.6　城鄉社會養老保險基金監管體系架構

7.4.3.3　收益擔保機制

縱觀當今國際養老基金市場，對養老基金投資風險的補償都是通過建立收益擔保制度來實現。從擔保內容上講，主要分為絕對給付水平擔保、相對給付水平擔保、絕對收益率水平擔保和相對收益率水平擔保四種制度形式。其中，絕對給付水平擔保是以固定的養老金、最低工資或最低消費水平的一定比例（貧困線、最低工資或者平均工資）提供一個防止貧困的給付，即通常所說的政府最低保證養老金；相對給付水平擔保是指保證養老金達到個人收入的某一比例，即一定的目標替代率；絕對收益率水平擔保是指事前確定的一個固定的投資收益率，如馬來西亞和新加坡採用的2.5%的名義收益率擔保，但其無法避免通貨膨脹對養老基金的侵蝕；相對收益率水平擔保是指確定一個與市場的某個基準相關聯的收益率，也是較為普遍採用的一種方式，如秘魯和智利提供的是整個養老基金行業平均實際收益率的50%和平均收益率減去2%中的較小值。從擔保方式上講，主要分為再保險類、準備金類和專項基金類。如中國香

港要求強積金受託人購買足夠的彌償保險，並成立了專門的彌償基金，以減少各養老基金管理主體的違規行為對受益人權益的侵害。而是否應該建立及如何建立最低收益擔保，應從防止老年貧困、保障制度公平、避免過度投資風險、維護參保人利益的角度出發，視其投資選擇權大小而定。

目前，中國資本市場的指數尚不具有權威性，且專業性的養老基金公司較少，無法計算行業平均收益率，建立相對收益率水平擔保制度的難度較大。在基本養老保險個人帳戶基金完全由政府履行投資選擇權的背景下，為充分保障參保人的利益，必須參考定期銀行存款利率、通貨膨脹率、工資增長率及基金行業平均收益率，建立最低投資收益擔保制度。同時，考慮到相關責任人對各種風險的承擔能力不同，構建一個層級擔保制度，實現擔保形式的多樣化和擔保主體的多元化，按盈余準備金、風險準備金、自有資本、清算、中央擔保基金、社會保障專項基金的順序建立基本養老保險基金投資擔保制度。進而言之，城鄉社會養老保險基金的收益擔保機制應著重於從下列幾個方面進行制度構建：①從熨平養老保險個人帳戶基金投資收益波動的角度出發，要求投資管理人以超過基準真實收益率的投資收益建立盈余準備金，其產權屬於基本養老保險個人帳戶基金；②從提高投資管理人的服務水平和營運效率的角度出發，要求其從收取的管理費用和自有資本中提取一定比例的風險準備金，其產權屬於投資管理人；③從保障參保人利益的角度出發，要求投資管理人為其管理的基本養老保險個人帳戶基金購買足夠的彌償保險，以防範重大的投資決策失誤對參保人利益造成的損害；④借鑑中國香港的做法，考慮由政府財政出資以及向各獲得資格認定的管理主體徵收費用的方式建立專門的中央擔保基金；⑤從保障參保人的基本生活水平出發，可由政府財政撥款成立專門的社會保障專項基金，以保證養老金的最低替代率。通過構建多層次的風險補償機制，切實保障基本養老保險基金的安全性、完整性和可持續性（見表 7.14）。

表 7.14　　　　構建城鄉社會養老保險基金的擔保機制

擔保層次	擔保形式	擔保主體
第一層次：盈余準備金	相對收益率擔保	養老基金
第二層次：風險準備金	相對收益率擔保	投資管理人
第三層次：彌償保險	絕對收益率擔保	投資管理人
第四層次：中央擔保基金	絕對收益率擔保	投資管理人+政府
第五層次：社會保障專項基金	相對給付水平擔保	政府

7.4.3.4 待遇給付機制

在基本養老保險個人帳戶制度中，其給付方式主要有四種：一次性給付、計劃提取、生命年金、計劃提取與生命年金的結合。其中，一次性給付是指在退休時將個人帳戶基金的累積額一次性支付給個人，由個人承擔長壽風險、通脹風險等全部風險。如中國香港的強積金計劃就規定，當其計劃成員達到65歲的法定退休年齡時，可一次性全額提取個人帳戶餘額。一次性給付方式的優點就是操作簡單，但可能因為退休者個人的過度消費或盲目投資而提前消耗完養老資產，從而無法保證其年老后的基本生活需要。計劃提取是指在退休時由個人帳戶管理者如養老基金管理公司為退休者制訂一個領取計劃，個人按月領取，帳戶餘額繼續按實際的投資回報率計算利息，並根據退休者的預期壽命和實際累積相應調整養老金的領取額。計劃提取給付方式由智利首創，在英國、墨西哥、秘魯、新加坡等國家都有實施。其優點是退休者可以獲得比較穩定的退休收入，個人帳戶養老金仍可繼續在資本市場上獲得投資收益，且累積餘額可以繼承。生命年金給付方式是指在退休時將個人帳戶養老金用於購買人壽保險公司的生命年金，再由壽險公司向退休者支付養老金直至死亡，即通常所謂的養老金年金化支付。如瑞典的輔助養老金受益必須以輔助養老金管理局提供的強制年金形式領取。其最大的缺點就是剩餘的養老金不能繼承。因此，很多國家允許個人選擇計劃提取與生命年金的結合，即允許個人先按照計劃提取到一定年齡后，個人帳戶餘額全部轉換為生命年金；或將個人帳戶基金分為兩部分，一部分按計劃提取，另一部分用以購買生命年金，同時擁有兩種支付方式的優點，更容易獲得國民的認可和接受。

在中國，國務院《關於完善企業職工基本養老保險制度的決定》（國發〔2005〕38號）明確規定：繳費年限（含視同繳費年限）累計滿15年的人員，退休后按月發給基本養老金。基本養老金由基礎養老金和個人帳戶養老金組成。退休時的基礎養老金月標準以當地上年度在崗職工月平均工資和本人指數化月平均繳費工資的平均值為基數，繳費每滿1年發給1%。個人帳戶養老金月標準為個人帳戶儲存額除以計發月數，計發月數根據職工退休時城鎮人口平均預期壽命、本人退休年齡、利率水平等因素確定。同時，為避免個人帳戶因長壽而出現無款可領的情形，現行政策為退休者提供了一種給付保證：退休者無論生存多久，都將能終生領取個人帳戶養老金，即個人帳戶基金用完后，由社會統籌基金支付；如果退休者過早死亡，個人帳戶未領完的餘額作為遺產繼承。也就是說，退休者領取的個人帳戶養老金總額將不少於其按本人繳費工資基數8%繳費所累積的基金總額，這無疑使得原本存在較大隱性養老金債務的

城鎮職工基本養老保險制度雪上加霜。因此，實行個人帳戶養老金的年金化發放便被提上議事日程。通過年金保險的運行原理橫向調節個人帳戶基金，既實現參保人之間生存風險共濟，又減少個人帳戶基金缺口給統籌基金帶來的潛在壓力。但鑒於中國年金市場還很不成熟，國民對保險公司的不信任及儲蓄的遺贈動機，個人帳戶累積養老金權益的強制年金化發放還值得進一步商榷。目前仍然適合實行計劃提取，但隨著制度環境的改善，可以考慮計劃提取與生命年金相結合的方式（見表 7.15）。

表 7.15　部分國家和地區強制性個人帳戶養老金制度的給付特徵

國家和地區	供款	最低養老金擔保	養老金的支付方式		一次支付	能否提前退休
			分期支付			
			生命年金	計劃提取		
智利	雇員	√	√	√		√
新加坡	雇主和雇員	√	√	√	√	√
瑞典	雇主和雇員	√	√			
英國	雇主和雇員		√	√		
中國香港	雇主和雇員			√	√	
中國	雇主和雇員		√	√	√	

資料來源：Barbara E. Kritzer（2005），Individual Accounts in Other Countries, Socail Security Bulletin, No. 1.

7.5　保證收益約束下養老基金資產結構的動態優化

國內外既有文獻在養老基金資產結構優化研究中大多採用了「收益—風險」的分析框架，其區別主要在於目標函數的設定、收益與風險的度量以及模型方法選擇的不同。近年來中國廣義養老基金逐步增大了投向資本市場的比重，使得其投資收益狀況與資本市場發展態勢緊密關聯。由於資本市場的行情時刻在發生變化，養老基金所配置的各類資產間的相關性也隨之變化，將會影響資產配置權重的確定，但現有的研究文獻均假定各類資產間的相關性保持不變，這顯然存在著一定的不足。而 DCC-GARCH 模型可用於估計高維多資產的相關係數矩陣，能夠較好地描述這種變動關係，揭示其相關性結構的時代特

徵。另外，儘管 VaR 方法被廣泛用於度量金融風險，但其不滿足次可加性和凸性要求，且未考慮極端情況，而 CVaR 方法在性質上優於 VaR 方法，故採用 CVaR 方法來度量養老基金資產組合風險更具合理性。

本書按照「收益—風險」的分析框架，以全國社會保障基金為例對保證收益約束下養老基金資產結構動態優化展開經驗研究。以銀行存款、國債、企業債、股票和基金為主要投資對象，建立 DCC-GARCH-CVaR 模型來刻畫資產間的動態相關關係和度量投資組合的風險，以資產組合風險最小化為目標函數，以期望收益滿足最低保證要求為主要約束條件，同時將相關法律法規對投資比例的限制納入最優化計算過程中，構建養老基金資產結構動態調整模型，探尋各期內養老基金資產配置的最優權重，以期為政府主管部門和養老基金投資管理人制定投資策略提供參考。

7.5.1 養老基金資產配置模型構建

7.5.1.1 資產間動態關係分析：基於 DCC-GARCH 模型

根據恩格爾（Engle，2002）的研究[①]，本研究假設 r_t 為具有零均值的資產收益序列向量，ζ_{t-1} 為到時刻 $t-1$ 為止的信息集，D_t 為對角線元素是資產收益率標準差的對角矩陣，R_t 為條件相關係數矩陣，則 $H_t = D_t R_t D_t$ 為條件協方差矩陣。再假設 ε_t 為 GARCH 模型的標準殘差，Q_t 為資產收益率的方差協方差矩陣，符號 ° 表示矩陣的 Hadamard 積，S 為標準殘差 ε_t 的無條件協方差矩陣，w_i、k_i、λ_i、A、B 為所要估計的參數，則 DCC-GARCH 模型可表述為：

$$\begin{cases} r_t \mid \zeta_{t-1} \sim N(0, H_t) \\ D_t^2 = diag\{w_i\} + diag\{k_i\} \circ r_{t-1} r_{t-1}^{'} + diag\{\lambda_i\} \circ D_{t-1}^2 \\ Q_t = S \circ (ll^{'} - A - B) + A \circ (\varepsilon_{t-1} \varepsilon_{t-1}^{'}) + B Q_{t-1} \\ R_t = diag\{Q_t\}^{-1} Q_t diag\{Q_t\}^{-1} \end{cases} \quad (1)$$

式（1）中，第一個方程假定資產收益率服從多元正態分佈；第二個方程假定資產收益率滿足 GARCH 模型要求；第三個方程是資產收益率的協方差矩陣，其中 1 表示取值為 1 的向量；第四個方程是資產收益率的相關係數矩陣。

以上 DCC-GARCH 模型的似然函數為：

$$L = -0.5 \sum \left[nlog(2\pi) + 2log(|D_t|) + log(|R_t|) + \varepsilon_t^{'} R_t^{-1} \varepsilon_t \right] \quad (2)$$

---

① Engle, Robert F. Dynamic conditional correlation: A simple class of multivariate generalized autoregressive conditional heteroskedasticity models [J]. Journal of Business and Economic Statistics, 2002, 7: 339-350.

對式（2）求極大值，即可得出相關參數的向量。令 D_t 中的參數為 θ，R_t 中的參數為 φ，則似然函數可分為波動部分 $L_V(\theta)$ 和相關部分 $L_C(\theta, \varphi)$ 兩項，表示如下：

波動部分：$L_V(\theta) = -0.5 \sum [nlog(2\pi) + 2log(|D_t|) + r_t^{'} D_t^{-2} r_t]$ (3)

相關部分：$L_C(\theta, \varphi) = -0.5 \sum [log(|R_t|) + \varepsilon_t^{'} R_t^{-1} \varepsilon_t - \varepsilon_t^{'} \varepsilon_t]$ (4)

由此可以看出，DCC-GARCH 模型估計分為兩個階段：第一階段為分析波動部分，式（3）的含義即為單變量 GARCH 模型似然結構的和，用於估計相關參數；第二階段為分析相關部分，由第一階段所求出的參數估計結果帶入式（4）得出變量間的相關係數矩陣。DCC 模型形式為 DCC（p, q），其中 p 表示 GARCH 模型中無條件方差的滯后階數，q 表示自相關的滯后階數，p 和 q 的值由單變量 GARCH 模型形式來確定。

7.5.1.2 資產組合風險度量：基於 CVaR 方法

VaR 指在一定置信水平和特定時間內，某一資產或資產組合在未來資產價格波動下所面臨的潛在最大損失值。相比較而言，CVaR 更關注尾部損失的集中度，定義為損失大於某個給定的 VaR 值下的期望損失。在置信度 β 下，用 $f(x, y)$ 表示資產組合的損失函數，$p(y)$ 為服從正態分佈的概率密度函數，則 CVaR 的表達式為：

$$CVaR = (1-\beta)^{-1} \int_{-\infty}^{VaR} f(x, y) p(y) dy \quad (5)$$

由式（5）很難直接求出 CVaR 值，諾克菲勒（Rockafellar, 2000）等[①]認為在收益率給定情況下，資產組合的 CVaR 公式可以轉化為：

$$CVaR = K\sigma(x) - E(x) = K\sqrt{x'Hx} - x'\mu \quad (6)$$

上式中，$K = -(1-\beta)^{-1} \int_{-\infty}^{-z} xp(x)dx$，$z = -?^{-1}(1-\beta)$，$\mu = E[f(x, y)]$，H 為資產收益率的條件協方差矩陣。根據式（6），在得到資產組合權重向量、條件協方差矩陣以及期望收益的基礎上，即可求出 CVaR 值。

7.5.1.3 養老基金資產配置模型框架

養老基金承擔了為參保職工的退休生活提供財務保障的功能，這決定了其投資應充分考慮安全性、收益性與流動性之間的平衡。安全性要求基金投資不能承擔過高風險，必須保證本金能按期收回，為此監管部門對投資品種和投資比例做

[①] Roekafellar, R. T, Uryasev, S. Optimization of Conditional Value-at-Risk [J]. The Journal of Risk, 2000 (2): 21-41.

出了明確規定。收益性要求在符合安全性原則的前提下，盡可能地最大化投資收益，實現與未來負債相匹配。流動性要求基金投資在不改變資產總額的前提下，具備按期將一部分資產轉換成現金的能力。由於養老基金的負債期限較長，且有一定比重的資產購買銀行存款，所以流動性較安全性和收益性而言就顯得沒有那麼重要，由此養老基金資產配置主要取決於提高收益與控制風險的權衡。確定適當的收益目標是保障參保人在退休階段領取較高養老金的必要條件。風險目標要求基金投資不能承受過高的投資風險，應盡可能地使風險限制在可承受範圍內。因此，養老基金的投資目標並非一味追求收益最大化，而應是在給定最低保證收益（至少應彌補通脹水平）的約束下最小化投資風險。

中國養老基金主要包括基本養老保險基金、企業年金基金和全國社會保障基金，考慮到現階段基本養老保險基金的投資品種較為局限和企業年金基金投資比例約束在研究期內進行過一定的調整，本研究以全國社會保障基金為例來全面考察資產結構調整對養老基金風險收益目標的影響。《全國社會保障基金投資管理暫行辦法》對投資品種和投資比例做出了明確規定：銀行存款和國債投資的比例不得低於 50%，其中銀行存款的比例不得低於 10%；企業債、金融債投資的比例不得高於 10%；證券投資基金、股票投資的比例不得高於 40%。本研究以此為依據設定相應的約束條件。

綜合上述分析，本研究遵循「收益—風險」的分析框架和思想，建立 DCC-GARCH 模型估計資產間的動態相關關係，用 CVaR 方法度量資產組合的風險水平，以資產組合風險最小化為目標函數，以資產組合收益率滿足最低保證要求和相關法律法規的限制為約束條件，構建全國社會保障基金資產結構動態優化模型：

$$\min CVaR(W_t, \beta) = K\sqrt{W_t'} - W_t'\mu_t$$

$$s.t. \begin{cases} ER_{p,t} = W_t'\mu_t \geq u \\ w_1 + w_2 \geq 50\%, \ w_1 \geq 10\% \\ w_3 \leq 10\% \\ w_4 + w_5 \leq 40\% \\ \sum w_i = 1, \ w_i \geq 0, \\ H_t = S°(ll' - A - B) + A°(\varepsilon_{t-1}\varepsilon_{t-1}') + BH_{t-1} \end{cases} \quad (7)$$

上式中，$W_t = (w_{1,t}, w_{2,t}, \cdots, w_{5,t})$ 為第 t 月全國社會保障基金資產配置的權重向量；β 為置信度，反應基金投資的風險容忍程度；μ_t 為第 t 月各類資產的收益率向量；u 為最低保證月收益率。從式（7）可以看出，在設定好 β 和

u,通過 DCC-GARCH 模型得出資產收益率條件協方差矩陣 H_t 的基礎上,就可以求出第 t 月全國社會保障基金的最優資產配置權重。

7.5.2 模型求解與結果分析

7.5.2.1 資產不確定性描述

大類資產的風險收益特徵難以直接進行描述,需要確定各自的戰略基準。本文選取上證國債指數、上證企業債指數、滬深 300 指數和上證基金指數分別描述國債、企業債、股票和基金的收益波動情況。銀行存款收益率用活期存款、三個月定期存款、半年定期存款和一年定期存款的平均利率表示。2005 年至今,中國資本市場經歷了一個牛市、熊市、震盪調整的週期,而且全國社會保障基金於 2005 年加快了投資資本市場的步伐,故本研究選取 2005 年 7 月至 2013 年 12 月的月度數據作為研究樣本。本研究所使用的數據來源於 CSMAR 系列研究數據庫和 RESSET 金融研究數據庫。

現金類資產的收益率隨國家存款利率的調整而發生變化,在一定期間內較為固定,且與其他金融資產的相關性不強,在此不予贅述,本部分主要分析金融資產的風險收益特徵。表 7.16 給出了四類金融資產收益率的基本統計特徵。從均值和標準差來看,基金和股票的月均收益率和標準差均遠高於其他資產,基金的月均收益率高於股票,但標準差卻低於股票。股票和基金的偏度統計量為負值,表明存在負回報率的可能性更高。四類金融資產的峰度統計量均大於 3,呈現出明顯的「尖峰肥尾」現象。JB 統計量顯示在 1% 的顯著性水平下拒絕存在正態性假設,即金融資產的收益率不服從正態分佈。基於此,本研究將採用 GARCH 模型分析各類金融資產的收益率和波動性。

表 7.16　　　　　四類金融資產收益率的基本統計特徵

資產類別	國債指數	企業債指數	股票指數	基金指數
均值	0.261,7	0.395,1	1.444	2.097,1
標準差	0.486,2	0.906,5	9.813,4	7.974,6
偏度	1.167,4	1.027,8	−0.753,1	−0.913,2
峰度	7.319,1	7.124,6	5.960,2	5.634,4
Jarque-Bera	102.448,6***	90.258,8***	327.558,1***	305.224,3***
ADF 統計量	−7.599,3***	−5.988,7***	−8.563,4***	−5.024,4***
ARCH（5）	22.351,1***	4.702,2**	14.570,4***	9.183,5***

註:*、**、*** 分別表示在 10%、5% 和 1% 水平上顯著,下同。

建立 GARCH 模型進行迴歸分析之前，先要檢驗其平穩性，防止產生偽迴歸現象。用含常數項不含趨勢項的 ADF 單位根檢驗金融資產收益率序列，結果表明四類金融資產收益率數據的水平值在 1% 的顯著性水平上都是平穩的。由滯后 5 階 ARCH 效應檢驗結果可知，四類金融資產收益率序列存在異方差性，即存在顯著的波動集群效應。平穩性檢驗和 ARCH 效應檢驗都表明四類金融資產收益率序列滿足建立 GRACH 模型的前提要求。

7.5.2.2 資產間動態系數估計

DCC-GARCH 模型擬合資產間的動態關係可分為兩步：第一步，建立適合的單變量 GARCH 模型分別考察四類金融資產收益率的波動特徵，估計模型中的未知參數，即求解式（3）中的參數；第二步，將條件方差去除殘差得到標準化殘差序列，再用第一步得到的標準化殘差序列估計出模型動態條件相關係數，即用第一步所得出的參數帶入式（4）求出剩余未知參數，這些參數表現為式（1）中的 A 和 B。

由於 GARCH（1，1）能夠較好地描述資產的風險收益特徵，且兼顧模型的簡潔性，故本研究選取 GARCH（1，1）模型進行分析。在 GARCH 參數中，設 c 為截距項、m 為誤差平方滯后項系數、n 為方差滯后項系數，$\gamma = m+n$ 越接近於 1 表明資產收益率的波動性越具有顯著的持續性。先利用 GARCH（1，1）模型估計出每個收益率序列的殘差並將其均值化，再運用 Matlab 軟件進行 DCC-GARCH 模型的編程，從而得出金融資產的動態相關係數矩陣和方差協方差矩陣（見表 7.17）。

表 7.17　四類金融資產的 GARCH（1，1）模型參數估計結果

資產類別	c	m	n	$\gamma = m+n$
國債指數	0.000,3 (0.614,2)	0.230,2*** (3.354,1)	0.769,6*** (15.247,7)	0.999,8
企業債指數	0.008,9 (0.528,0)	0.196,2** (2.284,6)	0.803,6*** (12.759,3)	0.999,8
股票指數	5.474,3* (1.713,6)	0.080,3* (1.834,4)	0.863,1*** (33.987,2)	0.943,4
基金指數	4.359,2*** (1.504,9)	0.139,6 (1.201,6)	0.794,0*** (9.276,8)	0.933,6

註：括號內的數值為 t 統計量。

從表 7.17 可以看出，儘管部分系數不顯著，但模型整體擬合效果較佳，可以認為四類金融資產的收益率適用於 GARCH（1，1）模型。各項資產的 γ

均接近於1,表明資產收益率的波動性具有顯著的持續性,有必要分析資產間的動態相關關係。由於 GARCH 模型的階數都為1,故 DCC 模型的階數也都為1,通過 Matlab 編程可估計出四類金融資產收益率序列的 DCC（1,1）模型參數。從得出的模型參數估計結果看,協方差矩陣中的未知參數 A 的值為 4.43E-08, B 的值為 0.975,1, 由此可得出四類金融資產的動態方差協方差矩陣和動態相關關係矩陣。在此基礎上,假設銀行存款與金融資產不存在相關性,即可得到五類資產在研究期內的動態方差協方差矩陣和動態相關關係矩陣。

7.5.2.3 資產配置最優權重

在建立 DCC-GARCH 模型估計出資產間動態相關係數矩陣及動態方差協方差矩陣的基礎上,根據前文構建的全國社會保障基金資產結構優化模型,設定置信水平為95%,運用 Matlab 軟件分別考察最低保證月收益率分別為0.3%、0.4%、0.5%的情況下五類資產的動態最優權重,結果如圖 7.7~圖 7.11 所示。

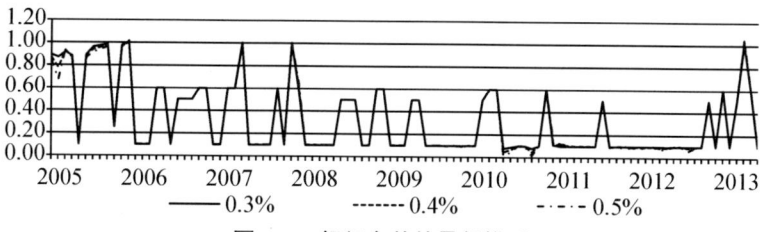

圖 7.7 銀行存款的最優權重

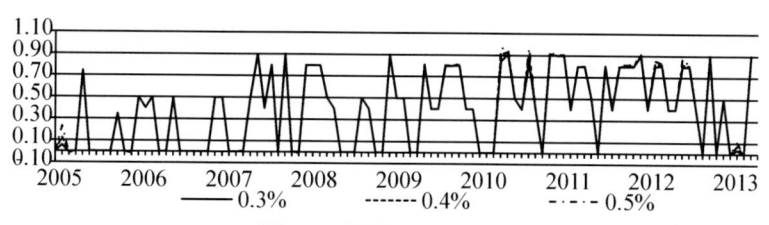

圖 7.8 國債的最優權重

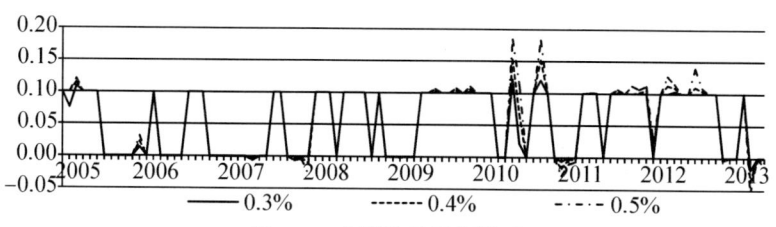

圖 7.9 企業債的最優權重

图 7.10 股票的最优权重

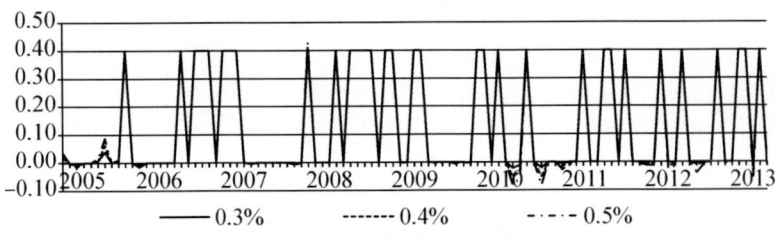

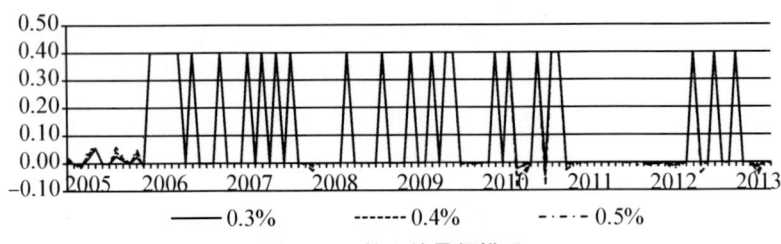

图 7.11 基金的最优权重

　　图 7.7~图 7.11 显示了全国社会保障基金投资收益在最低保证月收益率分别为 0.3%、0.4%、0.5%的情况下五类资产的最优配置权重。尽管模型求解过程中出现了少数奇异点①，部分资产的最优权重超出设定值或大于 1 或为负值，但大多数情况下的资产最优权重都在可行域内，具有明显的经济含义。

　　（1）总体来看，本研究得出的结果动态展现了全国社会保障基金资产结构的时代特征，银行存款、国债、企业债、股票及基金的最优权重均随时间变化而有较大幅度的波动。由于金融资产的收益率会随着资本市场的波动而发生变化，全国社会保障基金为了达到最低保证收益要求，需要根据各类资产的期望收益和相关性而进行动态调整。同时，本研究表明最低保证收益的变化对各类资产最优权重有一定的影响，但影响力度十分有限，故各图中在不同最低保证收益水平下的三条曲线均呈现出较高程度的重合。

　　（2）从不同类资产的表现来看，剔除不满足模型约束条件的少数奇异点，随着最低保证收益率的增加，银行存款的最优权重有下降趋势，但降幅不明显；国债、企业债、股票和基金的最优权重呈上升趋势，但升幅也不明显，这意味着四类金融资产对银行存款存在较弱的替代性。尽管提高最低保证收益会

---

① 模型求解中出现少数个别奇异点是由于该时期各类资产的收益率普遍较低，在设定的约束条件下无法找到最优解，使得解落到可行阈外。

使得基金資產結構有增加金融資產配置權重的傾向，但出於安全性和投資管理水平以及資本市場收益波動的考慮，銀行存款仍是全國社會保障基金較為偏好的資產。同時，研究期內有44個月的銀行存款與國債的最優配置權重之和超過80%，這一方面表明銀行存款和國債在全國社會保障基金資產結構中占主導地位，另一方面也表明全國社會保障基金資產配置仍舊缺乏多元化，應積極尋求風險低、收益高且穩定性強的投資品種。

（3）從圖7.9、圖7.10和圖7.11中，我們還發現，大多數時期企業債、股票和基金的最優權重為0或為最高投資限定比例，這與現實資產配置情況並不相符。當這些資產的最優權重為最高投資限定比例時，與諸多學者所提倡的全國社會保障基金應加大金融資產配置比例以提高組合收益的觀點相一致，表明當這些類別資產的收益率較高時的確應該提高其配置權重。而出現最優權重為0這種反常的結果，一方面的原因是資本市場投資環境差使得這些資產的收益率在該期間內較低或為負值，為了盡可能地達到最低保證收益和降低投資風險，投資管理人會最大限度地降低這些資產的配置權重；另一方面可能與本研究所選取的各類資產的戰略基準有關，也可能是建模中將焦點放在最低保證收益約束和法律法規對投資比例的限制方面，而未考慮負債結構和交易成本對資產結構調整的影響。

7.5.2.4 最優資產結構下的投資收益

基於計算出的資產配置最優權重，結合各類資產的實際月度收益率，即可得出全國社保基金月度理論最佳投資收益率，進而得出相應的年度理論最佳投資收益率。從表7.18中可以看出，保證收益約束下的全國社會保障基金年度理論最佳投資收益率均大於實際收益率，這反應了在現有投資環境及相關制度約束下，當前全國社會保障基金投資營運在技術方法層面的確存在一定的不足，造成了投資效率的損失，同時也驗證了本研究所構建的資產結構動態調整模型能夠提高投資收益。同時，隨著最低月保證收益要求的提高，全國社會保障基金年度理論最佳投資收益率將逐步提高，但提升力度十分有限，這主要是由於最低保證收益變化對各類資產最優權重的影響有限所致。

表7.18　2006—2013年全國社會保障基金年度理論最佳投資收益率　　單位:%

收益率\年份	實際收益率	0.30%月保證收益率下的年收益率	0.40%月保證收益率下的年收益率	0.50%月保證收益率下的年收益率
2006	29.01	36.48	36.94	37.50
2007	43.19	61.14	61.20	61.25

表7.18(續)

年份\收益率	實際收益率	0.30%月保證收益率下的年收益率	0.40%月保證收益率下的年收益率	0.50%月保證收益率下的年收益率
2008	-6.79	18.96	19.11	19.29
2009	16.12	45.33	45.33	45.37
2010	4.23	20.27	20.51	20.75
2011	0.84	9.43	9.70	10.03
2012	7.01	19.53	19.80	20.19
2013	6.29	14.92	15.15	15.46

7.5.3 結論與啟示

本研究遵循「收益—風險」分析框架，建立 DCC-GARCH 模型刻畫資產間動態關係和運用 CVaR 方法度量資產組合風險，以資產組合風險最小化為目標函數，以期望收益滿足最低保證要求為主要約束條件，同時將相關法律法規對投資比例的限制納入最優化計算過程中，以全國社會保障基金為例構建養老基金資產結構動態調整模型，對養老基金資產結構調整問題展開經驗研究。綜合對計算結果的分析，本文得出如下結論：

(1) 養老基金最優資產結構具有明顯的時代特徵，銀行存款、國債、企業債、股票及基金的最優權重均隨時間變化而有較大幅度的波動。由於資本市場行情瞬息萬變，因此養老基金資產結構也應適時適勢地進行動態調整，這正是本研究的主旨。儘管模型求解出現了個別奇異點，但大多數情況下各類資產的最優權重都在可行域內，而且基於最優權重所得出的理論最佳投資收益率的確高於實際投資收益率，這表明本研究方法得當，且具有明顯的經濟含義。

(2) 最低保證收益的變化對各類資產最優權重有一定的影響，但影響力度十分有限，圖 7.1~圖 7.11 在不同最低保證收益率水平下的三條曲線均呈現出較高程度的重合。這說明養老基金資產配置是以風險控制為首要原則，而資產組合期望收益的增加是相對次要的，與前文所提「養老基金投資並非一味追求收益最大化，而是在給定最低保證收益的約束下最小化投資風險」相呼應。

(3) 研究期內有 44 個月的銀行存款與國債的最優配置權重之和超過 80%，表明銀行存款和國債在全國社會保障基金資產結構中占主導地位，也揭示出全國社會保障基金資產配置尚缺乏多元化。推而廣之，在國家政策允許條

件下，應逐步拓寬養老基金投資渠道，實現資產多元化配置。養老基金與基礎設施類資產、政府公共不動產等投資在投資期限和投資特徵上高度匹配，可適時加大養老基金投資基礎設施、不動產等長期性投資項目。同時待市場投資環境成熟、投資機構經驗豐富的基礎上，逐步增加對沖基金、私募基金、黃金、石油等另類資產的配置比重。通過資產配置多元化可降低投資組合資產間的關聯性，提高養老基金的抗風險能力。

需要特別說明的是，由於另類資產的風險收益數據較難獲取，本研究在建模時未將另類資產納入到養老基金資產結構中，使得研究範圍存在一定的局限性。此外，企業債、股票和基金的最優權重在某些時期為0，產生這種反常的結果可能與本研究所選取的各類資產的戰略基準有關，也可能是建模中將焦點放在最低保證收益約束和法律法規對投資比例的限制方面，而未考慮負債結構和交易成本對資產結構調整的影響，這些不足都會對最終結果的準確性產生一定的影響，筆者將會在后續研究中進一步完善這些不足。

參考文獻

[1] 保羅·皮爾遜. 福利制度的新政治學 [M]. 汪淳波，譯. 北京：商務印書館，2004.

[2] 蔡昉. 中國人口與勞動問題報告（2006）[M]. 北京：社會科學文獻出版社，2006.

[3] 蔡昉. 中國人口與可持續發展 [M]. 北京：科學出版社，2007.

[4] 蔡昉. 中國經濟面臨的轉折及其對發展和改革的挑戰 [J]. 中國社會科學，2007 (3).

[5] 蔡昉. 中國勞動力市場發育與就業變化 [J]. 經濟研究，2007 (7).

[6] 蔡昉. 劉易斯轉折點——中國經濟發展新階段 [M]. 北京：社會科學文獻出版社，2008.

[7] 陳衛. 改革開放30年與中國的人口轉變 [J]. 人口研究. 2008 (11).

[8] 陳衛. 中國未來人口發展趨勢：2005—2050年 [J]. 人口研究. 2006 (7).

[9] 陳振明. 政府再造——西方「新公共管理運動」述評 [M]. 北京：中國人民大學出版社，2003.

[10] 陳志國，楊甜婕，張弛. 養老基金綠色投資組合分析與投資策略 [J]. 保險研究，2014 (6).

[11] 杜鵬，張文娟. 對工作流動人口「梯次流動」的理論思想 [J]. 人口研究，2010 (3).

[12] 段成榮，楊舸，張斐，盧雪和. 改革開放以來中國流動人口變動的九大趨勢 [J]. 人口研究，2008 (11).

[13] E. S. 薩瓦斯. 民營化與公私部門的夥伴關係 [M]. 周志忍，譯. 北京：中國人民大學出版社，2002.

[14] 封進. 人口轉變、社會保障與經濟發展 [M]. 上海：上海人民出版社，2005.

［15］封進.中國城鎮職工社會保險制度的參與激勵［J］.經濟研究，2013（7）.

［16］封進，何立新.中國養老保險制度改革的政策選擇老齡化城市化全球化的視角［J］.社會保障研究，2012（3）.

［17］封進，張素蓉.社會保險繳費率對企業參保行為的影響——基於上海社保政策的研究［J］.上海經濟研究，2012（3）：47-54.

［18］封鐵英，劉芳.城鎮企業職工基本養老保險基金支付能力預測研究［J］.西北人口，2010（2）.

［19］風笑天.社會學研究方法［M］.北京：中國人民大學出版社，2001.

［20］韓立岩，王梅.國際養老基金投資管理模式比較及對中國的啟示［J］.國際金融研究，2012（9）.

［21］胡安·阿里斯蒂亞.AFP：三個字的革命——智利社會保障制度改革［M］.北京：中央編譯出版社，2001.

［22］胡秋明.可持續養老金制度改革的理論與政策研究［M］.北京：中國勞動社會保障出版社，2011.

［23］胡秋明，景鵬.企業年金基金資產結構動態優化研究——基於DCC-GARCH-CVaR模型［J］保險研究，2014（8）

［24］胡秋明，閻建軍.養老金制度財務平衡的影響因素及其政策啟示［J］財經科學，2011（11）

［25］胡秋明，遲超.養老基金個人投資選擇權的理論闡釋與實踐發展［J］保險研究，2011（2）

［26］胡秋明.養老金制度運行機理的經濟學分析——基於內部收益率的比較分析［J］.財經科學，2008（6）.

［27］蔣中一.以新農保管理模式改革促保險服務下鄉——德陽市旌陽區新農保試點的案例調查［J］.中國農村發現，2010（3）.

［28］江濤.個人帳戶養老金財務問題研究［D］.成都：西南財經大學，2008.

［29］景天魁.底線公平：和諧社會的基礎［M］.北京：北京師範大學出版社，2009.

［30］景天魁，畢天雲，高和榮.當代中國社會福利思想與制度：從小福利邁向大福利［M］.北京：中國社會出版社，2011.

［31］靳永愛.低生育率陷阱：理論、實施與啟示［J］.人口研究，2014

(1).

[32] 科林·吉列恩, 約翰·特納, 克利夫·貝雷, 丹尼斯·拉圖利普. 全球養老保障——改革與發展 [M]. 楊燕綏, 等, 譯. 北京: 中國勞動社會保障出版社, 2002.

[33] 李軍峰. 從制度經濟學看中國的人口轉變 [J]. 人口與經濟, 2002 (3).

[34] 李通屏, 郭繼遠. 中國人口轉變與人口政策的演變 [J]. 市場與人口分析, 2007 (1).

[35] 李建民. 中國人口與經濟關係的轉變 [J]. 廣東社會科學, 2014 (3).

[36] 李放, 吳敏. 基本養老保險收支測算中職工人數模型的探討 [J]. 南方人口, 2006 (3).

[37] 李成瑜, 楊正. 行為經濟學及其理論創新 [J]. 世界經濟, 1997 (6).

[38] 李文政. 人口老齡化背景下農村養老保障問題探究 [J]. 中國石油大學學報: 社會科學版, 2009 (8).

[39] 李軍. 人口老齡化經濟效應分析 [M]. 北京: 社會科學文獻出版社, 2005.

[40] 劉昌平, 殷寶明. 中國基本養老保險制度財務平衡與可持續性研究——基於國 [2005] 38號文件形成的城鎮基本養老保險制度 [J]. 財經理論與實踐, 2011 (1).

[41] 劉雲龍, 肖志光, 鄭偉. 養老基金發展與金融結構變遷——兼論中國金融改革和養老金改革協調互動的改革發展觀 [J]. 全球化, 2013 (6).

[42] 劉猛. 中國養老金制度可持續發展研究 [D]. 大連: 東北財經大學, 2012.

[43] 劉軍強. 資源、激勵與部門利益: 中國社會保險徵繳體制的縱貫研究 (1999—2008) [J]. 中國社會科學, 2011 (3).

[44] 林毓銘. 體制改革: 從養老保險省級統籌到基礎養老金全國統籌 [J]. 經濟學家, 2013 (12).

[45] 林義. 統籌城鄉社會保障制度建設研究 [M]. 北京: 社會科學文獻出版社, 2013.

[46] 林義. 社會保險制度分析引論 [M]. 成都: 西南財經大學出版社, 1997.

[47] 林義. 農村社會保障的國際比較及啟示研究 [M]. 北京: 中國勞動社會保障出版社, 2006.

[48] 羅淳, 舒宇. 中國人口與經濟關係的轉變 [J]. 人口與經濟. 2013 (4).

[49] 魯全, 蔡澤昊. 養老保險基金投資管理體制改革及其影響 [J]. 重慶社會科學, 2012 (4).

[50] 羅伯特・霍爾茨曼, 約瑟夫・E. 斯蒂格利茨. 21世紀可持續發展的養老金制度 [M]. 胡勁松, 等, 譯. 北京: 中國勞動社會保障出版社, 2004.

[51] 羅伯特・霍爾茨曼, 理查德・欣茨. 21世紀的老年收入保障——養老金制度改革國際比較 [M]. 鄭秉文, 等, 譯. 北京: 中國勞動社會保障出版社, 2006.

[52] 馬妍, 劉爽. 中國省級人口轉變的時空演變進程——基於聚類分析的實證研究 [J]. 人口學刊, 2011 (1).

[53] 邁克爾・希爾. 理解社會政策 [M]. 劉昇華, 譯. 北京: 商務印書館, 2003.

[54] 孟令國, 李超令, 胡廣. 基於PDE模型的中國人口結構預測研究 [J]. 中國人口、資源與環境, 2014 (2).

[55] 米紅, 邱曉蕾. 中國城鎮社會養老保險替代率評估方法與實證研究——兼論不同收入群體替代率的比較 [J]. 數量經濟技術經濟研究, 2005 (2).

[56] 穆光宗. 中國人口轉變的風險前瞻 [J]. 浙江大學學報, 2006 (11).

[57] 穆光宗. 家庭養老制度的傳統與變革——基於東亞與東南亞地區的一項比較研究 [M]. 北京: 華齡出版社, 2002.

[58] 彭浩然, 岳經綸. 中國公共養老基金的負債風險與運作治理 [J]. 中山大學學報, 2013 (2).

[59] 彭浩然. 中國養老保險隱性債務問題研究——基於封閉和開放系統的測算 [J]. 統計研究, 2009 (3).

[60] 彭華民. 西方社會福利理論前沿: 論國家、社會、體制與政策 [M]. 北京: 中國社會出版社, 2009.

[61] 彭華民. 社會福利與需要滿足 [M]. 北京: 社會科學文獻出版社, 2008.

[62] 彭宅文. 財政分權、轉移支付與地方政府養老保險逃費治理的激勵

[J]. 社會保障研究, 2010 (1).

[63] 錢明亮. 中國生育率轉變的人口效應分析 [D]. 浙江: 浙江大學, 2010.

[64] 秦士由. 商業保險參與構建農村社會保障制度的動因和優勢分析 [J]. 保險研究, 2011 (1): 87-90.

[65] 喬根·W. 威布爾. 演化博弈論 [M]. 王永欽, 譯. 上海: 上海人民出版社, 2006.

[66] 《人口研究》編輯部. 中國出生人口性別比: 從存疑到求解 [J]. 人口研究, 2006 (2).

[67] 沈澈. 養老金投資營運制度風險識別與規避——基於SWOT矩陣的分析 [J]. 社會保障研究, 2014 (3).

[68] 孫祁祥, 王國軍, 鄭偉. 中國養老年金市場未來發展戰略與政策建議: 2013—2023 年 [J]. 審計與經濟研究, 2013 (5).

[69] 孫祁祥. 「空帳」與轉軌成本: 中國養老保險體制改革的效應分析 [J]. 經濟研究, 2001 (5).

[70] 蘇衛東. 境外養老金入市的幾點思考——兼談對中國地方養老保險基金入市的啟示 [J]. 中國社會保障, 2012 (9): 36-37.

[71] 湯夢君. 中國生育政策的選擇: 基於東亞、東南亞地區的經驗 [J]. 人口研究, 2013 (11).

[72] 童星, 林閩鋼. 中國農村社會保障 [M]. 北京: 人民出版社, 2011.

[73] 汪偉. 計劃生育政策的儲蓄與增長效應: 理論與中國的經驗分析 [J]. 經濟研究. 2010 (10).

[74] 汪朝霞. 中國養老金隱性債務顯性化部分的測算與分析 [J]. 財貿經濟, 2009 (1).

[75] 王亞柯, 呂慧娟. 從爭論到認同: 養老金改革的國際實踐及啟示 [J]. 新視野, 2013: 79-82.

[76] 王桂新. 改革開放以來中國人口遷移發展的幾個特徵 [J]. 人口與經濟, 2004 (4).

[77] 王玥. 基於城鄉遷移勞動力的養老保險對接研究研究 [D]. 瀋陽: 遼寧大學, 2012.

[78] 王學義. 人口轉變后果研究——西方視野、價值意義、主要缺陷與分析框架構建 [J]. 人口研究, 2007 (5).

[79] 王桂新, 潘澤瀚, 陸燕秋. 中國省際人口遷移區域模式變化及其影

響因素 [J]. 中國人口科學, 2012 (5).

[80] 王春蘭, 楊上廣. 中國區域發展與人口再分佈新態勢 [J]. 地域研究與開發, 2014 (2).

[81] 王宇璽, 汪泓, 肖峻. 基於灰色GM (1, 1) 模型的上海城鎮養老保險人口分佈預測 [J]. 系統工程理論與實踐, 2010 (12).

[82] 王曉軍. 對中國養老保險制度財務可持續性的分析 [J]. 市場與人口分析, 2002 (2).

[83] 王德文, 蔡昉, 張學輝. 人口轉變的儲蓄效應和增長效應——論中國增長可持續性的人口因素 [J]. 人口研究, 2004 (5).

[84] 王德文, 張愷悌. 中國老年人口的生活狀況與貧困發生率估計 [J]. 中國人口科學, 2005 (1).

[85] 王國軍. 中國社會保障制度一體化研究 [M]. 北京: 科學出版社, 2011.

[86] 吳忠民. 社會公正論 [M]. 濟南: 山東人民出版社, 2004.

[87] 吳忠民. 中國現階段社會公正問題的逐層遞進研究 [J]. 學術界, 2009 (2).

[88] 熊軍, 季宇. 重視養老基金治理的基礎性作用 [J]. 中國金融, 2013 (18).

[89] 熊軍, 季宇. 完善養老金投資管理制度 [J]. 中國金融, 2014 (12).

[90] 熊軍, 高謙. 金融危機對全球養老基金的影響 [J]. 國際金融研究, 2010 (4).

[91] 楊健. 中國城鎮企業「老人」「中人」「新人」養老金水平協調研究 [D]. 瀋陽: 遼寧大學, 2011.

[92] 於學軍. 對第五次全國人口普查數據中總量和結構的估計 [J]. 人口研究, 2002 (5).

[93] 於洪, 鐘和卿. 中國基本養老保險制度可持續運行能力分析——來自三種模擬條件的測算 [J]. 財經研究, 2009 (9).

[94] 原新. 中國人口轉變及未來人口變動趨勢推演 [J]. 中國人口科學, 2000 (1).

[95] 殷俊, 黃蓉. 中國現收現付制基礎養老金長期財務狀況分析——基於人口年齡結構變動的研究 [J]. 求索, 2012 (10).

[96] 楊燕綏. 社會保險經辦機構能力建設研究 [M]. 北京: 中國勞動社會保障出版社, 2011.

[97] 鬱建興, 瞿志遠. 公私合作夥伴中的主體間關係——基於兩個居家養老服務案例的研究 [J]. 經濟社會體制比較, 2011 (4).

[98] 易憲容. 行為與實驗經濟學對傳統經濟學的挑戰 [J]. 經濟學動態, 2002 (12).

[99] 袁文全, 邵海. 社會養老保險城鄉一體化的理論基礎與制度設計 [J]. 社會科學輯刊, 2009 (6).

[100] 袁彥東, 張軍田. 構建城鄉一體的基本養老保險制度研究 [J]. 社會科學論壇, 2007 (6).

[101] 約翰·羅爾斯. 正義論 [M]. 何懷宏, 等, 譯. 北京: 中國社會科學出版社, 1988.

[102] 周志凱, 孫守紀. 中國養老保險個人帳戶基金投資管理體制分析 [J]. 經濟體制改革, 2011 (3).

[103] 周小川. 社會保險與企業盈利能力 [J]. 經濟社會體制比較, 2000 (6).

[104] 張瓊. 基於韋伯與正態分佈非線性估計的中國人口死亡年齡分佈 [J]. 保險研究. 2010 (8).

[105] 張維慶. 中國特色的人口轉變道路 [J]. 人口研究, 2011 (7).

[106] 張占力. 第二輪養老金改革的興起與個人帳戶制度漸行漸遠——拉美養老金私有化改革30年之反思 [J]. 社會保障研究, 2012 (3).

[107] 張迎斌, 劉志新, 柏滿迎, 羅淇耀. 中國基本養老金隱性債務變化趨勢分析——基於改進精算測算模型的實證研究 [J]. 中國管理科學, 2013 (10).

[108] 鄭秉文. 新一輪養老保障制度改革面臨的挑戰 [J]. 行政管理改革, 2014 (1).

[109] 鄭秉文. 養老保險「名義帳戶」制的制度淵源與理論基礎 [J]. 經濟研究, 2003 (4).

[110] 鄭秉文. 「名義帳戶」制: 中國養老保障制度的一個理性選擇 [J]. 管理世界, 2003 (8).

[111] 鄭秉文. 金融危機對全球養老資產的衝擊及對中國養老資產投資體制的挑戰 [J]. 國際經濟評論, 2009 (9).

[112] 鄭秉文. 中國養老金發展報告 (2013) ——社保經辦服務體系改革 [M]. 北京: 經濟管理出版社, 2013.

[113] 鄭秉文. 中國養老金發展報告 (2012) [M]. 北京: 經濟管理出版

社,2012.

[114] 鄔湘江. 基於「六普」數據的中國人口流動與分佈分析 [J]. 人口與經濟. 2011 (4).

[115] 翟振武,張現苓,靳永愛. 立即全面放開二胎政策的人口學后果分析 [J]. 人口研究,2014 (3).

[116] 朱冬梅. 從基金收支平衡看養老保險擴面需求以及應對策略 [J]. 經濟與管理研究. 2005 (12).

[117] 朱秋蓮. 建國以來黨的人口生育政策變遷研究 [D]. 長沙:湖南師範大學,2013.

[118] 周雲勝. 公私合作模式及其在中國的應用 [D]. 大連:東北財經大學,2003.

[119] 鄭功成. 中國社會保障制度變遷與評估 [M]. 北京:中國人民大學出版社,2002.

[120] 鄭功成. 中國社會保障制度改革的新思考 [J]. 社會保障研究,北京:中國勞動社會保障出版社,2007.

[121] 鄭功成. 中國社會保障改革與發展戰略——理念、目標與行動方案 [M]. 北京:人民出版社,2008.

[122] 鄭功成. 中國社會保障30年 [M]. 北京:人民出版社,2008.

[123] 鄭功成. 中國社會保障改革與發展戰略(總論卷)[M]. 北京:人民出版社,2011.

[124] 鄭功成. 中國社會保障改革與發展戰略(養老保險卷)[M]. 北京:人民出版社,2011.

[125] 中國經濟改革研究基金會、中國經濟體制改革研究會、聯合專家組. 中國社會養老保險體制改革 [M]. 上海:上海遠東出版社,2006.

[126] Asghar Zaidi. Features and Challenges of Population Ageing: The European Perspective. European Centre, Policy Brief March (1) 2008.

[127] Benallah, Samia, Pierre Concialdi, and Antoine Math, The French Experience of Pension Reforms, paper presented at the European Network for Research on Supplementary Pensions (ENRSP) Seminar, London, September19-21, 2003.

[128] Bernd Marin, Asghar Zaidi, Trends and Priorities of Ageing Policies in the UN-European Region.

[129] Blake, David, The United Kingdom Pension System: Key Issues, UBS Pensions Research Program Discussion Paper no. 11 (London: London School of Eco-

nomics, May 2003).

[130] Börsch-Supan, Axel H, and Christina B. Wilke, The German Public Pension System: How It.

[131] Carey, David, Ageing Populations: How the Dutch Cope, The OECD Observer.

[132] David Martimort and Jerome Pouyet, 2008, 「To build or not to build: Normative and positive theories of public-private partnerships」, International Journal of Industrial Organization, 26: 393-411.

[133] Donghyun Park, Ageing Asia's Looming Pension Crisis, ADB Economics Working Paper Series, 2009.

[134] Evelyne Huber and John D. Stephens, The Political Economy of Pension Reform: Latin America in Comparative Perspective, UNRISD, Geneva 2000 Occasional Paper, 2000.

[135] Friedman D (1991), Evolutionary Games in Economics, Econometrica, 59 (3): 637-666.

[136] Giovannuzzi, Salvatore, and Cinzia Ferrara, Restructuring the First Pillar: The Reform of the Italian Pension System: The Contributory System, paper presented at the Seminar for Actuaries and Statisticians, Montevideo, Uruguay, November 21-22, 2001.

[137] Hélène K. Poirson, Financial Market Implications of India's Pension Reform, IMF Working Paper, 2007.

[138] Helmut Schwarzer/Ana Carolina Querino: Non-contributory pensions in Brazil: The impact on poverty reduction.

[139] IDW, Zahlen zur wirtschaftlichen En-twichlung der Bundesrepublik Deutschland, 1999, P. 39.

[140] James C. Capretta, Global Aging and the Sustainability of Public Pension Systems: An Assessment of Reform Efforts in twelve Developed Countries.

[141] John P. Martin and Edward Whitehouse, Reforming Retirement-Income Systems: Lessons from the Recent Experiences of OECD Countries, 2008.

[142] K. Pashev (2005), Fighting VAT Fraud: The Bulgarian Experience, MPRA Paper, NO. 998.

[143] Michael Spackman, 2002, 「Public - private partnerships: lessons from the British approach」, Economic Systems, 26: 283-301.

[144] Nicholas Barr, 2000,「Reforming Pensions: Myths, Truths, and Policy Choices」, IMF Working Paper, WP/00/139.

[145] Nyland, C., R. Smyth and C. J. Zhu (2006), What Determines the Extent to Which Employer will Comply with Their Social Security Obligations? Evidence from Chinese Firm-level Data, Social Policy and Administration, 40 (2): 196-214.

[146] Nyland, C., S. B. Thnmoson, and C. J. Zhu (2011), Employer Attitudes towards Social Insurance Compliance in Shanghai, China, International Social Security Review, 64 (4): 73-98.

[147] OECD Pensions in a Financial Crisis - How should retirement-income systems respond to financial market turmoil? OECD, Paris, November 2008.

[148] Palacios, Robert, Managing Public Pension Reserves Part II: Lessons from Five Recent OECD Initiatives, Social Protection Discussion Paper Series no. 0219 (Washington, D. C.: The World Bank, July 2002).

[149] Pension Trends in Emerging Markets - The Rise of DC Plans and Its Consequences, Allianz Global Investors International Pension Papers, 2008.

[150] Peter S. Heller, Is Asia Prepared for an Aging Population? International Monetary Fund, 2006.

[151] Promoting longer working lives through pension reforms, First part: Flexibility in retirement age provision, The Social Protection Committee, 2007.

[152] Robert Gillingham and Daniel Kanda, Pension Reform in India, IMF Working Paper, 2001.

[153] Sweden Ministry of Health and Social Affairs, The Pension Reform in Sweden, Final Report, June 1998.

[154] Sundén, Annika, How Will Sweden's New Pension System Work? Issue in Brief no. 3.

[155] Tony Bovaird, 2004,「Public-Private Partnerships: From Contested Concepts to Prevalent Practice」, International Review of Administrative Science, 70 (2): 199-215.

[156] The Belgian Administration of Treasury, The Belgian Stability Programme, 2006—2009.

[157] The Financial Crisis and Mandatory Pension Systems in Developing Countries: World Bank - Human Development Network.

[158] Tamara Trinh. China's pension system: Caught between mounting legacies and unfavorable demographics [R]. Deutsche Bank Research, 2006.02.17.

[159] World Bank, Averting the Old-Age Crisis: Policies to Protect the Old and Promote Growth [M]. New York: Oxford University Press, 1994.

[160] Was. How It Will Be [R]. NBER Working Paper No. 10525.

[161] Yvonne Sin. China pension liabilities and reform options for old age insurance [R]. World Bank, May 2005.

國家圖書館出版品預行編目(CIP)資料

中國人口轉變與養老保險長效機制研究 / 胡秋明 等著. -- 第一版.
-- 臺北市：財經錢線文化出版：崧博發行，2018.12

　面；　公分

ISBN 978-957-680-285-0(平裝)

1.人口問題 2.人身保險 3.中國

542.132　　　107019121

書　名：中國人口轉變與養老保險長效機制研究
作　者：胡秋明 等著
發行人：黃振庭
出版者：財經錢線文化事業有限公司
發行者：崧博出版事業有限公司
E-mail：sonbookservice@gmail.com
粉絲頁　　　　　　　網　址：
地　址：台北市中正區延平南路六十一號五樓一室
8F.-815, No.61, Sec. 1, Chongqing S. Rd., Zhongzheng Dist., Taipei City 100, Taiwan (R.O.C.)
電　話：(02)2370-3310　傳　真：(02) 2370-3210
總經銷：紅螞蟻圖書有限公司
地　址：台北市內湖區舊宗路二段121巷19號
電　話：02-2795-3656　　傳真：02-2795-4100　網址：
印　刷：京峯彩色印刷有限公司（京峰數位）

　　本書版權為西南財經大學出版社所有授權崧博出版事業有限公司獨家發行電子書及繁體書繁體版。若有其他相關權利及授權需求請與本公司聯繫。

定價：500元
發行日期：2018 年 12 月第一版
◎ 本書以POD印製發行